群星闪耀时
这个时代的足坛传奇

博格坎普

静止与速度

DENNIS BERGKAMP
STILLNESS AND SPEED
MY STORY

［荷］丹尼斯·博格坎普 著
［英］大卫·温纳 著
应悦 译

新世界出版社
NEW WORLD PRESS

北京版权保护中心海外合同登记
图字：01-2014-2793

图书在版编目（CIP）数据

博格坎普：静止与速度 / (荷) 博格坎普,(英) 温纳著; 应悦译. —北京：新世界出版社, 2014.9
（群星闪耀时：这个时代的足坛传奇）
ISBN 978-7-5104-4659-7

Ⅰ. ①博… Ⅱ. ①博… ②温… ③应… Ⅲ. ①博格坎普－传记 Ⅳ. ①K835.635.47

中国版本图书馆CIP数据核字(2014)第208923号

博格坎普：静止与速度

作　　者：[荷] 丹尼斯·博格坎普　[英]大卫·温纳
译　　者：应　悦
选题策划：蒋　祥　邓东文　陈中捷
责任编辑：刘丽刚
责任印制：李一鸣　高　金
出版发行：新世界出版社
社　　址：北京西城区百万庄大街24号（100037）
发 行 部：(010) 6899 5968　(010) 6899 8705（传真）
总 编 室：(010) 6899 5424　(010) 6832 6679（传真）
本社中文网址：http://www.nwp.cn
本社英文网址：http://www.newworld-press.com
版 权 部：+8610 6899 6306
版权部电子信箱：frank@nwp.com.cn
印　　刷：北京旭丰源印刷技术有限公司
经　　销：新华书店
开　　本：710×1000　1/16
字　　数：350千字
印　　张：19.5
版　　次：2014年11月第1版　2014年11月第1次印刷
书　　号：ISBN 978-7-5104-4659-7
定　　价：59.80元

1987年，博格坎普身着阿贾克斯球衣与队友合影，纪念赢得欧洲优胜者杯

1990年，博格坎普为家乡球队阿贾克斯效力

1994年美国世界杯1/4决赛，博格坎普利用一个边线球把球送进了塔法雷尔的大门，但最终荷兰2:3败于巴西

1994年美国世界杯F组小组赛，荷兰与沙特阿拉伯交锋，加斯顿和丹尼斯拥抱庆祝进球

1997年，博格坎普成为首位连续两个月获得英超月度最佳奖的球员

1998年世界杯，荷兰对阵阿根廷。博格坎普打入了迄今为止荷兰在世界杯历史中最著名的进球之一，图为丹尼斯展现出完美停球能力的一瞬

1998年法国世界杯，荷兰对阵阿根廷，丹尼斯外脚背弧线弹射破门

1998年，博格坎普手捧英格兰联赛冠军的奖杯，奥维马斯手捧足总杯冠军奖杯，海布里球场到伊斯灵顿市政厅挤满了球迷，庆祝他们的赛季双冠王

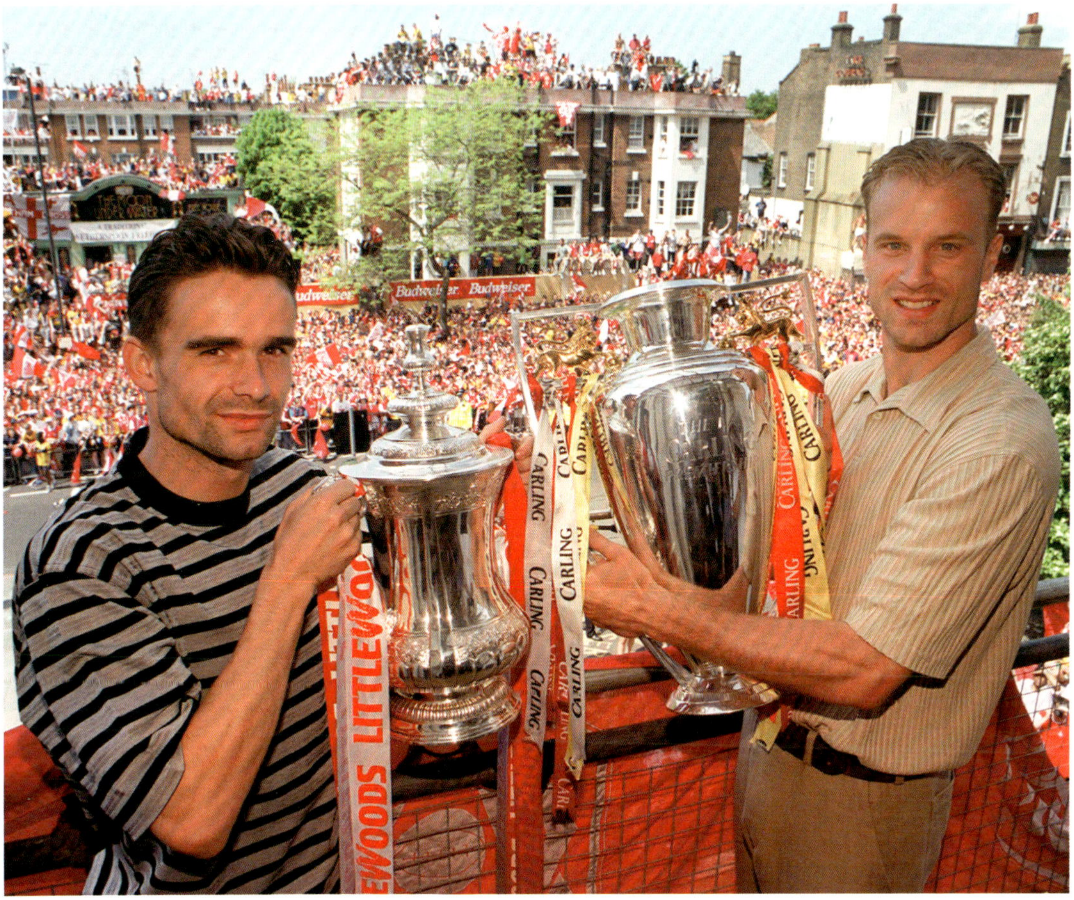

1998年法国世界杯第二轮荷兰对战南斯拉夫，博格坎普打入第一粒进球

1998年，阿森纳获得英超联赛冠军，博格坎普在对埃弗顿的比赛后高举起冠军杯

1998年，博格坎普在海布里球场接受年度世界足球先生评选第三名纪念奖杯，前两位是罗纳尔多和罗伯托·卡洛斯

2000年欧洲杯是博格坎普代表荷兰国家队的最后一届大赛

阿森纳赢得2002/2003赛季足总杯冠军，博格坎普和教练温格相拥走下球场

2003年1月，博格坎普与前阿森纳射手伊恩・赖特和队友亨利一起捧杯合影来纪念他们的100个俱乐部进球

2003年足总杯第三轮比赛上，博格坎普绕开对方防守队员，取得控球权

2004年英格兰足总杯半决赛，曼联以1:0淘汰阿森纳晋级决赛。阿森纳无论是本赛季的三冠王梦想，还是在足总杯中的三连冠梦想皆被这一场失利所粉碎

2004年，英超第29轮比赛中，博格坎普
的一粒进球帮助阿森纳2:1战胜博尔顿

2004年，英超第29轮的一场比赛中，阿森纳在主场小胜博尔顿，博格坎普进球后亲吻戒指

在2004年8月社区盾杯的比赛中，阿森纳完胜曼联称雄，博格坎普带着战利品走下场

2004年，国际足联百年庆典活动在英国伦敦国家历史博物馆举行，在仪式上，许多被贝利选为过去100年中最出色的足球运动员前来助兴，博格坎普与妻子也盛装抵达会场

2005年的阿姆斯特丹足球邀请赛，博格坎普代表阿森纳对阵老东家阿贾克斯

阿姆斯特丹足球邀请赛，“冰王子”正效力的阿森纳风光无限，客场击败东道主阿贾克斯，丹尼斯展示标志性停球动作

2005年5月21日，足总杯决赛的双方在120分钟鏖战内互无建树，最终阿森纳在点球大战中5:4战胜曼联，这也是阿森纳历史上第10次捧杯，图为博格坎普与基恩展开拼抢

2005年的英格兰足总杯决赛在加的夫千年球场举行，阿森纳凭借点球击败曼联夺冠，博格坎普双手举杯欢呼

2006年7月22日，酋长球场上演了一场阿森纳对阵阿贾克斯的友谊赛，而这也是博格坎普的告别赛

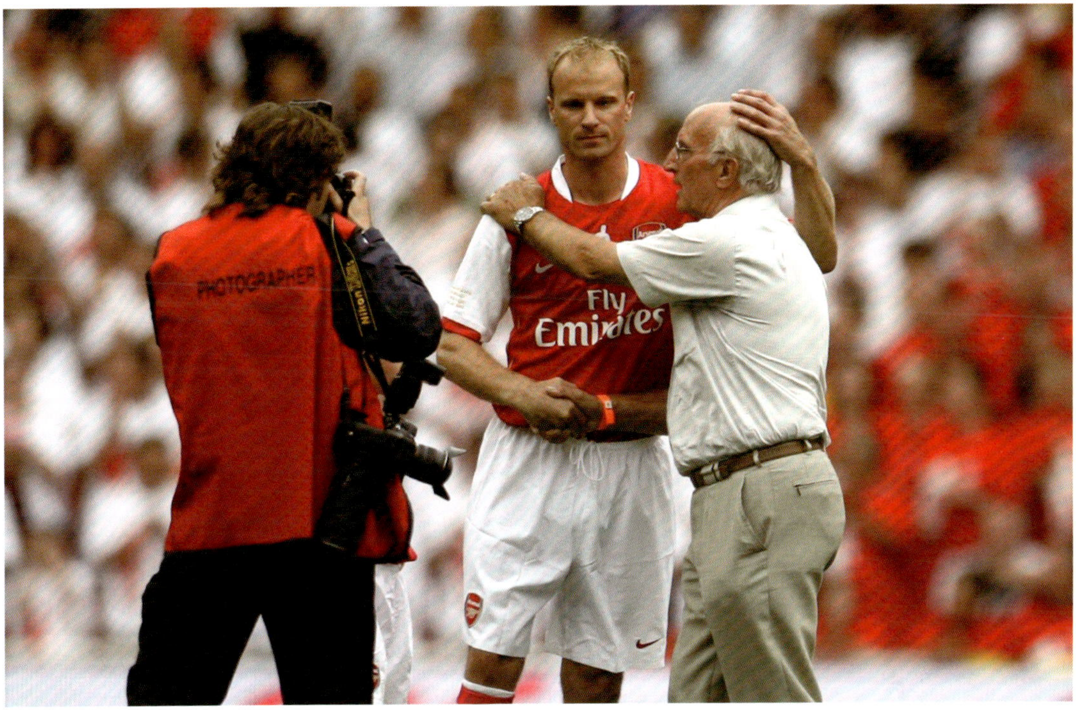

博格坎普的父亲也来到球场，参加了他的告别赛

博格坎普告别赛上，球迷表达出依依不舍之情

丹尼斯抱着女儿，带着儿子与球迷挥手道别

阿森纳与阿贾克斯的友谊赛上，6万人的酋长球场座无虚席，这场比赛之后，意味着一代球星博格坎普为自己的球员生涯画上了句号

丹尼斯的动作与告别赛球衣的胸前图案
完美契合，该图案正是源自他的剪影

2014年2月，博格坎普的雕像在伦敦酋长球场外揭幕

2014年2月，丹尼斯与自己的雕像合影

目录

CONTENTS

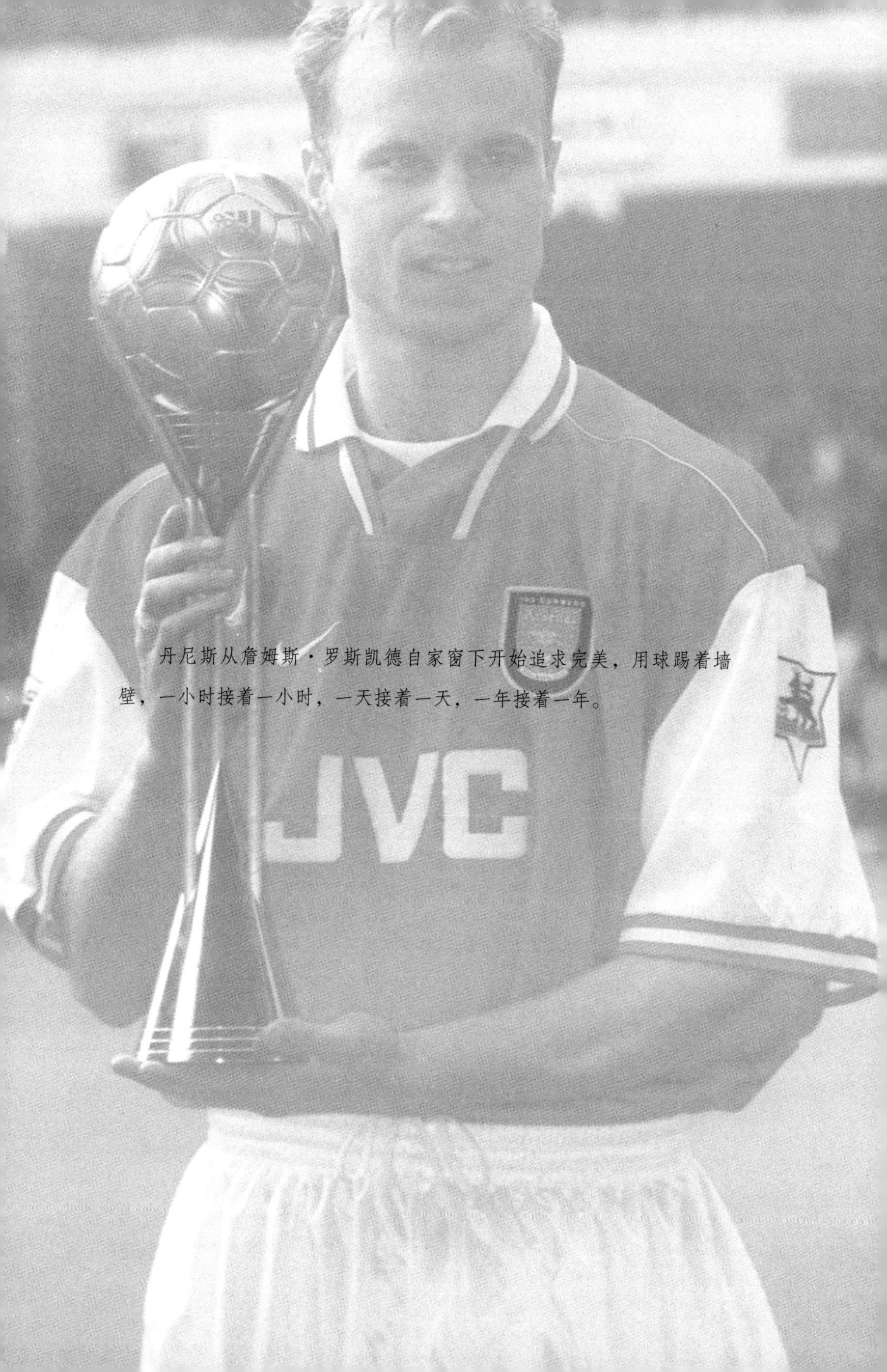

丹尼斯从詹姆斯·罗斯凯德自家窗下开始追求完美，用球踢着墙壁，一小时接着一小时，一天接着一天，一年接着一年。

第一章　墙

“你会习惯那些噪音，”丹尼斯笑着说，“你几乎察觉不到。”

我们站在距离丹尼斯童年的家不远处，它就在环阿姆斯特丹A10高速公路旁。20世纪50年代前，这条路所在地还只是一片奶牛吃着草的市区西郊边际的泥泞之地。当博格坎普一家1970年搬来的时候，这里的工程建设也开始了。还只是个幼童的丹尼斯，坐在他窗边的高脚凳上，看着一辆辆的沙车、推土机和起重机忙碌地工作，那使他心醉。如今，已长成的大树和玻璃屏障能减少路上传来的噪音，但在70年代，公寓与咆哮奔驰的轿车以及卡车之间几乎毫无阻隔。但是现在回忆起来他却觉得挺开心的，丹尼斯依然记得这条路建成时的情景：“当它建成时已能环绕全城，因此我只需要6分钟就能去训练场了。如果从市区穿行，那可得花我45分钟的时间。”当我们漫步穿行于他过去行走的街区时，他的回忆也总是充满快乐。

丹尼斯在家里是四子中最小的一个，博格坎普一家都是工作努力且信仰虔诚的天主教徒。他的父亲维姆，是一位为人谦逊、慈眉善目的电工，也是一位完美主义者。他的职业是一名电工，也曾为一家名为“毅力”的俱乐部踢过球。他酷爱制作和修理物件，家具也好玩具也好，还有益智玩具（如拼图等），可谓涉猎广泛。而丹尼斯的母亲托妮，在年轻时是一位优雅的业余体操运动员，如今在詹姆斯·罗斯凯德运营着一家模拟家庭康复活动室，她把自己所有的孩子都抚养成人，并以热心与友善而闻名。

丹尼斯跨过宽阔的人行道走向22号的门口，说道：“看，一楼那儿就是我的卧室，这边呢，就是我们踢足球的地方了，就在这条人行道上。”他的老房子显得有些破旧，但丹尼斯并不介意。他心满意足地凝视着砖墙与有些杂乱的阳台，笑盈盈地说：“可以说，我在这里度过了完美的童年。”

童年时光，足球占了丹尼斯生活的很大一部分。博格坎普一家的男孩们：小维姆、罗纳德、马塞尔和丹尼斯，不仅仅在这条街上踢球，也在公寓的走廊里或当地的小块草皮上踢，每当保安与他的大狗不在时，他们甚至也会去高速公路远端的真草场地踢球，又或是在隧道里，甚至在一条架在沟渠上的木板上踢球。与今天比起来，当时的足球转播可以算是稀有的了。每个周六的晚上，一家人都会匆匆地去圣·约瑟夫教堂做弥撒，不过，是在看完电视转播的德国足球节目之后。而足总杯，作为少有的现场直播的英国赛事则可算是一种特殊款待了。传说丹尼斯的名字正是取自于他父亲最喜爱的球员，丹尼斯·劳，而传说的确是真的。至于说拼写有所出入，我们得感谢当年只有10岁的小维姆以及当年只有7岁的罗纳德，他们认为Dennis听上去比Denis在发音上更不显得“女孩子气”。不过他们的弟弟在长大的过程中，却更喜欢格伦·霍德尔。丹尼斯说：“我也不清楚为什么，不过对我而言，最感兴趣的事情总是如何停控球，特别是当球在空中时。我对如何带球，如何玩花活儿，或者如何进球都不感兴趣，停控球，那是我想做的事。我们在电视上看了很多英格兰的足球比赛，真正引发我关注的是格伦·霍德尔，因为他总能保持一种平衡感。我特别喜爱他那种从空中卸下球并控住球的感觉。那一瞬间的停控球技术，他的触球是如此完美。”

在学校，丹尼斯的老师德波尔先生，让孩子们在室内场踢五对五足球。丹尼斯说：“我们在12点下课，尽可能快地跑回家，吃一点三明治然后再立刻跑回学校，因为在12点半，我们要踢小棍足球（小棍足球：球放置在中间，周围分别竖立若干小棍，球员从小棍出发，第一个抢到足球的球员进攻，设法踢中别的球员的小棍，没有抢到球的球员则设法防守住自己的小棍）。每个人都有自己的小棍，你必须保护它不被别人的球踢到。我的小棍造型是‘马拉多纳’，我在自己的手工艺术课时做的，我把木头削去一部分，于是他就有了头、颈和躯干，然后我又把他涂成蓝白相间的条纹色，并在其背后画上了10号。

“我们几乎总是在踢球，特别是在这里，那时的罗斯凯德更宽敞些，而且没有那么多车。那可是真正的街头足球：四对五，五对五，又或是四对四，你必须得有一定程度的技术水平，还有平衡感，因为水泥地很硬，如果你倒地，估计就会受伤了。一方的球门就是那边的一棵树，如果你能得分的话那种感觉非常棒，因为那棵树目标很小，所以你必须得踢得非常精准才行。而这边的一扇门，就是另一方的球门了。你得聪明点，得充分利用周边的各种条件，比如用墙壁做一个踢墙式过人，或者一辆车也可以，不过你可不能踢车门，你得瞄准轮子，要精准，还要有想象力，这就是当时的理念。你需要不断地寻求解决方案。”

那些花很长时间跑去捡球之类的蠢蠢的小插曲也并非没有发生过。丹尼斯说：“我们也做过！到了傍晚，我们会去公寓后的草皮上踢球。住在附近的所有的荷兰孩子、土耳其孩子以及摩洛哥孩子在一起，于是就有了荷兰队对摩洛哥队，荷兰队对土耳其队等诸如此类的比赛，非常有趣。于是，公寓里的人们在吃过晚饭后，都从他们的阳台上投来注视的目光，那可真像是在体育场里一样。”

不久以后，丹尼斯如同他的哥哥们一样，加入了阿姆斯特丹DWS俱乐部，他全能的运动天赋在早年就已经很明显地展露了出来。丹尼斯回忆道："我非常享受在体育课时的越野跑。事实上我喜爱所有的体育科目，除了体操，我对它并不感兴趣，而我的母亲自然对此有些失望。但是爬绳、棒球、篮球等，我都很在行。"9岁时，丹尼斯加入了附近的ACC运动家俱乐部并获得包括冲刺跑、1500米跑、跳远等在内的各种各样的奖牌。丹尼斯最喜欢的一个项目是掷铅球："我们以前经常在假期随身带着铅球和卷尺。有时我吃过饭后还不得不去练习，我会对我的兄弟们说：'抱歉伙计们，我不得不出门和爸爸练习铅球去了。'母亲会站着看，而每当我完成投掷后，她都会鼓励我说：'投得漂亮！丹。'"

有人说，约翰·克鲁伊夫、路易·范加尔或某一位阿贾克斯的青年队教练曾教会或提高了丹尼斯独特的触球方式，但丹尼斯自己则说："我不是任何一位教练的产品，我最好的教练是那些曾让我尽情发挥的人：克鲁伊夫、温格以及在国家队时的希丁克。他们能理解我。"他给了他的兄长们最高的评价："他们就如同共鸣板一般，和一个教练相比，我更需要他们。我在幼年时没有太多朋友，我不需要刻意去交朋友，因为我在家里就有三个最好的朋友。"

而兄弟们呢？维姆如今是一名会计师，罗纳德是一名分子生物学家，而马塞尔则是一位IT专家。当他们听到丹尼斯给予他们高于克鲁伊夫以及范加尔的褒奖时，显得受宠若惊。最终，罗纳德回答说："丹尼斯给了我们极高的荣誉，我们都远不能算是教练，我们只是让他知道，我们总会出现在他所需要的地方。"维姆补充说："丹尼斯也总会出现在我们所需要的地方。"马塞尔总结说："我们会为彼此出现在彼此需要的地方。"兄弟们坚持认为，丹尼斯一直都是个自学成才者。马塞尔认为，丹尼斯的成功关键在于他的观察力："当他来看我踢球时，他便观察到了一切，包括各种细微之处。然后他总能告诉你当时的局面如何发展以及谁站在哪里等，丹尼斯是一个杰出的观察家。他现在打高尔夫，但他从没上过高尔夫课程，他通过观察来学习。打网球与斯诺克时也一样。”维姆补充说：“丹尼斯会看了又看，看了又看，然后自己去做，丹尼斯希望能达到完美，他从父亲那里继承了这一点。父亲从不会满足于自己已经干完的活儿或者已经做完的东西。父亲的座右铭是‘你总能做得更好’，而那也成了丹尼斯的座右铭。”

在足球的历史中，没有一个人能像他那样柔软而精准、娴熟而优雅地触球。当他在2006年退役的时候，《金融时报》的作家西蒙·库柏回忆起几年前他同几位荷兰传奇球员在阿姆斯特丹参加的一次晚宴。在午夜时，晚宴的话题转向了老生常谈的问题：“谁是荷兰技术最好的球员？”根据库柏的说法，荷兰球员曾7次获得年度欧洲金球奖，仅次于德国。而杨·穆德尔——一位转为足球撰稿人的伟大中锋——则选了一名从未赢得该奖项或欧冠奖杯的球员：“博格坎普，他有最好的技术。”古斯·希丁克这位优秀的荷兰教练赞同地点点头，于是话题的结论尘埃落定了。

几年后，在一次荷兰的电视采访中，罗宾·范佩西解释了博格坎普对他而言是一个怎样的榜样。在与记者亨克·斯庞的对话中，他回忆起他还是年轻球员而博格坎普已是一员老兵时，在阿森纳训练场上发生的一幕。范佩西已早早结束训练并在按摩浴缸中泡着澡，而那个浴缸正巧在一个窗户旁。在窗外的场地上，他发现了丹尼斯正在做一些复杂的训练，包括在高速中完成射门、传球以及接球。范佩西打算等看到博格坎普失误后再离开浴池。

“那个人，他简直是个奇迹！”范佩西说，“他当时刚受过伤，正准备重返赛场，他正在同体能教练一起与一个大约15岁以及另一个略大一点的男孩训练。他们正在通过训练用的假人模型做一些传球与踢球训练，在一场45分钟的训练课中丹尼斯的每一脚传球都是完美的，他居然一个错误都没犯！他把每一个动作都做到百分之百极限，尽全力射门、停球、带球、直传，那简直太美妙了。对我而言那是纯粹的艺术。我的手在浴缸里都泡出了褶子，但我还是坐在那里看着并等着，等着一次失误。但失误始终没有出现，那就是对我的回答。”

范佩西表示："那一堂训练课回答了我许多的问题。我也能传出好球，我也是个出色的足球运动员，但这个人做得如此之好，并有如此这般的干劲，他是如此专注。我发现自己在想：'好的，等等，我踢得足够好了，但我还需要迈出更大的一步才能达到那个境界。'也就在那时，我意识到，如果我想变得真正优秀，那我必须也能做到像他那般好才行。自那以后，我每一天都全身心地投入训练，每一次简单的传球、射门训练，我都做到百分之百，以至于不会犯任何一次错，而一旦我犯错了，我就会很生气，因为我想变得像博格坎普那样优秀。”

所以说，丹尼斯从詹姆斯·罗斯凯德自家窗下开始追求完美，用球踢着墙壁，一小时接着一小时，一天接着一天，一年接着一年。

* * *

我在试着想象，你在大约8岁时用球踢着这堵墙，你当时会想些什么？

丹尼斯：不想什么，只是去做，在做的过程中，我找到了自己的方法。我会利用这建筑入口处的砖墙，（指）你看这条头顶的砖像不像球门的横梁？在大多数的时间里，我都是自己在这边用球踢墙，看球会如何弹跳，以及如何反弹回来，然后停好它。我觉得真的很有意思。用不同的方式去尝试，首先是一只脚，然后是另一只，再去用别的部位尝试，比如内脚背、外脚背、正脚背，进而带点节奏感、加速、减速。有时我会瞄准中间的砖，有时是横梁，左脚、右脚，或让球旋转起来，那真的很有趣，我乐在其中，也许别人会感觉无聊，但我当时是入迷了。很久以后，你会在比赛中送出一脚传球后回想到“等一下，我知道这种感觉是哪儿来的”。但作为一个孩子，你当时只是在对着一堵墙踢球而已，你在想的不是传球，而只是在享受某种力学作用和这件事带来的愉悦感。

之后我可能会告诉别人："每次你传球都得带着一种讯息、一种意图。"可很早以前，我是为了享受而踢球。当我在踢着墙壁时，在我的脑中，我只是在想着踢某一块砖，或只是想通过某种方式停控住球。就拿反弹来举个例子吧，我把球踢在墙上，球弹了一下后反弹回来，然后我会说，让我们试试弹两下会怎么样，所以我就把球踢得更轻、更高一些，那就意味着，弹回来的两下球会比先前的高一些，然后我就得去学用另一种方法再一次去控制好球，我不断地玩，并没有过多的困惑。我只是对旋转所起的作用感到好奇，旋转会如何奏效，我能如何利用球的旋转等。

一切涉及球类的运动，都有一样的规律，罗杰·费德勒和一个发球上网型打法的球员打网球的类型不同，但什么让你更感兴趣？是比赛结果吗？是胜负吗？费德勒能打超过30年的球，因为他热爱这项运动，他热爱球的弹跳，他热爱那些小技术，以及它们所产生的效果，我发现了这一点。

你可真不是那种发球上网型选手是吧？

丹尼斯：我真的很喜欢费德勒打球的方式，有这样的控制力，就能骗过门将，骗过对手，就像费德勒的截击技术，伪装吊高球，他能做一些类似的事情。没错，做一些别人不做、不理解或者是做不到的事情，那是我的兴趣所在，不是追随别人，而是制造出属于自己的东西。

所以这些都来自你自己？你不做那些你从电视上看到的事情？

丹尼斯：噢，我也会学电视里的东西，比如在电视上看霍德尔如何踢球之类的。在看了一次世界杯之后（我记得是世界杯），马塞尔和我喜欢在走廊里踢我们的泡沫软球，如果我头球破门，我会双手在空中挥舞庆祝，像这样叫喊："Graaa-zi-aaaaaaniiii！"[①]是的（笑），我爱这样做。

还有马拉多纳，我也爱看他，当然，我去阿贾克斯之后，我看到了克鲁伊夫和范·巴斯滕做了类似的事情，你不可能完全模仿他们，但你会多少留下印象并想："那真有趣。"

你在你们的街头赛事里是否冒尖？你是否已经开始踢得颇具创造性了？

丹尼斯：不，不，我只做了些普通的事，我是说我或许比别的孩子更好一些，但我并没有特别拔尖的感觉。我就是比别人快一点，停控球更好一点，我能带球过人，也就是类似灵活快速的角色吧。

你踢什么位置？

丹尼斯：前锋，我进了很多球，因为我的射门脚法不错，我经常能在面对小门将时进一些高过他们头顶的任意球，因为他们还太矮小，碰不到球！当我在9到10岁的时候，我开始喜欢直接从角球区射门得分，我指的不是在正规大小的球场上开角球，不过之后，即便在正规球场我也很享受那么做。我记得30年前，我踢了很多11对11的正规场地的比赛，那可不像现在的孩子们，总在缩小的球场上比赛。当时的理念是，如果你能踢正规大小的足球，那么你就能在正规大小的场地上比赛。

没错，我当时是一个比较传统的球员，关键是我的速度，我能跑穿对方的后防线，或者接到一个传过后卫身后的球，我便能用速度硬吃掉他们。其实都是些普通的、传统的技术，不过我当时在射门方面已经善

---

① 1982的世界杯，丹尼斯和马塞尔4岁的时候，看到弗朗西斯科·格拉齐亚尼这位著名意大利球员在对喀麦隆进球后生机勃勃的庆祝方式，对之产生好感。当时格拉齐亚尼一路狂奔，紧握双拳振臂高呼以示喜悦，丹尼斯和马塞尔模仿了他们看到的一切，叫嚷着格拉齐亚尼的名字，就如同电视解说员叫的一样。

于创新，比如说如何用高球挑过门将等。我总是有些新想法，不只是射门，而是想“我能做些什么”。但即使是挑过门将的动作也不是我的发明，是我从电视上看来的。我记得克鲁伊夫在对哈勒姆时进过一个著名的球，那是克鲁伊夫在回阿贾克斯的第一场比赛。还有格伦·霍德尔也有过一个著名的进球，我甚至还有个描述他的荷兰语词汇：“轻吊”，那就像是高尔夫球中的“挖起杆”，用杆头击打球面，球会在越过门将后落下。我从这样的射门中得到许多的愉悦感，这很有趣也很有效。当有的人抱怨说我总爱以“漂亮方式”进球时，我很不悦，我会说“不，那是最好的方式”，要知道那种球在门将头顶很高处，很难扑到。

对我而言很幸运的是，在我那一代人中，在我住的地方，有许多和我同龄的男孩子，出了学校后，无论何时，我们总是说：“来吧，让我们踢足球。”我总是和五六个男孩子一起踢足球，这是最经典的街头足球方式，但我的哥哥马塞尔则没有这样的条件，因为在他的那个年龄层只有女孩，所以他只能和我、我的朋友或者是年纪更大一些的罗纳德的朋友一起玩。当人们问我：“你是怎么成为职业足球运动员的？”我想和同龄男孩一起踢街头足球可能是其中的一个原因吧。罗纳德在学校时和我一样，如果他得到了10分中的9分，他会问自己：“我做错了什么，为什么我没有拿到满分？”我也是，这就是为什么我喜欢温格对于完美主义者的描述：“他们希望追求完美。”即便我无法达到完美，只要在追求的过程中，我就能感到快乐。我每时每刻都在取得细微的进步，提高着，继续前进着。

所以你有一个挺传统的童年是吗？没有电子游戏，没有很多车，你就像战后在空旷街道上踢着足球长大的74一代。

丹尼斯：是的，在那些日子里，当你有一个假期的时候，你不会去国外，你会在家玩。我认为至少我这一代人是这样的。之后有了不同种类的街头足球，在一个小场地里比赛，类似一个篮球场地周边有更高的围栏，苏里南裔的人们那么玩；在阿姆斯特丹不同的街区之间有交流比赛，这也是他们学习的方式。

那么当你去了阿贾克斯以后，怎么样了？

丹尼斯：那时与现在相比有很多不同之处，这也是我们现在作为教练经常谈到的一些事。在那时，我们有很多严厉的、爱叫嚷的教练，当他带领你训练时，你必须好好照做，就像在军训一样。我当时有一个教练，叫波尔曼，他是个不错的人，但浑身散发着军事化的气息，两年后，我遇见德尔克·德古特教练，也是个非常严厉的人，他会经常叫喊，使人有些害怕，就像“噢！不！我要被他训了”（笑）。但他也是个很可爱的家伙。到了A级青年队后，我们会面对范德哈特，他有着嘶哑的嗓音，也是个好人，不过非常的严厉。有时我们则会直接面对托尼·布鲁因斯·斯洛特（克鲁伊夫的助教），所以我们现在想讨论的是：“你如何成为一名优秀的球员呢？”如果你看看我们现今的教练，他们较以前是如此的不同，他们有着认证资质，他们十分程式化，他们知道如何才能踢好球，他们知道你应该接受什么样的训练，训练多少分钟，以及距离球门几米，还有训练时要把圆锥形路障放在哪里。他们还知道不能训练得太久，最多不能超过一个半小时，他们知道每一件事应该如何做。与我们那时的教练太不一样了，我们更像是无师自通，即便在教练的叫嚷下，还是会去创造自己的东西。

有时，我们甚至还像是在踢街头足球一样，打随机选人比赛，就是16个人，由两个队长通过类似石头剪子布一样的方式，赢的那一位先选人。所以一个队长选了一个最好的队友，然后另一个选他的人等等。这真是我们当时组队打训练赛的方式，然后我们就打比赛，那是30年前。你虽然在阿贾克斯青年队，但你能像在街头一样踢球。有一个教练会担任监督，但更像是一个裁判员，他会说“这个进球有效，那个动作是犯规的”等等。现在可大不相同了，如今教练们会打断比赛说：“嘿，伙计，如果你在这里拿到球，你应该跑去哪里？”然后告诉球员应该做的一切。对我们当时而言，更像是克鲁伊夫时代，我们倒是挺自由的，可以按照自己想做的去做。现在早已经没有叫嚷和军事化的教练了，但在足球观念上却显得更严格，每个人都像是主教练，每个人都有自己的认证徽章，每个人都照本宣科，这是不是做得有些过了？或许，现在为孩子做的一切都太到位了，有汽车接送，食物准备就绪，教育准备就绪，一切都准备就绪。“好的，伙计们，我们要做热身了，跑两圈，好的，你现在做这个，你现在做那个……”如果一切都为他们准备好了，他们如何才能提高？我们现在就有从这样的体系中培养出来并上升到成年一队的球员，他们已经习惯了以既定风格做某种事情，当稍有不同时，他们就会说：“噢，我不知道应该怎么办！”你会看到他们把目光投向教练席去寻找自己应该做什么的答案。

这现在可真成问题了，当路易斯·苏亚雷斯还在这里（阿贾克斯）时，你就能发现不同。当然，或许你会不赞同他做的某些事，不过他总是在试图寻找一些创新，总是在想：“我在这样的情况下做什么能起到最好的效果？我是否不得不拉一下后卫的球衣才能超越他？我是否应该离开自己的位置去拿球？”他的大脑总在忙碌地思考着，他有时会踩到别人的脚，或者用他的手做出愚蠢的举动，但他脑中的意识并不坏，他很有创造力，这是我们现今试图在青训中做的，让球员们有机会把他们自己发展为有创造力的、独特的个体。我们不能照搬我们过去的所有东西，但不得不寻找另一种方式以使来到一队的球员恢复创造力，能通过自己思考创造出不同。从根本上说，变得独特是我们所需要的。如果你和其他10个人都做一样的事，那你就无法变得独特，你必须自己发掘出你的唯一性。

“我不会说我和克鲁伊夫已经是朋友关系了，但他对我而言，已经成为‘约翰’了。”

第二章　约翰

“虽然他不会亲口这么说，不过他确实代表了荷兰足球。”丹尼斯说道。

丹尼斯谈到的这个人是他职业生涯的关键导师——约翰·克鲁伊夫，博格坎普尚在阿贾克斯青年队时，克鲁伊夫发现了他的天赋，然后便像尤达大师对天行者卢克一样，以令人惊讶和神秘的方式，引导他迈向更高的境界。当然克鲁伊夫也对其他很多人做了这样的事，影响了现代荷兰足球中的大多数伟大的天才以及许多西班牙和丹麦的球员。丹尼斯说，更重要的一点是，他塑造了这个国家的足球理念。

丹尼斯表示：“所有那些带有冒险精神的荷兰球员，正如我们中的很多人，都受到一点约翰的影响。他的个性与人生哲学已成为荷兰足球的踢球方式。我们会让自己去适应我们所在的俱乐部或所在国家的足球环境，但我们仍然有荷兰化的思维。我们想成就自己，想做一些属于自己的事，我们是那种会说‘我知道我在说什么，我知道我想要什么，以及我能看到我能做到什么’的人。看上去有点傲慢，但实质不然。克鲁伊夫是我们这群人中表现得最明显的，但他可不傲慢，他确实知道他在说些什么。或许这是荷兰特有，或者说是阿姆斯特丹特有的一种气质，不过约翰的确在这点上散发着巨大的影响力。因为他的职业生涯达到了终极的成功，他曾是那位先驱。他曾达到了前无古人的高度，真真正正地达到了，无论是作为一个球员抑或一名教练，他都是如此的优秀，所以我们都愿意听他的。”

过去很多年间，克鲁伊夫与博格坎普的关系只是如一个大师与他的学生一般，但如今，情况变得更平等了一些。在2010年，约翰说服丹尼斯加入了一次由前球员夺取阿贾克斯控制权的非凡政变。足球圈以前还从未发生过这样的事情。他们现在已经成功了，并且仍然紧张工作着，重建俱乐部和它的青训体系，为的是能让世界再一次侧目。丹尼斯说：“我们曾有很长一段时间没有见过面了，但突然之间我们又频繁见面，有些事情改变了。当他是我的教练时，我称他为您，对我而言他总是‘克鲁伊夫先生’。但与他一起工作、为同一目标并肩作战时，周围所有的人都在叫他‘约翰’，然后我也会自然而然地去尝试，刚开始有点奇怪，因为我一直以来都视他为长辈，但突然间听见自己叫他‘约翰’，自己都吓了一跳，不过现在已经变得越来越自然了。我不会说我和克鲁伊夫已经是朋友关系了，但他对我而言，已经成为‘约翰’了。”

一直以来都有人说，马尔科·范·巴斯滕最接近克鲁伊夫所要树立的成功者榜样，现如今，与克鲁伊夫在巴塞罗那的宠儿瓜迪奥拉一起，博格坎普也进入了名单。这两个人的初次见面是在约翰离开荷兰前往西班牙与美国踢了8年球后，重返阿贾克斯的一个下午。当时丹尼斯正在14岁以下青年队的场地训练，约翰突然出现，接替了当时正在做射门训练的教练。丹尼斯当时备感敬畏，他回忆说：“那可真是一种特别的感觉，我感到有更大的驱动力让我去证明自己，我当时有种强烈的意念，我必须有所表现。”现在这么做似乎也一样奏效。当看到过去的顶级球员，如弗兰克·德波尔和丹尼斯在上训练课时，现在的阿贾克斯一队球员就会表现得更努力一些，以求给他们的前辈们留下好印象。

* * *

克鲁伊夫是你的偶像吗？

丹尼斯：我不会这么描述。我从来没有过偶像。但克鲁伊夫是世界上最好的足球运动员之一，抛开我们多少光年那么远。

后来当约翰成为你的教练时，他肯定教了你很多东西，他教了你些什么？

丹尼斯：事实上，我们并不会谈很多，只是只言片语，在传球时，在去球场的路上等。那就足够了，我至今也需要听一些约翰的意见，他必须对其他人说得更多些，他当时必须给其他人更多指挥和引导。他知道从我这里能期许些什么，他知道我是个安静、谦逊的小伙子，但在球场上很勇猛。他只需对我说“做你所擅长的事即可”就能给我很大的信心。这和温格很相似，他从来不说：“做这，做那。”约翰总是说：“你只需要表现出你在青年队的一切就足够了，你身后的队友们会帮你的，杨·沃特斯和弗兰克·里杰卡尔德也会帮你的。”举例来说，当他在指挥环形训练（circle drill）时，他会告诉别人去制造空档向左或向右移动，但他从不会要求我什么，这就给我感觉自己做的是对的。我的职业生涯就是像这样一路过来，没有教练曾让我改变我的踢球方式。

* * *

沉默寡言的克鲁伊夫的想法是很难琢磨的。作为一个孩子，在20世纪60年代中期的阿贾克斯，他把年长的队友们搞得心烦意乱，他不断指出他们的错误，提供不必要的建议。最让他们恼怒的是经常不得不承认约翰是对的。绰号是“jopie”的克鲁伊夫后来成为了最爱说话也是最爱发号施令的阿贾克斯、巴塞罗那和荷兰国家队的队长。永远在指指点点，大吼大叫，指挥每一个人，甚至包括裁判，他在电台和电视台的频繁亮相使他成了被报道最多的荷兰人。他有一次曾解释他为什么不信仰任何宗教。“在西班牙，所有的22名球员在进入场地前都会在胸前划十字，如果这有用，那所有比赛都应该以平局收场。”克鲁伊夫不仅仅喜欢说话，还开发了一套自己的语言。在荷兰，他似是而非的言论至今依然被很多人所熟知。类似尤吉·贝拉式的言论，就像他在球场上一样偏左：“巧合符合逻辑”；“在我犯错之前，我不会去犯那个错”；“有时候事情必须发生在其发生之前”；“任何劣势都有其优势”。克鲁伊夫接受电视台采访的言论也经常会占据头条，比如，他说：“如果我打算让你这样的人也理解我的意思，我先前就会更详细地解释这件事。”

丹尼斯和约翰一直以来都很融洽，就像影片《闪灵》（*SHINING*）中，迪克·哈洛伦和他的祖母一样，他们似乎不需要开口就能彼此了解。

克鲁伊夫的训练方法是不寻常的：一种从他的老师里努斯·米歇尔斯那里学来的“冲突模型”刺激性紧绷风格。米歇尔斯以前经常靠制造一些争吵来激发球员的能量与肾上腺素水平。克鲁伊夫由于某些复杂的心理因素（可能与他幼年丧父有关），似乎也很赞同这种逆境激励理论。作为一名教练，他经常刺激或批评手下最好球员的技术和态度，并期望从中得到有创造性的、积极的回应。克鲁伊夫对于进步与卓越的追求是异于常人的，平庸从来都是不被接受的。丹尼斯观察到：“这是他与生俱来的。他真的能看清很多事情，而且，是的，他极具统治欲，想要控制一切。但那就是全攻全守。你想要看清全局，而约翰确实看到了这一切。如果你身处于全攻全守体系中踢球，你不能只做自己的事，你必须对场内外的一切都有全局的意识。”

克鲁伊夫也欣赏丹尼斯的才能与智慧：“博格坎普是和我在足球层

面有特殊关系的人之一。他归属于一个特别的群体，类似于范·巴斯滕、范斯奇普以及里杰卡尔德。他是非常聪明的人，这就是关键所在。因为你用你的头脑踢球，而你的双脚只是起到帮助的作用；如果你不用头脑，只有双腿是不够的。为什么有的球员要追着球跑，因为他们跑的时机已经晚了。你必须时刻保持专注，用你的大脑去思考，找到正确的位置。如果你没能赶上球，那说明你选错了位置。而博格坎普就总能赶上。”

出于对他的欣赏，作为大师的克鲁伊夫为了这位年轻人能有所提高，打算同他玩一场心理游戏。克鲁伊夫解释说：“我们当时想提拔丹尼斯，但他必须先变得更硬朗一些。”作为一个十几岁的青少年，丹尼斯的技术出色而且在战术上也已经足够达到A1梯队标准了，那是青训的最高梯队。但他的教练认为他对于成年一队而言还是有些不够大胆。一天下午，克鲁伊夫的助手托尼·布鲁因斯·斯洛特给了丹尼斯一个坏消息：由于自己的“缺乏动力”而被下放到A2梯队一个月。此外他不会踢惯常的右边锋位置，而是踢一个边后卫。丹尼斯手足无措：“我完全不理解，缺乏动力？我比赛时或许看上去不像在竭尽全力，但我确实尽力了。”这对他打击很大，他永远不会忘记那种羞耻感：“那件事对我影响很大。后来我经常想：克鲁伊夫是故意这样做的吗？他是想要激怒我吗？”

克鲁伊夫笑了。策略正是如此。克鲁伊夫说：“是的，我那么做当然就是为了激怒丹尼斯。我们不是因为他有任何短处而把他降级下放，更不是因为他的态度问题。那只是为了激发他的弹力。如果你把一个好球员放到低于自己级别的球队，他不得不与一些比他略逊一筹的球员对抗。比赛会变得更偏重于身体，而这会让他觉得更困难。如果你让一个像博格坎普这样的球员踢右后卫，然后在他的身前放一个不防守的右边锋，他就能亲身体会到他作为边锋而不帮助他身后的人时对方的感受。他真的会学到很多。或者你让他踢中锋，确保他一直得接来自边路的高球，那么他就必须忍受自己的额头一直会很疼的问题，那就会使他更硬朗。”

克鲁伊夫同样想看看博格坎普在一个普通的球队中鹤立鸡群时会如何表现：“当你成为队内最好的球员时，你就有了更多的时间，如果你有了更多的时间你就必须明智地利用它：帮助其他的队友，同他们交谈，指导他们，带领他们。”

丹尼斯在A2梯队服役完毕，回归到了A1梯队，然后又遭受了一次打击。1986年12月13日，在对阿姆斯特丹的俱乐部DWS的中场休息时，他的教练突然告诉他：“我要把你换下场。”丹尼斯很不高兴，因为他知道自己踢得很好。然后教练咧开嘴笑了，说：“我要把你换下场，因为明天你会升入一队。”

丹尼斯在1981年克鲁伊夫以半退休状态回到阿贾克斯时只有12岁。克鲁伊夫在巴塞罗那变得很富有，随后投资养猪场失败又失去了他所有的钱。他在第一场回归的比赛中就用一个漂亮的挑射回敬了那些质疑他是否还有能力东山再起的人。随后开始了一场至今为止足球世界依然能感受到的革命。当时的荷兰足球的状况令人遗憾。在1978年世界杯之后，全攻全守一代衰弱了。荷兰在1980年的欧洲杯中被德国彻底击败了，同时也可能无法进军接下来的三项大赛。一种新的枯燥的“现实主义”（又名防守足球）席卷荷兰。而在阿贾克斯，善于利用空间的“位置足球”理念已经在课程与教条中被抛诸脑后，而当时最被寄予期望的年轻球员是一个巴西式个人主义风格的球员杰拉尔德·范恩博格，一名古典的盘带流球员。

作为同事也作为老师，克鲁伊夫激励了一代人并点燃了我们所说的“荷兰风格”之火焰。克鲁伊夫对弗兰克·里杰卡尔德、马尔科·范·巴斯滕、索尼·西罗伊、约翰·范斯奇普以及约翰·博斯曼这一批在阿贾克斯的年轻荷兰球员有着深远的影响。他也对俱乐部的丹麦人如扬·莫尔比、索伦·勒尔比还有耶斯佩·奥尔森留下了印记。为1986年于世界杯踢出全攻全守的“丹麦炸药”一代设置了导线。在1982/1983赛季末，阿贾克斯的主席唐·哈姆森决定停止与克鲁伊夫的合同，因为他认为这个大师已经“太老”了，无法有与他薪资相匹配的表现来吸引足够的人。狂怒的克鲁伊夫转投死敌费耶诺德，并帮他们在克鲁伊夫唯一的一个赛季中赢得了双冠王（而且把他的智慧与态度传授给了他年轻的队友路德·古利特）。哈姆森发誓，克鲁伊夫将“永远无法踏入这里”。在表明自己的观点后，克鲁伊夫最终在1983/1984赛季后挂靴并宣布退役，住进了自己在阿姆斯特丹南部芬克温村庄的房子中。焦躁不安的他，立刻开始寻找一条执教的道路，最好能在阿贾克斯——全荷兰他唯一在乎的俱乐部。而那家俱乐部早就已经有了一位不错的教练阿德·德摩斯。而主席憎恨他，克鲁伊夫也没有荷兰足协要求的教练资格。他在队中最要好的两个伙伴范斯奇普与范·巴斯滕被克鲁伊夫的举动所鼓舞，在背后拆了德摩斯的台，导致他下课。媒体也站在克鲁伊夫那一边，所以哈姆森不得不在1985年任命他为主教练。为了避开荷兰足协的规定，克鲁伊夫被任命为“技术总监”，一个阿贾克斯沿用了30年的模式诞生了。

当丹尼斯还在耐心地经历着他青年队时光的时候，约翰已直接进入革命模式，迅速地造就出一个令人眼花缭乱的全攻全守足球的新版本，或者，以他现在的话说：“以我自己的哲学工作。”那是什么呢？“让对手陷于混乱之中，那就是足球。如果你过了对方，你就使对方陷入了混乱。制造出了一个人的优势，运用位置足球的理念有着同样的效果。如果你不过人，如果你没有得到那一个人的优势，那么对方就会保持井然有序，就不会发生什么。那一个人的优势，便是阿贾克斯足球。”

一些当时阿贾克斯的比赛在Youtube（世界上最大的视频网站）上能看到，请去观赏一下。如果你只看出克鲁伊夫在踢4-3-3，那你没有看到重点。重点不在于阵型而是内在与心境。勇敢的年轻近卫军逼抢、传球，以令人愉悦的方式在场上飞驰。里杰卡尔德、罗纳德·科曼、范斯奇普和范·巴斯滕正横扫千军。从曼联租来的优雅而富有经验的老将阿诺德·穆赫伦几乎不会传错一次球，而门将斯坦利·门佐活动在距离球门外很远的区域，就像一个附加的中场球员。在克鲁伊夫的第一个赛季，阿贾克斯进了120个球，范·巴斯滕在26场比赛中进了37球。球队难免也有不顺的时候，但当他们状态好的时候，他们的表现惊人。几年以前，范·巴斯滕曾经带领球队8：2战胜过费耶诺德。像橄榄球一样的比分如9：0、8：1、6：0，现如今成了对阵弱队时的常规表现。在他的第一个赛季结束后，技术型的中场科曼和范恩博格为了钱而加盟了PSV埃因霍温。克鲁伊夫反常规地启用了两名技术粗放的后卫丹尼·布林德和扬·沃特斯。在改进了阿贾克斯的青训系统后，他同样提拔了诸如阿隆·温特和维茨格兄弟（罗比和理查德）那样的年轻球员。球队因此变得稳定，并比以往踢得更好。

那正是丹尼斯还在学校时便加入的阿贾克斯队。当他的父母开着他们的日产Datsun Cherry小车带他去球场对阵罗达JC队的时候，他说自己“很紧张”。当丹尼斯的妈妈告诉保安这个在后座的孩子将会为一队出战的时候，保安不清楚状况对着对讲机说了几句后才放他进入球场。进去后，丹尼斯的心绪在球员休息室内缓和下来。里杰卡尔德欢迎了他的到来，还跟他说了些笑话。丹尼斯只是静静看着并接受这发生的一切，然后克鲁伊夫来了。“他个子不高，但有强烈的存在感。”丹尼斯回忆说，“你能感觉到一个人物进了房间，他当时没有和我说话，不过之后有过。每个人都祝我能有一段好时光，包括斯恩阿姨——掌管吧台的女士。”比赛开始前，丹尼斯坐在护栏处克鲁伊夫座位的旁边。“很高兴在这里见到你。”克鲁伊夫对他说，“好好看看周围，品味下四周的气氛，享受它。”

“就在那儿，在球场里，坐在克鲁伊夫旁边。但我没有害怕，一点都没有。我唯一想的是踏上球场，我肯定克鲁伊夫不会无缘无故把我带到那里。我心想：‘在下半场，他就会让我上场了。’在第66分钟，他确实那么做了。”丹尼斯说道，他当时只有17岁7个月（和克鲁伊夫22年前的首秀时同岁），穿上了16号战袍，上场打右边锋，“我没有非常紧张，只是很兴奋。”那个体育场只有1.1万人，还没占满体育场的一半。丹尼斯的父母已经买好了昂贵的门票，坐在雷蒙德看台，靠近丹尼斯的那侧场地。马塞尔紧张地站在F-Side（阿贾克斯铁杆球迷组织）的一旁，告诉其中的一位常客球迷："我想，那是我的弟弟！他现在正在热身！"丹尼斯记得每个细节："我上了球场，我爱极了那一切：那草皮，那地面的空气，能成为如此伟大球队的一部分，还有来自队友的鼓励，特别是来自里杰卡尔德的。而我背后有沃特斯，这让人感觉很踏实。很快我就发现自己比对手要快很多，我想：'好吧，我这里有个选择，我的优势是速度，我就要利用这一点。'我真的没去想：'噢，上帝啊，我正在为阿贾克斯踢球！'我只是感觉太棒了，非常自然。"在这场比赛中，阿贾克斯2：0赢得了胜利。在更衣室，里杰卡尔德走了过来问丹尼斯的年龄："17岁？那么会有辉煌的未来等着你的！"

几周后，也是荷兰冬歇期之后，丹尼斯第一次在比赛中首发，给人们留下了更深刻的印象。丹尼斯击败了哈姆勒后卫卢克・尼赫特，更在6：0的比赛中打入一球。在面对这个经验丰富并以铲球为主要防守手段的对手时，丹尼斯想出了一个简单的反制策略："我这么想：'轻轻把球挑高，那就是解决方案。'当他冲着我跑来时，我将球挑过了他，我便以此击败了他。于是我能自由地传球了。那时候，边锋们的任务比现在更简单些。别人不会期待你插入禁区或尝试射门。你必须拉开宽度，感受到脚下用粉笔划出的边线。你的职责是拉开他们的防线，用速度穿越盯防你的球员然后传中。"

博格坎普不久后就经常上场了，而培养坚韧性的进程仍在继续。"我们用了各种卑鄙的小方法，"克鲁伊夫承认说，"比如，我告诉丹尼斯（在任意球时）站在人墙里，站在人墙的最外侧，于是他不得不与守门员协调沟通。我们希望看看他会如何处理这种情况以及他对任意球的反应会怎样。他会抬起他的肩膀，用手臂挡住自己的脸吗？丹尼斯很快学会了，你真的不需要费太大劲去让他变得更硬朗或更狡猾。而且他有一种责任感，他知道是用别人付出的金钱在踢球。在那个年代，收入是取决于比赛奖金的，而丹尼斯感到他需要承担老球员们的责任，因为他们需要钱去支撑自己的家庭。他是个很有礼貌的孩子，但知道在球场上别人期待他去做些什么。其他人花了很长时间才懂得这个道理。比如里杰卡尔德，在理解力上要慢一些，但博格坎普很聪明。"

丹尼斯同样也在向他的队友们学习，特别是盖世无双的范·巴斯滕。他说："我会注意一切事物，我观察马尔科和弗兰克如何工作，还有所有的球员与教练如何互相影响，更衣室的气氛动态，球员对我的态度，我和教练员们的关系，我注意到一切。就像我在电视上观看霍德尔时一样，我会在训练中观察范·巴斯滕，看看我能从他那里借来些什么。我喜欢他加速的方式，他能用他的脚外侧托着球穿过对手，然后加速，让那个人在一旁等死。他对此十分在行。马尔科是一个杀手，一个真正的射手，总是在进攻的最前沿，反之我是一个回撤多一些的前锋。如果有记录的话，他们能证明马尔科的进球更多在10码或更近的地方。对我而言，大约是15码左右。

"马尔科比我更无情。在阿森纳，伊恩·赖特也像他那样，但马尔科用更优雅的动作做到了那一切。他能找到球门的每一寸，他的射门中有那种锐度。轻弹脚背的一脚射门，嘭！我也有这样的能力，而且他还有一种独特的在双脚短距离相隔的情况下奔跑的方法，也与我很相似。后来当他的脚踝出了问题以后，他的姿势更向下了一些，反之我挺得更直了一些。不过我们奔跑以及我们加速起步时俯身向前的动作十分相似。是这种奔跑的方式让我们能非常快地启动，比我们的对手要快得多。这只是某种天生具备的东西，不是我从以前的体育俱乐部里学来的。在那里他们告诉我：'你跑得很漂亮，很自然。'"

由于依然还是个在圣尼古拉斯学会的学生（也是路易·范加尔的母校，多亏了克鲁伊夫的所谓"逻辑巧合"），丹尼斯只能在周六与一队一起训练。在周中，他同预备队一起训练，因为他们的训练课是根据学校的上课时间安排的。"我们更多的不是在训练预备队，而是在利用预备队来训练丹尼斯。"克鲁伊夫解释说，"那里的教练员们知道他们的任务就是训练并弥补他的短处。"

在学校和顶级足球之间穿梭变得越来越困难。一次生物考试阻止了丹尼斯随大部队一起去马尔默参加欧洲优胜者杯的1/4决赛，他随后自己到了那里，但不得不在替补席上看完了比赛。4天后的第二回合，是他的突破性表演上演的时刻。在瑞典的第一场比赛，瑞典人在日后英格兰主帅罗伊·霍奇森的执教下，用他们的凶猛使得阿贾克斯身心俱疲，在一场激烈奔跑的比赛后1：0赢得了比赛。在第二场，丹尼斯将不得不面对经验丰富的瑞典国家队后卫佩尔森。在比赛前，负责球队青训工作的助理教练斯洛特拿出了佩尔森的档案。丹尼斯很惊讶："他知道对方球队的一切，他会说：'那个后卫是半职业的，他的工作是个邮递员。他有两个孩子一个叫这个另一个叫那个，他是左脚将，他喜欢前插等等。'坦率说，那些话我都左耳进右耳出了。我对那些一点都不感兴趣。我的态度更像是：'让我们走着瞧，我只需要踢出我的风格，相信我自己的速度就可以了。'"克鲁伊夫的办法更简单，他告诉丹尼斯："那个后卫是个老家伙，他又慢又不中用，你比他强得多。"

这是另一种心理策略，克鲁伊夫说："我总是告诉我的前锋们：'你们比那个人强。'我希望博格坎普忘记所有有关体育场、电视摄像机、欧洲奖杯之类的事，而把注意力集中在打败那个人身上。'只会发生两种事情。'我对他说，'要么你过了他，他不敢再向前；要么你过不了他而他从此忽略你的存在，然后便会随时在自己想要的时候向前压上。'但之后我会告诉别的球员：'把球都传给博格坎普，因为他那里的后卫已经放弃他了，所以两种办法都会行得通。'那就是我的做法，不过当然，我这么做总是在冒险，那是种赌博，不过经常是赢的。"丹尼斯照着指示做了，并给了佩尔森一个炙热的夜晚，观众们也都纷纷起立。丹尼斯创造出的一次又一次的机会使得阿贾克斯在这场激烈的比赛中3：1赢了。但是没有时间去庆祝了，丹尼斯第二天还不得不为他的数学课而早起。

* * *

那对你来说肯定很奇怪，前一分钟你是一个明星，站在数万尖叫的球迷之中，而下一分钟你又回到了教室。你是如何应对的？

丹尼斯：这确实很奇怪，我当然不能显得很自负。在荷兰更是不允许的。有些人会认为："你在踢欧洲赛事，是的，那又如何。"当然，你会发现有些人很嫉妒，但大多数的人是积极的。在比赛后，电视转播团队被允许进入教室，来看看我在半决赛打平后的表现，当时是现场直播，所以他们会问我："你如何看待此事？"比赛踢成了平局，而他们却问我："好吧，丹尼斯，你如何看待这个平局？"我说："怎么说呢，那还算不错，我不是很介意。"

这为你之后的职业生涯接受的更深入的采访做了练习？

丹尼斯：没错，但都是些积极的事情。对于在学校的人来说，也并不能算是多惊奇的事。我一直都在班里上学，而与此同时我也一直在阿贾克斯青年队中踢球，那已经持续了4到5年，他们知道这一切迟早会发生。而在学校里出了一个职业足球运动员，对他们来说也是件不错的事情，有了谈资。

* * *

丹尼斯为自己在对瑞典球队时的持续冲击力而惊讶："在之后的几年中人们还在谈论这事：'哇！丹尼斯，我还记得你当年是如何把那名左后卫给弄疯的。'对我而言也同样如此，那真是太令人激动了：在那个球场为一队出战，从更衣室出来，走在用水泥铺平的走道上，看着其他队的球员从另一边走来。钉鞋在地板上发出声响，从球场上拿起花束抛向观众。看着球门门框后红白色的球网，德比之星足球（Derby Star）太美妙了。巨大的球场上草皮被整洁精确地修剪过，观众中传来喧闹的声响，有时是口哨，有时是我拿球的一刹那间发出的一阵汹涌的声浪。”

而之后发生的事也证明，半决赛的平局确实还算不错。阿贾克斯轻松地战胜了皇家萨拉戈萨。下一站将会是在雅典，俱乐部自20世纪70年代光辉岁月之后的第一个欧洲赛事决赛。他们的对手是东德的莱比锡火车头队，结果莱比锡火车头在决赛中最引人注目的贡献只是他们亮黄色的球衣。丹尼斯因此而翘课，和球队一起飞去了雅典。丹尼斯回忆道："那次旅行给我留下了很深刻的印象。例如，当我们到达希腊时，范·巴斯滕来了，在大巴上坐在我的旁边，开始谈论一些关于比赛奖金的问题。我记得那时是1.75万荷兰盾，或者甚至达到2.5万，但那对我而言没有任何意义。我一点都没去想钱的事，我说了一些类似'好的'的话，但我想的是：'谁会在乎呢？'"他也有了另一个机会去观察克鲁伊夫在工作时的绝妙想法。在雅典时，丹尼·布林德在海滩跑步时弄伤了自己，导致球队失去了一个富有经验的后卫。克鲁伊夫平静地挑选了一个阵中的年轻球员——弗兰克·维尔拉特，并告诉他周围的老球员会掩护他，以防他陷入麻烦。丹尼斯说："每个人都很恐慌，因为我们失去了丹尼，但是克鲁伊夫连眼睛都没眨一下。当事情发展不顺时，对他而言反而变得有趣了。我认为那像是给了他一针兴奋剂，我也是那样的人。当事情突然转变的时候我从不惊慌失措。那只会让我去想如何解决问题。我喜欢这种被别人从舒适中拉出来不得不适应新环境的挑战。"

在这次比赛中，维尔拉特处理得还不错。阿贾克斯相当沉闷地以1：0赢得了比赛。多亏了巴斯滕的头球，那是他离开阿贾克斯之前的最后一个进球，随后便去了AC米兰。丹尼斯以替补身份在下半场登场，但对此他已不记得多少了："我记得马尔科的伟大进球，但那就是全部，我记得我策划了一次进攻，然后我们就赢得了冠军。之后在酒店有过一个派对，但我很平静。我真的没有静下来去想过那有多特别，现在我会想：‘我刚刚赢得了一个欧洲冠军。’”

在1987/1988赛季开始之前，丹尼斯与阿贾克斯签署了正式的职业合同。他关于物理疗法的学业将会在以后继续，而足球成了优先考虑的事情。而与此同时，克鲁伊夫则在“钢丝上走路”时有些失去了平衡。为了填补范·巴斯滕离开球队的空缺，克鲁伊夫引入了弗兰克·斯台普顿（阿诺德·穆赫伦在曼联时的旧队友），后来证明这是一个巨大的错误，斯台普顿这位早年强壮而聪明的中锋时常受伤。而当阿贾克斯在联赛中挣扎时，克鲁伊夫与他的球员和俱乐部发生了争吵。他要求队伍快速成长，他希望俱乐部能运营得更加职业化，以更美国的方式运营。哈姆森说：“克鲁伊夫不懂得如何听取别人说的话。”克鲁伊夫指责俱乐部太业余，团队开始瓦解。到12月中旬，阿贾克斯已经输了3场比赛。然后他们又失去了他们的队长弗兰克·里杰卡尔德，他爆发了，冲着克鲁伊夫大喊：“停止你不断的抱怨！”和范·巴斯滕、范斯奇普不同，里杰卡尔德不能忍受一直被克鲁伊夫批评，他已经受够了。然后他便消失了，只是在1988年欧洲杯前夕对皇家萨拉戈萨的比赛前出现了一次，随后与米兰签约。在圣诞节期间，哈姆森公开否认在本赛季早些时候曾与克鲁伊夫续约。克鲁伊夫脸色铁青。几天后，在1988年1月初，克鲁伊夫告诉哈姆森他想辞职。如果这只是虚张声势，那么他引火自焚了，董事会接受了他的辞职。突然，克鲁伊夫的统治结束了。

作为一名教练，克鲁伊夫去完成了更伟大的事业，他去巴塞罗那建造了一支梦之队，赢得了欧洲冠军杯（通过科曼攻入的制胜一球），把他知道的一切教给了瓜迪奥拉，并建立了巴萨的青年学院，拉玛西亚，走了阿贾克斯式的路线。唐·哈姆森的愚蠢最终导致了荷兰在2010年世界杯输给西班牙的结果。他们败给了一支由克鲁伊夫式足球运动员组成的西班牙队，他们踢着克鲁伊夫式的足球，打败了一支已低于他严格标准之下的阿贾克斯队所组成的荷兰队。但是，正如我们看到的，丹尼斯与约翰之间的故事还远远不会终结。

约翰对丹尼斯的欣赏从未消退，反而变得更加强烈了。他们如今正在彼此帮助，一起运营阿贾克斯。约翰说：“丹尼斯是一个高瞻远瞩的人。他能看到一切，并把一切变得平衡。因为他自己就很平衡。你无法对博格坎普施压，无论周围的人对他多么大声喊叫，他总是能保持平静并思考。而且丹尼斯能广泛地思考，所以他能看到事物的连接之处。他总是在顶端俯览全局，而当他不得不去做某事时，他能给其他人施压。然后他会给别人大声而明确的指示：‘首先这样，然后那样。’博格坎普是个温和友好的人，直到他被激怒后，你会看到真正的愤怒，但依然带着智慧。他的评论非常尖锐，甚至很伤人，但总是考虑得很周到。这样的人在组织中会变得最为突出，这符合逻辑，也是自然发生的。”

与此同时，似乎年纪越大，丹尼斯就变得越像克鲁伊夫。丹尼斯表示：“我真的很欣赏约翰，即便我不总是赞同他的一些观点。但讨论只是关于细节方面的，而不是原则方面的。我们在原则方面从未有过不一致之处。”他们的关系与其说紧密不如说是令人愉快的，但丹尼斯并不受“他已变得像他的导师”的说法困扰。他笑着说：“有时我发现我们有非常相似的想法。我不知道这是否因为在年轻时约翰就是我的教练，还是我们在本质上就很相似。”

* * *

你有没有刻意模仿克鲁伊夫?

丹尼斯：拜托！模仿别人真的不是我的风格。而且，如果真是那样的话，约翰会立刻看穿。

但你不喜欢像他一样和人吵架是吗?

丹尼斯：是的，我能理解人们说他总是在找茬儿，寻找冲突。这可能是存在于他性格中的。冲突是他的需求，那就是他所需要的。而当事情变得顺利时，他总会去找另一件事情……是的，他就是那样，但我能理解他，我知道他从哪里来，那可能就是我们不同的地方，虽然我更喜欢事情变得温和与平顺。

范加尔和他的球员们站在拥挤的阿姆斯特丹城市剧院阳台上，他们的身旁摆放着刚刚获得的巨大的银质奖杯。固执的年轻主教练欣喜若狂，他看起来有话要说。范加尔抢过麦克风，来到阳台的栏杆处。路易是想告诉下面的人群，谁是他们今晚应该感谢的人。

第三章　路易，路易

时间已经接近午夜，数以万计的喧闹的球迷点燃了燃烧棒，烟雾悬浮在莱顿广场之上。这是1992年5月的一个夜晚，阿贾克斯在几个小时前夺得了欧洲联盟杯冠军，然而他们的明星球员却缺席了庆典。在之前的比赛中，丹尼斯的表现非常出色，但在阿贾克斯主场对阵都灵的决赛第二回合比赛中，丹尼斯因为感冒发高烧而躺在床上。

范加尔和他的球员们站在拥挤的阿姆斯特丹城市剧院阳台上，他们的身旁摆放着刚刚获得的巨大的银质奖杯。固执的年轻主教练欣喜若狂，他看起来有话要说。范加尔抢过麦克风，来到阳台的栏杆处。路易是想告诉下面的人群，谁是他们今晚应该感谢的人。“一个人！”他喊道，用他的食指指向夜空，好像是在宣布弥赛亚的到来，“一个人！”他将自己的身体向前倾斜到要掉下去的角度，为了追求效果他略作停顿。然后他狂吼出了这个人的名字：“丹尼斯·博、格、坎、普！！！”阳台下方的球迷们跟着他咆哮，每一个孩子、妇女和男人都整齐划一地叫喊着他们球队年轻球星的名字。

范加尔之后再也没有在公众场合如此激情地喊过丹尼斯的名字了，但是在那个夜晚，这俩人的关系看起来是那么的牢不可破。掌管球队仅仅6个月的范加尔，长着一副复活岛上石像的脸。这位富有激情的前体育教师率领他的球队在欧洲联盟杯赛场上刮起了强劲的风暴。阿贾克斯以他们传统打法的一个美妙变种席卷了欧洲联盟杯赛场，他们的打法简洁而又富有创造力，快速而又大胆，球队的组织非常严密。丹尼斯是这支球队中的核心人物。

在经历了一段极度混乱的时期后，阿贾克斯夺得的联盟杯冠军，更加让人刮目相看。在古罗马时代，公元69年共出现了四位皇帝，史称“四帝之年”，这被视作政治乱局的顶峰。1989至1991年短短的三年时间里，阿贾克斯先后任命了9位主教练，9位！这是一长串让人眼花缭乱的名字。“我记不清具体的任命顺序了，”丹尼斯说道，“不过短时间内俱乐部确实任命了很多主教练！”当约翰·克鲁伊夫1988年1月离开球队之后，接替他的是由博比·哈姆斯、巴里·胡斯霍夫和斯比茨·科恩构成的三人教练组。他们之后是德国理疗师库特·林德尔（丹尼斯回忆道：“他是带过我的最差的主教练！”）。林德尔带队只有三个月的时间，斯比茨·科恩（再次执教阿贾克斯）和范加尔（之前在预备队中执教）便取代了他。再之后是本哈克，他在阿贾克斯待了一个半赛季之后跳槽去了皇家马德里。

在范加尔1991年底获得球队大权之前，球队发生的最重要的事情是，曾经和克鲁伊夫爆发冲突的主席唐·哈姆森因为承受不了来自媒体的嘲讽和球迷骚乱的双重压力而被迫离职。几个月后，哈姆森患上了中风。此外，俱乐部还牵扯进了一桩税务丑闻。更糟糕的是，因为一名来自F-Side的足球流氓从看台上扔下一根铁棍击中了对手的门将，阿贾克斯因此在欧洲赛场被禁赛一年。与此同时，由于教练的不断变更，球员们在战术上也变得不知所措。丹尼斯早期的足球生涯中充斥着位置和角色的转变。“是的，那是一段非常有趣的时期。”他温和地说道，

“不过我从中学到了很多，在各个教练手下都是。无论好坏，我真的学到了很多。”

在克鲁伊夫手下，丹尼斯作为右边锋升上了一队，并在欧洲优胜者杯决赛中出场。在拥有像弗兰克·里杰卡尔德、马尔科·范·巴斯滕和扬·沃特斯这样出色球员的球队中，丹尼斯的光芒依然无法被掩盖。之后克鲁伊夫对哈姆森积压已久的怒气彻底爆发，并离开了球队。克鲁伊夫离开时甚至没有说一句“再见”。的确，他和丹尼斯在之后的三年半时间里没有过任何联系。丹尼斯说：“我当时期望约翰能给我打个电话，说些鼓励我的话，比如‘冷静点，事情终究会好起来的’。但是可能他认为我需要学会自己处理问题，所以他故意没有打电话来。我也确实是自己解决问题的，我从未把这视为一次挫折。”与此同时，在三位新主教练的带领下，球队继续在一片混乱中度过了1987/1988赛季。但是球队却连续第二年打进了欧洲优胜者杯决赛，遗憾的是球队最终输给了前阿贾克斯主教练阿德·德摩斯率领的比利时球队梅赫伦。丹尼斯踢了绝大多数的比赛，偶尔也有进球。不过大多数时间他还是在边路活动，用他的速度甩开跟他对位的边后卫，然后送出准确的传中。

接下来的一个赛季（1988/1989赛季）伊始，库特·林德尔的到来给球队带来了更大的麻烦，因为他是哈姆森选来中止克鲁伊夫革命的人。克鲁伊夫带队时，为球队打造出了一套攻势足球的风格。球队的阵型在4-3-3，3-4-3甚至3-3-4之间流动变化，这点使得对手难以应付。和荷兰足球界的一些其他保守派人士一样，哈姆森认为克鲁伊夫非常出色，但他的这套攻势足球从根本上是不可靠的。俱乐部主席认为现在球队需要的是纪律以及稳固的防守。因此他选择了林德尔，这位德国人在80年代初期曾经短暂地执教过阿贾克斯。哈姆森和林德尔是滑雪密友，因此虽然当时林德尔已经退出了足球界并在瑞士开了一家诊所，但是哈姆森还是说服了他来到阿贾克斯重整球队。

“林德尔很显然是一个局外人，”丹尼斯说道，“他根本不了解阿贾克斯的文化，年轻球员们挑战着他的权威，而老球员们在战术上说话也比他管用。作为阿姆斯特丹人，我们喜欢表现得张扬、突出、冒失和自负。这时候作为主教练，你有两种方式来应对这一切。你可以像我们一样张扬，但你要保证做得比球员们更好；或者适当避开，当球队头脑发热时让球员们冷静下来。”林德尔两者都没做到，不久后就在训练时被公开地嘲弄了一番。他完全不是他手下那批富有经验的球员的对手，其中有三人刚刚在伟大的里努斯·米歇尔斯的荷兰国家队帐下赢得了1988年欧洲杯的冠军。从一开始，队长扬·沃特斯便成了球队战术上真正的领导者。丹尼斯说：“在比赛中，扬会就一些细节问题进行说明。他会这样说：‘你，往右边去两码。你，去左路。你，回撤。’如果林德尔想说点什么，扬会非常厌烦他，甚至让他退回教练席去。而这时林德尔只会说一句：‘好吧，照你说的办。’出现这种情况真的令人非常尴尬。”不过即便如此，林德尔依然有足够的权力将博格坎普踢出球队。丹尼斯平静地说道：“他当时使用的是4-4-2阵型，不设右边锋，而我踢的正是这个位置。就这样，他把我降到了预备队，什么话都没对我说。”

实际上，林德尔说了一句话。他将丹尼斯和后来转会去了巴塞罗那的球星理查德·维茨格处理回了预备队，并对预备队教练说：“这两个人是废柴。”这名预备队教练就是路易·范加尔，不过他的看法可不像林德尔那样。退回预备队的丹尼斯意志很消沉，但是范加尔却看到了他身上的潜力。他感到丹尼斯可能被安排在了错误的位置上。因此，范加尔给了他10号球衣，而不是象征边锋位置的7号球衣。丹尼斯实验性的新位置将出现在球队中路，他将在中锋身后扮演第二前锋的角色。范加尔鼓励丹尼斯在比赛中做出战略性的思考。他在沃伦丹举行的一项青年锦标赛上的表现证明，这种角色上的转换正在刺激着他的成长。丹尼斯如今能施展他思考的速度了，这与他的脚下频率一样快。他开始机敏地在对方后卫线和中场线之间移动，不时地送出精妙的传球。他飘忽不定地出现在不同的位置上，这使得对手的防守队员很是头疼。同时他的进球也接踵而至。赛后他被选为这届锦标赛的最佳球员。最重要的是，他终于找到了自己的定位。回过头看时，他将这视作他职业生涯中最重要的瞬间之一：和被克鲁伊夫第一次选中以及三年之后在里努斯·米歇尔斯的荷兰国家队中获得一席之地同等重要。

让所有人宽慰的是，包括林德尔自己，他仅仅当了三个月主教练便被科恩和范加尔取代了。在一般人的想象中，后者只是科恩的一个年轻助手而已，但实际上大多数时候都是他在发号施令，而丹尼斯是他野心勃勃的计划中的核心。他为丹尼斯设计了一个位于中锋身后、两名边锋之间的自由角色，丹尼斯的表现极其出色。他创造了国内联赛连续10场取得入球的新记录，而一开始他的新位置没有名字。最终，媒体将其称为“影子前锋”。丹尼斯找到了属于他一生的角色：“突然之间，我在比赛中感到了完全的自由。我可以展现出自己双脚均能射门——左右开弓的能力，同时我还可以展现我的得分能力。球迷所不知道的那些我在青年队学到的东西都能在这个位置中得以展现。作为一个10号位球员，我再一次有了那种极好的紧张感。那是种新的感觉，使人很兴奋。我一刻都没有犹豫或考虑应该往哪里跑，一切都是不假思索的。突然之间，有些奇妙的事在我身上发生了。”

最终阿贾克斯在该赛季结束时以微弱劣势失去了联赛冠军。新的管理层任命了本哈克出任球队主教练，丹尼斯又摔回了地面。现在回想起来还是很奇怪，本哈克对丹尼斯没有信心，同时还认为其他三名球员（维姆·琼克、罗恩·威廉姆斯和罗纳德·德波尔）可能更加适合10号位。丹尼斯被安排在其他位置上，但是没有一个适合他，他在本哈克麾下踢过中锋、左边锋，甚至中前卫，还有替补。丹尼斯说：“我再次被贬了，这点真的让我很难接受，因为我感觉我已经通过努力在球队中站稳了脚跟。我或多或少地在球队中创造了属于我的位置：‘博格坎普位置’。之后球队来了一名新主帅，他有自己的想法，他想展现给所有人看，他有他自己的那一套工作方式。教练们希望实行自己的风格，因为他们考虑的是权力问题。在一节训练课上，科恩和范加尔找到我说：‘如果有人问是谁将你安排在10号位，你知道应该怎么回答吧？是我们。’这让我思考：‘这是什么意思？’教练们让你铭记这点是为了得到别人的认同。对范加尔而言尤其如此，这点在当时就已经表现得很明显了。”

本哈克很平易近人，但丹尼斯的境遇从某种程度而言要比在林德尔时期更糟糕。丹尼斯表示：“最起码我知道为什么林德尔不用我。如果你要踢4-4-2，同时你认为博格坎普是一名纯粹的右边锋，那么博格坎普应该离开。但是本哈克怀疑的是我的足球技术，他认为我不够出色。”本哈克否认这一说法，并称他当时是为了赢下联赛冠军，而他也确实做到了。就1990年意大利世界杯而言，当时年轻的博格坎普（20岁）根本不在本哈克考虑范围之内。（实际上，对丹尼斯来说这次落选是幸运的因为荷兰队的球星们曾希望克鲁伊夫出任国家队主帅。在意大利，他们将大量的精力花在了和主教练本哈克以及荷兰足协的内斗而不是足球上。最终，本该赢得这届杯赛冠军的荷兰队一场未胜便打道回府。）

丹尼斯更有效地度过了那个夏天。在他回到阿贾克斯的时候，本哈克感到非常惊奇：“我看到了一个完全不一样的博格坎普。丹尼斯变得更加自信了，他变得对自己更有信心，从他的眼神中你似乎可以读到他的想法：‘来吧，我会让你们看到我有多么出色。’在短短几周时间内，一名年轻球员能够成长这么多，这是不太常见的。那个夏天他自己完成了从一个男孩向一个男人的转变，这点和我没一点儿关系。”

丹尼斯自己对这个时期记得并不是特别清楚：“他这么说了？如果他注意到了这点，那么情况应该是有了一些变化。之前一个赛季我过得并不如意，如果主教练对你并不满意，你会想：‘OK，现在应该做出改变了。’可能在某种程度上，我身上发生了一些变化。我认为我工作比之前更加努力了，我跑得更多了，转变了思维模式，进入了新的档位。我觉得确实发生了这些变化。但我现在回头看我自己以及其他球员的职业生涯时，会认为有时候我们只是找到了内在的某种平衡，或者是身体、生活等诸如此类事情之间的平衡。”

不论发生了什么变化，有一点现在不会再被怀疑了：丹尼斯是最出色的10号球员。另外他和队友之间开始发生强烈的化学反应，这样的化学反应后来在他和伊恩・赖特、尼古拉斯・阿内尔卡、帕特里克・克鲁伊维特和蒂埃里・亨利之间也有过。丹尼斯的跑动以及精准到可怕的射门，离不开维姆・琼克天才般打开对手防守的长传。丹尼斯的精彩进球一个接一个到来了。博格坎普和瑞典中锋斯特凡・彼得森之间的配合也非常富有成效，瑞典人无私地通过跑动为博格坎普创造从后插上的空间。丹尼斯和他的队友间的这种化学反应绝大部分是他们之间的自发行为，本哈克对此感到很疑惑。本哈克当时曾这样说道：“博格坎普对于前插冲刺时机的把握和得分能力，都是在狭小空间内和极短的时间内完成的……这真的让人不可思议。”即便这样，他当时还是认为博格坎普太过谦逊了。本哈克表示：“他在球队中表现自己这点上做得还不够。他是理想女婿的代表，谈吐有度，彬彬有礼。这些都是非常好的特点，但是对于一名职业球员来说还不够。他需要培养自己的双重性格：球场外的博格坎普和球场上的博格坎普，然后把二者聚集在自己身上。”

最终，本哈克没有抵挡住西班牙的诱惑回到了皇马执教，范加尔因此出任一队主帅。丹尼斯回忆道：“一切都开始变得更加认真起来。我们讨论的内容很多，比如位置，另外每场比赛在赛后都会做出详细分析。路易总是拿着他的小笔记本，在那上面记下有关球队的方方面面。他不厌其烦地强调什么是重要的，我们应该学习和训练的是什么。他使得我们工作的方式更加结构化，并且让我们都很清楚我们的工作。在我职业生涯的那个阶段我确实非常喜欢他的这种工作方式。”球队变得更加整体化，球队的控球率之高非常罕见，同时给予对手的施压也更强。在冬歇期过后，球队开始爆发。在一场7：0战胜特温特的比赛中，博格坎普火力全开，上演了帽子戏法，范加尔被他年轻的球队所展现的绚丽足球感动得落下了眼泪。在联赛中，一支以“独狼”罗马里奥为核心构建的更传统化的PSV埃因霍温队在积分上超过阿贾克斯。通过在欧洲联盟杯赛上一系列具有统治性的表现，整个欧洲都注意到了丹尼斯，尤其是对阵奥斯瓦尔多·巴格诺利执教的热那亚队的比赛（我们之后还会提到巴格诺利）。

丹尼斯说："我真的有种新的一代正在形成的感觉。范加尔让我们变得对胜利更加渴望，同时更有追求。我们的踢法是创新的，同时很吸引人，我们踢起来也很享受。如果我们犯了错，我们不会放弃，我们会卷土重来。我们坚持他的哲学：球队比任何一个个人都重要。'如果每个人都坚持将我们打造成一个整体，成功将接踵而至。'路易无数次地这样说过。这给了我们必要的稳定。"

范加尔还鼓励丹尼斯更加批判性和创造性地去思考比赛中的方方面面。丹尼斯回忆道："我们在训练中事无巨细，射门、传球等每个细节都要做到更好。并且每一件事都更加地战术化：你应该往哪儿跑？为什么？路易会说：'动动脑子，伙计们，每次移动都要过下脑子。'他会给予我们一些指引，但是在比赛中你要自己解决问题。他反复强调你要对你所做的每一件事情都非常清楚，比赛中的每一次行动都要有目的性。我专注的是我擅长的东西：决定比赛。我思考很多战术层面的东西，比如对方后卫们的位置，比如发现对手的弱点。我开始选择更加聪明的位置，以便于和我身旁的队友们更好地联系。如果一名中场球员负责看防我的话，我会尽可能地向前移，这样会迫使对方的中场球员在他们的后卫们之间比赛，这会让他不舒服。如果盯防我的人是一名后卫队员的话，我会撤回中场，这样会把这名后卫牵出他的位置。我真的很喜爱用这种方式去接近足球，像这样分析我的位置。我非常着迷于给予对手致命一击。我总是在观察我的对手，注意每一个细节，观察场上的局势。我不停地观察可能抢下球来的时机，我需要的是最轻微的机会，我那时便会冲刺上前抢下球来。"

这听上去仿佛意味着："路易，我认为这是一段美妙友谊的开端。"但这没有发生。足球不是电影。裂痕正在朝着教练与明星球员走来，而他们在第二个赛季中便会展现这点。一部分原因是范加尔的过分强硬。"我们当时很年轻也非常热衷于去学新的东西，但如果我们在一起5年，我不认为范加尔的那种狂热的执教方式会持续奏效。”丹尼斯也开始展现出自己的独立性，“我们还是会进行讨论，但是最终我会选择我自己认为最正确的方式。这听起来可能有点自以为是，但实际上即便是那时，与范加尔作为一名主教练所取得的进步相比，我作为一名球员所取得的进步比他更大。我只是知道，我需要做些什么才能让自己在比赛中更加具有决定性。让我们来看看范加尔对我说的：‘向后撤10码以获得更好的防守位置，丹尼斯。’我会对他说：‘我不希望这么做，教练。因为我们一旦抢下球来，我需要向前冲刺这撤回的10码距离，这样会消耗我的体力，我需要节省体力以起到决定性的作用。’”

丹尼斯这时已经在思考自己下一步的去向。一年之前，他已经通过一项函授课程在学习意大利语了，而在赢得欧洲联盟杯之后，欧洲豪门俱乐部都开始对他垂涎欲滴。丹尼斯最终决定加盟国际米兰俱乐部，和他一起确定转会的还有维姆·琼克。在海牙的一个周五晚间，他们和国际米兰俱乐部签约，此时距离周日下午阿贾克斯对阵PSV埃因霍温队的联赛重头戏还有36个小时，这次签约为他们日后和范加尔之间爆发冲突埋下了祸根。范加尔孤注一掷希望赢得联赛冠军，他认为博格坎普和国际米兰之间的这次签约分散了球队的注意力。这场在情人节举行的比赛进行得非常糟糕。在上半场，阿贾克斯踢得非常好，丹尼斯打入了他个人生涯中最精彩的进球之一。现在来看，这粒进球像是6年之后他对阵阿根廷时打入的那粒制胜进球的雏形。他完美地用他的膝盖（膝盖啊！）将弗兰克·德波尔50米之外送出的高空长传球停下，然后在小角度吊过对方门将得分。一分钟过后，埃因霍温队抓住阿贾克斯的一次后防失误轻松将比分扳平，这很难说成是丹尼斯的责任。即便是罗马里奥赛后也说半场比分1：1“离奇”地反映了场上局势。中场休息之后，阿贾克斯体力渐感不支，而埃因霍温尽管被罚下一人，依然以2：1赢得了比赛。阿贾克斯的排名降至积分榜第四位，范加尔暴跳如雷。

24小时之后，博格坎普和琼克转会的消息公诸于众，他们俩共同出席了在高达（荷兰西部城市）举行的新闻发布会。这之后，他们立即返回球队工作。在他们看来，整个转会签约过程都是为了避免阿贾克斯受到伤害。他们穿着国际米兰的球衣留了张影，然后说在本赛季结束之前不会接受意大利媒体的采访；他们唯一的希望是带着冠军荣誉前往意大利。丹尼斯和维姆的经纪人罗布·扬森开玩笑说道，当博格坎普和琼克成为百万富翁的时候，阿贾克斯已经成了亿万富翁了（国际米兰为琼克支付了1000万荷兰盾的转会费，而博格坎普的转会费则高达3000万荷兰盾，这是当时荷兰球员的最高身价）。

在那个赛季的最后4个月中，阿贾克斯的表现让人抓狂。他们既可以在一周之前客场5：0击败联赛冠军费耶诺德，也可以在一周之后对阵像MVV（马斯特里赫特）这样的鱼腩部队时失分。在欧洲联盟杯赛场上，门将斯坦利·门佐的两次失误使得球队在客场逼平欧塞尔的希望破灭，范加尔展现了他冷酷的一面：门佐永久性失去了主力门将的位置，取代他的是年轻门将埃德温·范德萨。另外一场比赛中，边锋罗伊由于没能严格遵守范加尔制定的战术，赛后便被卖给了福贾队。争夺联赛冠军希望渺茫，范加尔流露出对博格坎普和琼克的失望，他把对阵埃因霍温的失败归咎于他们。即便到了现在，博格坎普依然对此不能接受，他说："范加尔对琼克和我的批评是不公平的。那个赛季我做了我所能做的一切以获得联赛冠军，我付出了所有努力。当罗布·扬森在和国际米兰进行谈判的时候，我大脑中所想的只有一件事：对阵埃因霍温队的比赛，我希望能够赢下来。是的，周五晚上我确实要去海牙以达成最后的协议，但是所有事情我都处理得很好。周六一天我非常轻松，并且晚上早早休息。范加尔暗示我在签约国际米兰之后态度发生了转变，这不是真实的情况。每一场比赛我都希望表现得比前一场更好。我对比赛的态度都是一样的，我总是希望成为球场上表现最好的球员并且赢下比赛，这一点从来没有变过，路易应该很清楚地知道。"

5月初，阿贾克斯客场0：1败给了实力一般的威廉二世，争夺联赛冠军的希望彻底破灭。下半场进行到第20分钟时，范加尔用平庸的后卫强尼·汉森换下了他的明星前锋博格坎普。当博格坎普下场的时候，他怒目注视着路易，他猛的侧过头好像在对范加尔说："该死的，你在做什么？"一架电视摄像机录下了范加尔的回答："我明天再告诉你。"第二天，范加尔声称这是一次战术换人："因为博格坎普没有融入比赛，或者更准确点说，博格坎普再次没有融入比赛。博格坎普是一个绝对的天才球员，但是在这场比赛中他被看死了。"丹尼斯如今如此说道："他所做的事情其实很明显。那是我在阿贾克斯的最后一个赛季，我已经取得了在荷兰所能达到的最高高度。我需要转会去往国外，不过看起来他想让我别觉得自己太了不起，好像在告诉我：'你没什么特别的，你只是球队中的一分子。'但就这场比赛而言，（将我换下）这确实是一个愚蠢的决定。我当时是荷兰联赛的最佳射手，比赛还有半个小时才结束。我们当时还可以挽救那场比赛，但是他希望用把我换下的方式创造某种效果。"

丹尼斯表示："最终我意识到阿贾克斯对我即将转会的事感到愤怒。我迷惑了，并感到失望。在那个赛季（1992/1993）冬歇期来临之前，我便早早地声明这是我在阿贾克斯的最后一个赛季。我给了阿贾克斯很长的时间做准备，并且俱乐部从我的转会中得到了一大笔钱。他们还要我怎么做？对于阿贾克斯来说，一名自己培养的球员在一队表现出色之后，俱乐部将他出售换取资金是很正常的程序。"

* * *

很奇怪你与范加尔在足球上的关系是如此富有成效，你们却关系紧张。即便你与本哈克在足球上的关系是如此的不具创造性，你依然能和他相处得不错。

丹尼斯：我无法生本哈克的气，现在依然无法做到。本哈克是个很不错的人，他通过机智的言论与管理团队的能力把一切处理得很好。他与明星球员的关系处理得很融洽，对替补球员也很友好。他比任何一个人都适合去带一支拥有大牌球员的球队。他是个真正的人际关系经理人。这就是他与路易的最大区别。本哈克有很高的智慧，他也知道如何巧妙地操控媒体。即便我们在我打10号位的事上存在分歧，我依然很享受与他一起共事。那可是我的位置啊！但我每天的训练都很享受。本哈克总是会说一些不错的话，我很钦佩他那种通过把球员带到一旁说一些话就能指正或鼓励球员的工作方式。

* * *

范加尔在1992/1993赛季最后一场联赛结束时脸上满是笑容，德梅尔球场的球迷们用烟火给了丹尼斯和维姆·琼克一个动情的送别仪式。几天后，当丹尼斯最后一次代表阿贾克斯比赛时，他表达了自己的感受。在荷兰杯决赛对阵海伦芬的比赛时他打入一球，随后他用一种非典型的咆哮与紧握拳头的方式宣泄了他的愤怒与沮丧。

至此，这两人之间的关系也就如此了。这场比赛也是丹尼斯最后一次为路易执教的球队效力，他们作为球员和教练的轨迹再也没有过交集。当范加尔2000年执掌荷兰国家队时，博格坎普已经退出橙衣军团。更近些日子，这两人在一场阿贾克斯2011年发生的内部政变中站在了不同的阵营。丹尼斯是克鲁伊夫最亲密的战友，而路易斯则是反克鲁伊夫阵营推举的候选人。范加尔现在又一次成了国家队的教练。当被邀请为这本书做一次采访时，他通过他的新闻发言人拒绝了这一请求。他的新闻发言人说路易斯想说的关于丹尼斯的一切都已经写在2009年他的《自传和视点》一书中了。在书中，范加尔提到丹尼斯时尽是轻视，他说阿贾克斯之所以能够夺得联赛冠军和欧洲冠军杯冠军是因为博格坎普离开了球队：“可能这么说不太好，但是利特马宁是比博格坎普更加出色的10号球员，因为利特马宁的存在，球队变得更加平衡。”

这无疑是奇怪、狭隘的评论。博格坎普和利特马宁是两种截然不同的球员，他们在不同的时间，和不同的队友之间扮演着不同的角色。不管怎样，范加尔在别处曾经说过真正使他的球队变得稳定的因素是弗兰克·里杰卡尔德的回归。他开始被安排在中场，后来撤回了中卫位置，这使得球队最终夺得1995年欧洲冠军杯的冠军。

* * *

你和范加尔之间的关系很糟糕吗?

丹尼斯：我们之间关系还可以，说我不能和路易相处有点过了。回过头看，路易是我在恰当时间遇到的一个恰当的教练。如果我再多待一个赛季的话，情况可能就会不一样了，我们之间可能会爆发冲突。但其实我们俩之间问题不大。

总的来说你是尊重他的?

丹尼斯：当然。

你和他之间的问题不像后来你在国米和比安奇之间那样?

丹尼斯：噢不！跟那差远了。你要知道，路易总是想踢出漂亮足球，阿贾克斯足球。他可能永远也不会承认，但其实他想要的足球跟克鲁伊夫的是类似的，还有温格的……只是他们的方式不同。克鲁伊夫的执教理念是大胆、华丽、进攻，是他当球员时的风格。约翰信赖的是球员的天赋和技巧，他并不做过多的分析。范加尔更像一个老学究。他给他的球员们下达任务，球员们需要执行这些任务使体系能够运转起来。在范加尔看来，体系是神圣不可侵犯的。而温格的执教方式则介于他们俩之间。他的绰号是“教授”，他精于战术，但他更善于创造球队的平衡。温格并不根据体系来考虑问题，他根据球员进行考虑，然后让聪明的球员在球场上自己去决定体系。另外，他和克鲁伊夫一样喜欢那些能够在球场上根据自己本能踢球的技术出色的球员。

* * *

范加尔90年代中期和10年之后在阿尔克马尔的经历显示，他的长处在于培养一群在各个方面皆有上升空间的年轻球员们，他更善于带一些什么冠军都没有获得过的球队。一旦他的球员不能完全顺从他，他就会遇到麻烦。在巴塞罗那，他和里瓦尔多之间爆发了冲突；在拜仁慕尼黑，他和卢卡·托尼以及弗兰克·里贝里之间相处得也很不愉快。在他率领阿贾克斯青年军获得欧洲冠军5年之后，在荷兰国家队中，昔日的弟子们不再愿意绝对地听从他的指挥，他们在国外大俱乐部的经历让他们变得更独立。

丹尼斯说："在范加尔看来，所有球员都是平等的。对于他来说，没有什么巨星这回事，因为每个人都要为球队和他的体系服务。与他不同的是，克鲁伊夫依赖的是球队中一些杰出的个体，因为他们是可以决定比赛的球员。他不停地刺激球队中的巨星们，并且对他们提出质疑，必要时候甚至会制造冲突。约翰踢球时就是最伟大的球员，其他的球员是为他服务的，但这一点在范加尔的球队中根本无法想象。范加尔的球队中即便是最出色的球员也不能比球队重要。然而我们想象一下：你有10名平庸的画家，还有一个伦勃朗。你会对伦勃朗说其实他并不比其他人更加出色吗？或者说你会让他感觉自己很特殊，并让他变得特殊，以便他能创造出更美妙的艺术？温格又有所不同，他会和球员之间保持距离，以免发生冲突。他的冷静、严肃认真、敬业精神和智慧都与团队相契合，这正是他确保每个人都能表现得专业以及让大牌球员融入团队的方法。与此同时，他让他们发挥自己的东西，让他们有自由的空间去变得伟大。当然，荷兰足球的伦勃朗是克鲁伊夫。"

范加尔刚开始作为一个年轻教练在克鲁伊夫手下实习的时候，这两个都在东阿姆斯特丹长大的足球人能理解彼此并互相吸引。但之后性格上的差异导致路易和约翰渐行渐远。要让这两个强硬而又固执的人和解似乎是不可能的，特别是在2011年阿贾克斯权力斗争之后。

尽管范加尔说他的足球和克鲁伊夫的大体是相似的，但是从执教哲学上来看，他们俩之间最大的不同在于范加尔一定要让他的球员们知道，球员们需要他才能踢出他想要的足球。如果我们把足球比赛比作身体的国际象棋游戏的话，那么路易将他自己看作是一位国际象棋大师，而他的球员们只是棋盘上的棋子。与之不同的是，克鲁伊夫则是通过培养那些聪明的、具有天赋的球员，以使得他们在场上拥有独立自主地选择的能力，同时能与队友有效协作。换句话说，路易将主教练的作用看作是至高无上的，而约翰则希望培养球员以取代主教练的作用。

丹尼斯更喜欢克鲁伊夫的方法，而他本身也恰好是克鲁伊夫所要树立的榜样。确实，在现在的阿贾克斯，整个克鲁伊夫计划——正如约翰所要推行的那样——是为了制造出新一代的“博格坎普们”。

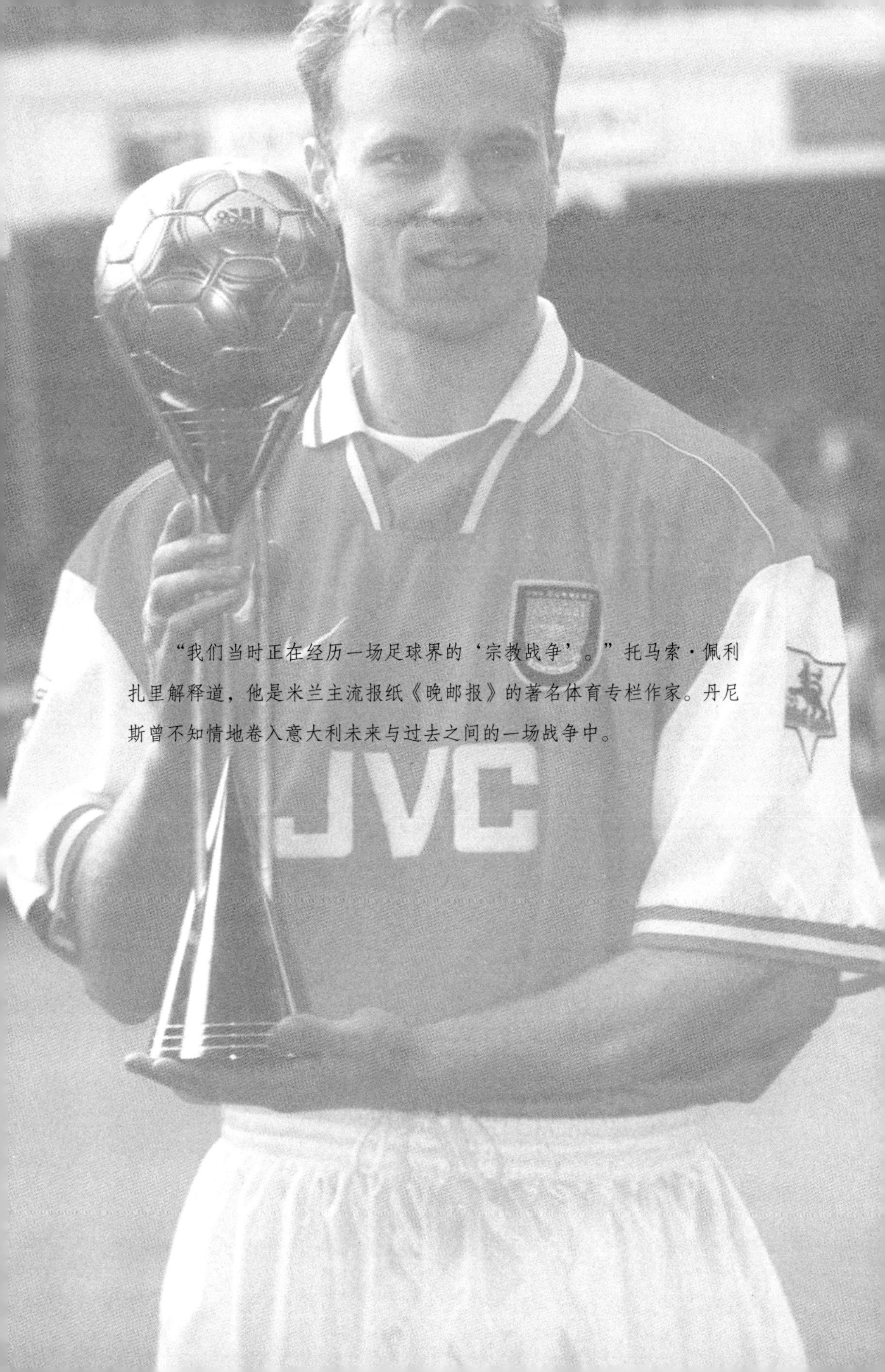

“我们当时正在经历一场足球界的‘宗教战争’。”托马索·佩利扎里解释道，他是米兰主流报纸《晚邮报》的著名体育专栏作家。丹尼斯曾不知情地卷入意大利未来与过去之间的一场战争中。

第四章　插曲

I. “宗教战争”

加盟一家意大利豪门俱乐部似乎是个明智的选择。然而丹尼斯在1993年签约国际米兰的决定却让他陷入困惑和压力的漩涡。他成了破碎承诺①和文化误解的受害者：和教练闹翻，被自己球队的球迷和意大利媒体嘲弄，甚至被自己的进攻搭档鲁本·索萨形容为“古怪而孤僻”的人。到最后他在意甲的职业生涯变得愈发艰难，他甚至考虑过早早挂靴。但真正让他在圣西罗这两年变得艰难的原因是什么呢？“我们当时

① 译者注：在博格坎普加盟前，国米曾承诺他会打攻势足球，但实际却并未实现，是一种破碎了的承诺。

正在经历一场足球界的‘宗教战争’。”托马索·佩利扎里解释道，他是米兰主流报纸《晚邮报》的著名体育专栏作家。丹尼斯曾不知情地卷入意大利未来与过去之间的一场战争中。

在外人看来，导致冲突的直接原因可能仅仅是一个小小的教义问题。但是由于战术理念在意大利足球里至关重要，所以这件事影响深远。这个问题就是：意大利球队应该坚持传统的人盯人防守，还是追随其他国家教练采用区域防守？这个技术性问题的背后隐藏着一个哲学问题：防守足球真的比攻势足球优越吗？隐藏更深的还有关于身份定位这样更复杂的问题。意大利人应该延续自己的传统吗？还是应该试试荷兰人的方法？

冲突的种子早在20世纪80年代中期便埋下了，一位当时正在崛起的名为西尔维奥·贝卢斯科尼的媒体大亨——两家米兰俱乐部中较弱的AC米兰的所有者，开始对一位不知名的年轻教练阿里戈·萨基的战术方法产生兴趣。从年轻时代开始，萨基就一直在意乙联赛的小俱乐部帕尔马孕育着自己的奇思怪想。意大利的足球信条长久以来便是稳固后防。这个国家的足球建立在“链式防守”上，这种“关门式”防守的关键便是采用双保险防守策略阻止对方得分。战术的重点是在中路构建铜墙铁壁：两名防守型中场对两名盯人后卫形成保护，而在盯人中卫身后还有防守自由人负责清除扫荡。（或许记者吉安尼·布雷拉会说0：0的比赛是一场完美的比赛，因为双方的防守都没犯错。）但即便最严苛于防守的教练也会派出一名用于进攻的自由球员，他的职责便是取得进球以便让其余队员可以退防，守住胜果。

许多外国观察家对意大利的足球策略感到惊讶，他们觉得这种策略源于历史性地害怕革新。（有个例外是斯坦利·库布里克，他更喜欢意大利足球的黑暗神经质，而不是过于简单的荷兰足球或巴西足球）。应该指出的是防守足球也并不是一直受到意大利人的青睐。在20世纪30年代，墨索里尼统治下的意大利队两夺世界杯，而他们采用的是深受赫伯特·查普曼的阿森纳风格所影响的WM阵型。但正如全攻全守成为荷兰足球的信条一样，战后的意大利也成了链式防守的虔诚信徒。这个体系帮助两家米兰的俱乐部在60年代成功问鼎欧洲冠军杯。意大利后卫被公认为世界最佳，而链式防守也一次次地证明了其价值，只是现在不奏效了。

萨基年轻的时候曾在他父亲的鞋厂担任推销员，可是他更痴迷于足球。他本能地被巴西、匈牙利以及50年代的皇家马德里这些进攻型球队所吸引，而他着迷的风格还是荷兰的全攻全守。在70年代早期，克鲁伊夫和约翰内斯肯斯率领下的黄金时期的阿贾克斯几乎是完美的，他们连续三年夺得欧洲杯。萨基跟父亲到阿姆斯特丹出差，趁着父亲忙着参加贸易展销会时，前往密登维赫（Middenweg）观看阿贾克斯队的训练课并从中学习。

萨基并不是唯一对荷兰足球着魔的意大利人。1972年，特拉纳作为来自翁布里亚的一个小球队，靠着意大利版本的全攻全守升级意甲，其风格被称为gioco corto（短传配合）。特拉纳队主教练科拉多·维西安尼放弃了加缪的训练方式，并激发自己的球员达到了之前无法想象的体能水平。当阿贾克斯与国米在1972年欧洲冠军杯决赛相遇时，维西安尼在电视上接受采访时说，为了意大利足球好，国际米兰应该输3到4个球：“荷兰人踢的是真正的足球，但意大利的教练们只对防守感兴趣，踢着可怕的毫无审美可言的足球。”决赛中，阿贾克斯只以2：0战胜国际米兰，于是这场失败，就像阿贾克斯在1973年的决赛中以1：0击败尤文图斯一样，未能动摇意大利人对他们“可怕的”但仍然相当成功的意大利式足球的信仰。

同时，萨基脱离制鞋业开始了他的教练生涯，从他本地的球队开始直到执教帕尔玛。他改革的重点是取消盯人后卫和自由人，取而代之部署了“区域联防”，灵活的四人防线构成了流畅机动的仿荷兰阵型的一部分，紧凑的阵型能够保持对对手的紧逼。他的后卫、中场和前锋作为一个整体移动，并且都要为进攻贡献力量。当时大多数意大利球队一天只训练一次，而萨基坚持每日双训，这使得他的队员跑动更多更快。

1987年，帕尔玛在两回合的杯赛中击败米兰之后，西尔维奥·贝卢斯科尼意识到了这种充满娱乐性的足球的潜力，他把萨基请到了米兰。为了帮助萨基，他买入了克鲁伊夫三个最出名的门徒：古利特、马尔科·范·巴斯滕和弗兰克·里杰卡尔德，他们成为了意甲联赛最重要的三名球员，“米兰王朝”因此诞生，这也是历史上最伟大的球队之一。萨基的意大利-荷兰混合式风格横扫千军，并在这个过程中让邻居国际米兰黯然失色。当时的国际米兰仍然是一个在吉奥瓦尼·特拉帕托尼带领下的古旧堡垒，像一个守着链式防守逝去光辉的老兵。

在丹尼斯来到国际米兰之前的6年里，米兰两家足球俱乐部的对垒可以说是理念与哲学的冲突。双方比赛呈现出令人尴尬的一边倒的局面。佩里萨里是国米终身球迷，回忆起1989年见证米兰划时代性地终结“大皇马”的统治带来的冲击：“人们总记得第二回合米兰以5：0获胜，但客场1：1的平局更让我们震惊。那是我们第一次看到一个球队去马德里踢客场，还像在圣西罗主场一样积极主动。米兰去了马德里并坚持进攻！传统主义者说：‘不，我们不能这样踢球，因为我们是意大利人。’如此主动是对我们身份的背叛，特拉帕托尼和国际米兰球员都这样说。即使当令人昏昏欲睡的国米在1989年夺得意甲冠军却反被米兰在欧洲冠军杯决赛上耀眼的4：0胜利迅速遮盖得暗淡无光时，他们依然坚持这一观点。”

丹尼斯在国际米兰期间发生了什么？值得强调的一点是，即使是萨基的革命也几乎在开始之前夭折。在米兰的前几个月，像弗兰科·巴雷西和毛罗·塔索蒂这样米兰的老队员对他抱有怀疑，很难理解教练想让他们做什么。1987年的秋天，当米兰在联盟杯出局和联赛主场输给佛罗伦萨之后，气氛变得紧张。丹尼斯回忆道：“每个人都认为萨基完蛋了，但后来贝卢斯科尼进行了他那次著名的干预。他走到更衣室对球员们说：‘我希望你们知道，萨基是球队今年的主教练，明年也不会走。至于你们，我不知道。’然后一切都变了。”

佩利扎里发现，意大利人，特别是意大利的教练都是非常功利的。

他们很少从美学层面去考虑问题，在乎的只有结果。萨基革命的真谛不是区域防守和踢得漂亮，而是能赢球。萨基告诉人们这样也可以赢球。这也是为什么最伟大的足球记者之一马里奥·斯康切蒂说：“萨基对于意大利足球，就像康德对于哲学一样重要：在萨基之前和萨基之后足球完全是两个概念。他改变了我们，所有意大利教练都是他的继承者。实际上，我并不觉得萨基发明了什么，他只是从荷兰足球借鉴了一些东西。而他被当作发明家是因为之前没人敢想象在意大利还能这样踢球。”即便如此，对于全攻全守人们仍颇有微词。马里奥·斯康切蒂继续说：“今年早些时候，一个叫米凯莱·达赖的记者写了本关于他为什么讨厌巴萨足球的书。书名叫《Against Tiki-Taka》，并且卖得不错。他不喜欢巴萨的传球、紧逼和进攻方式，并称之为‘自慰足球’。他想要的足球是进一个球然后死守。”

同时，90年代早期的国际米兰深陷泥潭。特拉帕托尼1991年被尤文图斯挖走后，国际米兰的主席埃内斯托·佩莱格里尼痛苦地意识到米兰已经取得了巨大成功，想要复制贝卢斯科尼的革命。他把目光投向另一个革命派教练科拉多·奥里科，他在意乙联赛卢切斯队树立了进攻足球的风格。但奥里科不是萨基，而国米的守旧者们——至少核心后卫吉乌塞普·贝尔戈米和里卡多·费里对此并不感兴趣。奥里科失败了，经验丰富的奥斯瓦尔多·巴格诺利取代了他。巴格诺利是一位深受爱戴的传统教练，1985年带领黑马维罗纳获得联赛冠军而声名大噪。

当丹尼斯·博格坎普决定离开阿贾克斯的时候，半个欧洲和所有意大利顶级俱乐部都在争夺他。而这时足球版图已经又一次漂移了，萨基成为意大利国家队主教练，而接任者法比奥·卡佩罗保留萨基主要战术和阵容的同时，让米兰变得更加华丽而坚不可摧。在1991年5月至1993年3月期间，卡佩罗的球队以58场不败的傲人战绩让阿森纳之后的纪录黯然失色。在1993/1994赛季开始的时候，荷兰三剑客已经不复存在。年迈失宠的古利特远走桑普多利亚，里杰卡尔德回到了阿贾克斯，而范·巴斯滕的职业生涯则因为脚踝的严重伤势面临威胁。佩莱格里尼仿佛窥探到了一丝机会，国际米兰在1992/1993赛季位列米兰之后屈居亚军。那么加入点来自荷兰的球星之光肯定足够赢回冠军吧？国际米兰立即出手，很快丹尼斯·博格坎普和维姆·琼克就穿着蓝黑剑条衫合影了。意大利媒体普遍称赞这次签约绝妙至极。

* * *

全世界有这么多城市，城市里有这么多酒吧，可丹尼斯，你却偏偏去了国际米兰？[①]*你曾是欧洲最炙手可热的天才，有多少人都争先恐后想得到你。你本可以去巴塞罗那，去AC米兰，或是加盟尤文图斯。然而你却选择了防守足球世界的中心，实在让人难以理解。*

丹尼斯：怎么说呢，我当时得到了承诺，感觉上这是次正确的转会。我想一直以来贯穿我生活的一条主线就是：依靠感受和直觉来做决定，这次转会就是其中之一。也许最后看来这是个正确的决定。在国际米兰我并不开心，但我在那里学到了许多东西，这也是我成长的一部分。如果没有去过那里，我永远无法取得在阿森纳的那些成就。你提到我本可以去巴塞罗那，是的，我隐约知道约翰希望我去哪里。也许他做出过暗示，但从未直接表达出这个意思。于是我就想："好吧，如果你不主动的话……"那时候西班牙联赛有只允许四名外籍球员的规则，而那时他们已经有罗马里奥、科曼和赫里斯托·斯托伊奇科夫了，我只能成为第四名外籍球员，但其实这不是我选择国际米兰的原因。长久以来我内心都渴望去意大利，因为那时候它是世界上最棒的足球国度。意大利、意大利、意大利……那时我所思所想都是意大利。

最后，我必须在尤文图斯和国际米兰之间做出选择。我的经纪人及

---

① 译者注：该提问是模仿电影《卡萨布兰卡》中的经典台词——全世界有这么多城市，城市里有这么多酒吧，可她却偏偏来到我的酒吧。

我哥哥去了都灵然后给我打电话说：“丹尼斯，我们感觉很不好。”我说：“好吧，你们两个就是我的眼和耳，我相信你们。”于是我选择了国米。

你有没有向AC米兰的荷兰球员寻求过建议？你跟里杰卡尔德和范·巴斯滕在阿贾克斯共事，而古利特也是国家队的队友……

丹尼斯：我不觉得有必要拿起电话去咨询他们。更重要的是，我不想。当时我在想：“我可以很舒服地选择去米兰或者巴塞罗那，或者独自踏上我自己的冒险征程。”我想要开创些新的东西，去那些阿贾克斯球员没有去过的地方。而像约翰、弗兰克和马尔科这样的人都不会干扰我的决定。他们希望能够帮到我，但如果我想要自己做出决定那也很好，即使那是个错误的决定。

于是你就跟随你的直觉去了国米，然后剩下的回忆就全是……痛苦了，是吗？

丹尼斯：不全是。我真的很喜欢意大利，个人生活方面也无可挑剔。我和妻子赫丽塔刚刚完婚，在意大利的时光就像度过了一个长长的蜜月。我们在米兰的城郊奇瓦泰小镇有座漂亮的房子，住在房子里就能俯瞰湖泊。这座房子的房东人也很好，是个真正的国米球迷。他白手起家直至成立了一家大公司。我喜欢这类人们努力奋斗然后成功的励志故事。我们对那座房子一见钟情。后来我们问房东为什么不把房子留给女儿时，他说：“我才不想把它交给女婿呢！”（大笑）我们相处得很愉快。他谈起国际米兰的方式也令人愉悦。同时他对于球队的战术打法相当沮丧，所以我们一拍即合。我还记得我们商议房屋租赁契约的时候他说：“不，房租你想付多少就付多少。”太疯狂了！我们之间还达成了另一个协议：他车库里有一辆老式法拉利，我很喜欢。于是他说：“如果你能进20个球，它就归你了。”我想：“我可是从荷兰带着25粒进球来到这里的，我一定能做到。”当然，后来我没有得到那辆车。一点机会都没有！

第一个赛季还不算太坏。你进了不少球，还有一些点球，每个人都说你是联盟杯最佳球员，但也并不是所有人都喜爱你。

丹尼斯：是的，第一个赛季我们赢得了联盟杯，尽管球场从来都坐不满。大家都觉得这样的比赛没意思。但是……后来我对妻子说：“我们应该反过来，应该先去英格兰再去意大利，那样也许会好一点。”我刚脱离阿贾克斯的怀抱，曾经充满了创造性的欢乐、激情和年轻人的地方，而这里只有商业般单调的氛围，突然就像踏入了朝九晚五的生活，所有球员都拉着脸。我想踢出一场精彩的比赛，而他们只会说：“不，我们只需确保一个好的结果。”这太难过了，因为你能看到球场上的巨大空间，可以感受到你能发挥的水准，可以感觉到球队的强大。但没人会按我希望的方式来踢球，没人会跟随我。而那时我太年轻，无力改变现状。我想我自己也有那么一点妥协了。

你之前提到了承诺，什么样的承诺？

丹尼斯：这在那时对我而言很重要。在签约前，国米主席埃内斯托·佩莱格里尼来荷兰和我们见面，承诺会改变国米的踢球方式。他说他们想踢攻势足球，就像萨基的米兰一样。所以他们才想要签下我和维姆·琼克。那就是他所说的！然后我相信了他。于是，在第一个赛季开头我们尝试踢压制性的足球，也就是他们所承诺的东西。就像两年后的阿森纳一样，他们也感到自己需要改变。我们踢了两场季前热身赛，场上跑位全是乱的。这很正常，因为这家俱乐部拥有完全不同的足球文化，我们不知道该往哪里跑。而我们的教练巴格诺利执教30年来踢的都是一种足球，他无法改变一切。如果他们请一个年轻的欧洲教练，或是像萨基一样强硬的教练，也许事情发展会有所不同。

你在国米的第二个赛季就是场灾难。球迷们对你充满敌意，媒体对你充满敌意，而你饱受伤病困扰只打入两球。而且你还迎来了一个令你厌恶的教练：奥塔维奥·比安奇。

丹尼斯：是的，第一个赛季还凑合。第二个赛季在新教练比安奇的带领下则很困难。

比安奇不是在那不勒斯带领马拉多纳的教练吗？

丹尼斯：是的，他确实提到过几次（马拉多纳）……每小时都提几次。我给你举个例子让你知道他是个什么样的教练：他有个年长一些的助理教练。有时候我们一日双训。球员休息时，比安奇就和助理教练穿越整个训练中心，穿越两块场地和更衣室去打网球。我从小就被教育要尊重长者。而我看向窗外时发现比安奇拿着手机走在前面，而比比安奇年长得多的助教则抱着球拍、四瓶水和一个大包走在后面……他拿着所有重物。他就像这样拿着所有东西走过去！而比安奇却空手走在前面！比安奇就是这样失去了我对他的尊重，就是这样。也许在意大利规矩就是如此，但我无法忍受。

（当丹尼斯在冬歇期返回荷兰治疗腹股沟伤势后，他与比安奇的关系变得尤其紧张。比安奇想让他留在意大利接受治疗，而丹尼斯对意大利医生毫不信任。2月的一天，比安奇把丹尼斯请到他的办公室。）比安奇指责我不够努力、没能帮助球队、必须更加刻苦训练之类的。然后他提到了关于尊重的话题。于是我意识到：我们只能分道扬镳了。我说："听着，对你我真的一点尊重之情也没有。我很尊重我的爸爸，但我不尊重你，瞧瞧你都干了些什么……"我脑海里全是网球场景，还有他不停地谈马拉多纳以及另外对其他人毫不尊重的事情，“……所以别跟我提什么尊重”。这就是我俩关系破裂的标志，不是吗？你了解我，对我来说要说出这种话不容易，但我真的受够他了。

那么你在国际米兰的日子中还有其他值得一提的人吗？

丹尼斯：是的，在球队里和我关系最好的是马西莫·帕加宁和保罗·特拉梅扎尼。

但当时的他们都太年轻了，也许我们可以找那些跟你关系不好的人，比如鲁本·索萨。

丹尼斯：你的意思是从他们的角度来看？那会很有趣，我们需要接受不同观点不是吗？

他们或许会充满敌意，他们或许会说：“丹尼斯太烂了，他的态度不对，他应该这么做那么做……”

丹尼斯：我不介意，只要我有机会回应。

你想怎样回应都可以，这可是你的书！

丹尼斯：如果那样的话，你可以去听听其他人的评价，不过我不是指那些会说蠢话的人。如果你想得到公正的评论，就去问问像巴格诺利这样严肃而智慧的人。这也许会很有意思的。我大致能了解他们想要我做什么。但我也可以给出我的真相。他们有他们的真相，我有我的。也许可以把两者结合起来看。

II. 他们的真相

丹尼斯在国米第一年的教练奥斯瓦尔多·巴格诺利，现在已经78岁了，住在维罗纳。当他得知丹尼斯希望得到他的评价时，有点诧异："我很惊讶他还记得我，我与他共事还不足一年。"

* * *

对于丹尼斯·博格坎普你有些什么印象?

巴格诺利：噢，一个好小伙！一个无法在米兰找到自己习惯节奏的好小伙，也许这就是他无法发挥出应有水准的原因。

这种不适是在足球方面还是文化方面?

巴格诺利：我觉得他自己都无法回答这个问题，这很难讲。我记得他有恐飞的毛病。他不想坐飞机旅行，我也一样。我也不喜欢坐飞机出行，但我坚持下来了。但不知何故丹尼斯的处事方式就是：我不喜欢，我就不做。

在丹尼斯和维姆·琼克加盟球队前，俱乐部主席承诺球队会像AC米兰一样踢攻势足球。而你是教练，佩莱格里尼肯定跟你谈过这件事吧?

巴格诺利：没有，从没听说过，从来没谈过。每周三我都去他家吃晚饭，但从来没谈过这件事。

当他指定你为主教练时，有没有给出诸如“赢得联赛冠军”或“像AC米兰一样踢球”的指令？

巴格诺利：我想我被国米选中是因为那时候作为一个富有经验和声望的57岁老人，我足够冷静，足以驾驭这支很久都没赢过冠军的球队。我率领维罗纳赢得过意甲冠军，所以他们觉得我可以处理困难情况。但没人要求我赢得什么，因为在那个年代这是非常困难的。国米不是一支冠军球队。在我的第一个赛季我们获得了亚军，是不错的一年。但第二年联赛还有12场比赛才结束时我就被解雇了。我被解雇后国米仅仅得了一分，还差点降级。

所以佩莱格里尼从未要求你改变执教风格？

巴格诺利：从来没有，但有时候他的妻子会让我写一些东西。后来我发现她是一个笔迹专家，她学习我写字和签名的方式。我并不排除有人伪造我的签名从而解除合同的可能。我是那种对俱乐部很忠诚的教练，我就是这样在维罗纳和热那亚待了9年。我一直与俱乐部里人的相处得很好。我们有时会谈论一个球员的情况，这个或那个球员是不是比另一个好？但我一直都尊重俱乐部的选择。就博格坎普来说，他是俱乐部所选择的。我不知道他们先前正努力签下他。他就这么来了，但对我来说也没问题。

在维罗纳你因为进攻的战术风格而闻名，而在国际米兰你使用了传统意式防守。你是怎么做的？

巴格诺利：我从来不是固执于一种战术风格的教练。通常来说我会征求球员们的意见："你们更想怎么踢？"在与球员的谈话后我再安排战术。

你问没问过博格坎普？

巴格诺利：我真的不记得了，那是20年前的事了。我只记得我们之间的沟通有语言问题，我也记得我试图去了解他，尝试去理解他踢球的方式。

你以前的一名球员里卡多·费里说你的风格就是经过三四脚传递就射门，那可完全不是丹尼斯适应的传球风格……

巴格诺利：三四脚传球？完全没错！我过去曾告诉队员们：传球越简单越好，我不喜欢像乒乓球一样的传球方式。甚至我对门将也这么说："如果你看到前锋无人防守，可能的话就直接把球扔过去。但如果长传不可行我们也会用短传配合，控球占优时你不可能只尝试一种方式。"短传就很符合博格坎普的风格。对我们来说他是进攻端的10号核心，但这并不意味着他不需要回来防守。

所以说丹尼斯在前场被孤立了？

巴格诺利：当我踢球时我是个攻击型中场。所以我的比赛原则之一是：只有一名前锋向前而不是整体向前移动的话是没用的，如果前锋孤立无援，那么他很快就会丧失球权。

但那就是丹尼斯的经历！他在前场只有一名队友配合，通常是鲁本·索萨，通常是2名进攻队员面对5名后卫！

巴格诺利：我不记得这种比赛战术有没有成功了，但我很确定丹尼斯在荷兰也很适应与双前锋一起踢球。

不。在阿贾克斯，10号球员身前有3名前锋，中场和后卫队员也会来支援进攻。你所说的“球队整体向前移动”，也许意大利人的理解方式有所不同？

巴格诺利：这有可能，不过我重复一次：第一年我们取得了亚军。

但丹尼斯不在那支球队里，他在你的第二个赛季才加入。

巴格诺利：也许吧。我记不太清了。但重点是在那个年代，首要的战术观念就是防守反击，那就是为什么你得去记住特定球员的球衣号码。

丹尼斯和鲁本·索萨的关系如何？从报纸上看他们之间糟透了。

巴格诺利：我必须说现实和传言之间有很大的区别，而现实与20年后的传言区别就更大了。我真的有些记不清了。当我被解雇时，我觉得与球员们没有矛盾，球员相互之间也没有矛盾。但我的确记得丹尼斯从来都没觉得过得很舒适，跟其他人联系也不多……不论是好的还是坏的。我不是那种会对球员说“帮帮那些家伙”的教练，但我记得其他人并没有帮他。我也曾是一名球员，了解更衣室是怎么运作的。但在我的印象中当时他们对博格坎普并没有什么恶意。也许大家觉得他天生如此，于是就没多去管他。也许他们尊重他的处事方式，他们觉得他更喜欢自己待着。也许其他球员就是这么想的，所以他们没有将他视为领袖。

* * *

实际上国际米兰在1994年巴格诺利被解雇后的状况没有像他所说的那么糟糕。吉安皮埃罗·马里尼执教的11场联赛里输了7场但赢了2场，以1分之差避免了降级。但另一方面，国际米兰赢得了欧洲联盟杯，踢出了更具攻击力的足球。丹尼斯成为了明星球员与最佳射手，打入了8粒进球。当我们告诉维姆·琼克关于巴格诺利所说的话时，维姆觉得他的评论“真诚而坦率”。维姆还说：“我记得也是那样，没有人跟巴格诺利谈起更换比赛风格的事。我们是不是该这么做？是不是应该去找教练谈谈？现在回头看，我们应该这么做。但当时我们只想：如果国米为了两名球员花了这么多钱，那么他们肯定有些好的打算，某种目的，或者说某种计划。但并没有什么计划。恐惧统治了国际米兰。球队里有许多好球员，我们肯定可以换种踢球方式的。”维姆认为老球员跟年轻一代的思维方式不同：“于是丹尼斯和我就被禁锢在两个世界之间，禁锢在意大利传统足球和现代足球之间。”

* * *

你对这些是怎么看的，丹尼斯？

丹尼斯：我想维姆是对的。

他说球队的权力更多地落在了如贝尔戈米和费里这样的资深球员身上。

丹尼斯：他对那点的看法也是对的。那他们怎么说？

* * *

贝尔戈米是一个引人注目的、优雅的家伙，当然对于国际米兰球迷而言这名后卫至今仍然是一个传奇。他在19岁时赢得世界杯，他为国际米兰效力了整整20载。现如今他作为一个电视评论员，因为在2006年世界杯半决赛比赛行将结束时的激情解说而为人们熟知。意大利在最后时刻打入两球击败了德国队，杀进了在柏林举办的决赛。他大喊道："Andiamo a Berlino！（我们要去柏林啦！）"就像是肯内特·沃斯滕霍姆在1966年时所做的那样，或是杰克·范赫尔德在博格坎普打入了对阿根廷队那个进球时一样的疯狂。

贝尔戈米住在圣西罗球场旁边的一间公寓里。当你看到他家里的一切是如何摆放的时候，你就会知道优雅对他而言有多么的重要了……

* * *

为什么丹尼斯在国际米兰的经历如此糟糕？

贝尔戈米：这是相对的。他来到我们这儿的时候还十分年轻，而他在1993/1994赛季的联盟杯中表现得十分抢眼。他是我们那个赛季夺得联盟杯冠军的功臣。所以他的经历很糟糕这种说法只能说是部分正确的。在欧洲联盟杯赛场上，他是一个非常出色的球员，打入了7粒还是8粒进球。然而，他并没有被球队完全接受。球队没有帮助到他，但我们确实意识到了他的才能。

佩莱格里尼曾经向丹尼斯承诺国际米兰会变换风格来进攻……

贝尔戈米：我不知道主席或者教练脑子里想的是什么。当时意大利的每个人都试图复制AC米兰的战术，但是他们无法做到这点，因为那真的是意大利足球哲学的根本的转变。我们曾经试过转变，但是我们做不到。因此我们又回到了我们所熟知的那种足球。在巴格诺利执教之前我们由特拉帕托尼执教了5年，还有奥里科执教的1年。在1991年的时候奥里科试着复制AC米兰的打法，但最终等待他的是彻底的失败。在巴格诺利时期我们又回到了特拉帕托尼带队时的那种风格。

和我们聊聊奥里科吧。

贝尔戈米：他无法真正地去实验他的战术，因为在意大利这样战术上的转换是需要时间的。而一年之后他没有取得好的成绩，所以他离开了。用一年时间来改变战术是不够的。我认为奥里科来的时候，带着改变一切的想法。而他的想法是踢3-2-3-2阵型，这简直是二战前的足球！何况他之前的经历只限于意大利乙级联赛。这个双重的WM阵型真是一种老掉牙的风格，这和维多利奥·波佐的风格类似。我们在联赛开始之前用这种方式踢了两场，结果我们连意丙联赛的球队都赢不了。在意大利你没有时间这样做！要么你的战术打法能马上成功，要么等待你的就只会是失败，而且奥里科也没有萨基那么高的水平。踢球的时候我并没有发觉这点，但现在我对此进行了研究，我意识到问题的关键是他没有教我们如何去执行他的那套风格。

对丹尼斯来说，从阿贾克斯来到这里肯定会受到文化差异的冲击，你怎么比较他这个荷兰人和之前国际米兰的3个德国人？

贝尔戈米：我想一个巨星来了之后，他必须适应。他要将自己所具有的能力融入到球队中去，像马特乌斯、布雷默和克林斯曼之前所做的那样。这并不容易。马特乌斯和特拉帕托尼之间一直有矛盾，他们俩都非常强势，而且性格迥异！（贝尔戈米用拳敲击了下桌面。）马特乌斯想踢得更有进攻性一些，他们为这个争论过。然而当特拉帕托尼最终说："好吧，上前去吧。"马特乌斯却回撤了很远！马特乌斯有着不同的精神意志。他会来到球队然后说："OK，明天我们要赢。"然后第二天带领球队做到这点。丹尼斯没有那样的意念。我知道在阿贾克斯踢球是为了愉悦和快乐，我在丹尼斯年轻时就关注过他的职业生涯。要把深受另外一种思潮影响的某人带进来是十分困难的……在其他球员身上你也可以看到这点，比如西多夫。一开始他在桑普多利亚过得很艰难，之后他去了马德里，再回到意大利加盟AC米兰时获得了巨大的成功。适应是需要时间的，阿贾克斯出来的球员尤其如此。一个非常年轻的球员，会有非常不同的心态，这个时候你需要有耐心。国际米兰对丹尼斯没有这种耐心，国际米兰已经很多年没赢过冠军了，他们每年都在改变战术。他们想要有立竿见影的成效。

所以即使存在文化差异，丹尼斯的成败之间也只存在细微的差距？他自己有什么错吗？

贝尔戈米：没有。当然他可以做得更好。但俱乐部没有耐心，丹尼斯自己也一样。我再重复一下：在欧洲联盟杯赛场上丹尼斯的表现是无与伦比的，我认为他是最出色的球员。我真的记得那些。他给人留下了十分深刻的印象，国际米兰能签下他真的很不错。但在我看来问题是国米不能把他的才能融入到球队之中。

丹尼斯的大麻烦来自于人们对他的看法，因为他可能没有办法承受他所面临的压力，比如说来自媒体的压力。面对另外一种文化是困难的。所以我们一起去吃饭，我们一起出去玩。我和俱乐部都试着帮助他和维姆·琼克融入进来。不过琼克的性格又有所不同，他更随和、放松和幽默。

丹尼斯和不熟的人在一起的时候是十分内向的，但在他感到自在的时候他真是一个十分有趣、调皮和外向的人，阿森纳的他是队中的开心果。

贝尔戈米：（吃惊地扬起了他著名的眉毛）但我认为丹尼斯本可以

为了适应而做得更多一些，或者说变得更“意大利化”一些。以他具有的才能他可以做得更好。举个例子，后来罗纳尔多来的时候，我们的教练是西蒙尼，我们又回到了正统意大利的体系：链式防守，同时在防线身后设置一名自由人。我就是那个自由人，而罗纳尔多则自己负责进攻。但是我们能够赢球，因为罗纳尔多融进了意大利体系。

罗纳尔多拥有许多盘带球的技巧，那完全不是丹尼斯的风格。

贝尔戈米：罗纳尔多是一切。

丹尼斯对那样踢球不感兴趣。

贝尔戈米：是的，这点是明显的。罗纳尔多可以独自完成进攻，而丹尼斯是一个需要其他人帮助的团队型球员。我们在1998年和罗纳尔多一起赢得了欧洲联盟杯，我们用的是一套十分传统的意大利体系。

你对奥塔维奥·比安奇怎么看?

贝尔戈米：冲突是存在的，在我看来丹尼斯对他的批评是公正的。但在意大利人们认为结果至上，而比安奇是成功的。只要有成效，你用什么方式没人管你。

丹尼斯不喜欢比安奇的地方是他对待别人缺乏尊重。

贝尔戈米：是的，丹尼斯的看法完全正确、公正。这样的行为在意大利也是不好的。不过问题并不那么简单。丹尼斯其实可以更好地处理他和比安奇之间的关系。我现在明白了，在那个赛季，比安奇也可以做得更好。比如不在午餐的时候打网球，他应该进行第二堂训练课。

他委派了别人？

贝尔戈米：是的，他将第二堂训练课交给了他的助手。比安奇是一个很强硬的人，在哪里都不是一个好相处的人。总的来说，对于为他工作的人而言，他并不是一个好老板。但丹尼斯看到的事情我并不能确定。

那么一直在谈马拉多纳这点呢？

贝尔戈米：好吧，比安奇确实说了很多关于马拉多纳的事。不过当时队里的其他球员对此确实很好奇，所以有时他们会问他。从另一方面来说，我认为那不勒斯之所以强大是因为马拉多纳，而不是比安奇！这是很明显的。

为什么丹尼斯在英格兰能做得那么好？

贝尔戈米：在英格兰，他们当时并不习惯看到像丹尼斯或者佐拉这样技术非常好的球员。当时的英超联赛讲究的是身体对抗，技术含量并不高。所以他们十分乐于见到这些给比赛带来全新诠释的技术型球员，这些球员带来的是一种全新的足球视角。然而在意大利，人们十分看重技术和战术。（在80和90年代）我们有马拉多纳、卡雷卡、范·巴斯滕、古利特、维亚利、曼奇尼这些伟大的球员。所以当我们看到丹尼斯这样的球员时并不会非常吃惊。在意大利，佐拉完全算不上什么大人物。他在意大利踢球的时候甚至都上不了场！在意大利他被认为是很“平凡”的球员，但在英格兰却被当成是“非凡的”球员。

你希望对他们的言论做出些回应吗，丹尼斯？

丹尼斯：我想先听听里卡多·费里说了些什么。

他批评了国际米兰，也批评了你。

丹尼斯：没问题，让我们来听听看！

* * *

（里卡多·费里对博格坎普“被骗”的故事无动于衷……）

在荷兰，承诺就是承诺……

费里：那又怎么样呢……你看，这种事全世界都会发生！人们总是对我承诺，却从来不兑现。生活不会因为你失望而停下来。佩莱格里尼曾承诺我可以去那不勒斯，而最终我却不得不去了桑普多利亚，那时我也一样感到失望。

所以这在哪都是足球的一部分?

费里：这是生活的一部分！我觉得这是丹尼斯的问题。我的意思是，如果我的儿子对什么感到失望，我会说：“好吧，但这并不是世界末日。”

但丹尼斯对国际米兰的批评还要更猛烈一些。

费里：俱乐部（向丹尼斯）承诺这个真是荒唐，因为在我看来，短时间是不可能通过两个球员来彻底改变俱乐部的踢球风格的！巴格诺利是名伟大的教练，但他是不懂变通的。最大的问题是国际米兰想要对抗AC米兰，但他们在没有完善体系的情况下太操之过急了。

我愿意去改变，但这不可能很快完成。我们需要翻译、语言老师，还有2到3年的时间。但在意大利这是不可能的，因为你需要马上取得成效，任何事都要短期内见效。

同样还有财务问题存在……

费里：那时，我们处在AC米兰极大的阴影之下，财力也略逊一筹。那是佩莱格里尼对抗贝卢斯科尼，所以当我们有一支14人的球队时，米兰有22个顶级球员。他们有一个更雄厚的班底。那是十分重要的。我们有13到14个好球员，但是球队里的其他人就是像特拉梅扎尼和帕加宁一样的了。米兰则拥有更多。即使在古利特和范·巴斯滕离开之后，他们仍拥有萨维切维奇、博班、帕潘、马赛罗……

但真正的问题是并没有任何规划。AC米兰有规划，国际米兰却从来没有。在那时，国际米兰的办法只是“买好的球员”……他们并没有想过在实际中怎么运作。在AC米兰，球员适用于萨基的哲学：塔索蒂、巴雷西、马尔蒂尼、科斯塔库塔、古利特、范·巴斯滕、里杰卡尔德……他们都适合他压制对方和打算踢进攻足球的想法。所以AC米兰为了侍奉理念而购买球员，为了他们的策略。但国际米兰并没有那样做！博格坎普是一个天才，伟大的天才。可是国际米兰从来没有为发挥他的潜能而围绕他设计的结构。博格坎普有潜力，但他不是罗纳尔多或马拉多纳那种能自己创造东西的球员。他们可以在意大利联赛有一番作为。丹尼斯则不可能。

每年国际米兰都会买一个像鲁梅尼格一样的好球员。那是佩莱格里尼的哲学：每年买一个明星和AC米兰对抗！但这并不是战略的一部分。国米仍然是这样，仍然没有太多办法，仍然没有一个规划，没有规划好球星如何一起踢球就贸然购买球星。看看穆里尼奥走后那三年。当国际米兰击败拜仁慕尼黑的时候（在2010年冠军联赛决赛），国际米兰的水平是远在拜仁慕尼黑之上的。从那时起国米已经花了1.4亿欧元，但是现在他们在哪儿？在联赛里没有成绩，在冠军联赛也没有。失败！在同一段时间中拜仁慕尼黑花了1.35亿欧元——比国际米兰少花了500万。然而现在拜仁慕尼黑是欧洲最好的球队。所以，在这三年中：对于国际米兰是灾难！那就完全是丹尼斯在这儿时的情况。（国际米兰的主席，马西莫）莫拉蒂从来都没有整体规划，然而何塞·穆里尼奥与罗贝托·曼奇尼有他们自己的规划。他们是能带领球队的教练。所以你能发现球队有这样的模式：没有视野，莫拉蒂没有领导力，特别是在（主席）法切蒂去世之后。

而丹尼斯应该如何在这样的球队里适应呢？

费里：球迷们希望丹尼斯能像范·巴斯滕一样。但如果范·巴斯滕来到了国米而丹尼斯去了米兰，结果就是完全相反的了。丹尼斯会在米兰成为明星，而范·巴斯滕则可能会在国米失败。他那时也不会比丹尼斯做得更好。

但你也觉得丹尼斯太年轻了，太内向了，太不合群，因而没有成为一个他应该成为的伟大球员。索萨在报纸上称他为“古怪而孤僻”。

费里：哈哈。但那是真的！这不是一种侮辱。鲁本·索萨是拉丁美洲人，而丹尼斯是从北方来的，不是一个海盗，但是真正从北方来的人，是像琼克一样。丹尼斯找到了一个很好的房子，他想与他的妻子待在那里。我们曾经邀请丹尼斯和他的妻子，以及琼克和他的妻子或女友：“嘿，来和我们一起吃饭！来和我们一起共进晚餐！”但他们从来不来。从来没有！从来没有！从来没有！我们有一条很棒的船，我们邀请了他们，但丹尼斯只是待在奇瓦泰的家里。我们觉得他十分冷淡。队中每个人都试过了，但是他很冷淡。他没有与我们社交。而索萨则恰恰相反。他很热情、友好、讨人喜欢，和我们一起吃饭、唱歌、跳舞……我们都会去他家和他吃饭、唱歌，但始终没有丹尼斯。丹尼斯和琼克从未来过。其实我曾经和琼克当过一段时间的室友。我很友好也很健谈，由于某些原因他们总是把我同这些内向的人放在一起！

在场上索萨和丹尼斯相处得怎样？

费里：从战术上来说，我记得他和鲁本·索萨并不适合对方。丹尼斯需要一个不同类型的球员。鲁本·索萨是一个技术性球员，但是他只对结果感兴趣。他会盘球、向前和射门。他是一个个人主义者。博格坎普需要协作：嘭！嘭！嘭！……像这般快速地传球。但由于巴格诺利希望能在3到4脚之内就把球传到前场，他要求尽快！所以当时的队伍中没有足够的传球来让球员彼此协作沟通。而丹尼斯是更依赖彼此传球的球员。国际米兰同阿贾克斯的讲究控球的慢节奏比赛有很大不同。……缓慢的！……咚……咚……咚（如无聊的哑剧）慢传……咚……咚……咚……我不想批评丹尼斯，而说鲁本·索萨是完美的。但丹尼斯是一个内向的人，在他的私人生活和场上都一样。

马特乌斯、克林斯曼和布雷默是非常友善的，友好的，性格外向，古利特也是那样，甚至连里杰卡尔德也有那么一点，不过范·巴斯滕不是。我在桑普多利亚和古利特一起踢过球。他是一个可爱的人。我和他走得很近。

所以，对于你来说，丹尼斯主要有“性格问题”？

费里：是的，是的，是的。

那球迷和媒体怎么想？

费里：他们对待丹尼斯残酷无情。但这点我得责怪俱乐部。俱乐部营造了太多的期望，媒体和球迷自动跟随这种风气。俱乐部说：“有丹尼斯我们会赢。”他们把所有的责任都推给他，这就是为什么媒体攻击他。事实上，球迷们被俱乐部和媒体先入为主。他们希望丹尼斯能像范·巴斯滕一样。但范·巴斯滕身后有一支球队。

在丹尼斯的第二个赛季开始的时候，你离开并去了桑普多利亚，后来和另一个来自阿贾克斯的荷兰人克拉伦斯·西多夫一起踢球。

费里：他是个很棒的伙计！

他们之间的区别是什么？

费里：克拉伦斯也很年轻，而且他和教练埃里克森之间有矛盾，他想在中路踢球，教练却把他放在右翼。但他和丹尼斯个性不同。他的性格能更好地适应意大利。我是克拉伦斯的好朋友。我帮他找到住的地方，并建议他买了一辆车。可恶的热那亚商人还想在克拉伦斯买车时骗他。克拉伦斯的妹妹和母亲会在训练时来看他。她们会坐在球场旁边的汽车里吃着超大份的薯条……他的母亲是一个体型庞大的女子……甚至不用下车就能看出来。我们在这里讨论的是最顶级水平的球员与仅仅是优秀的球员之间的区别。这就是区别所在。丹尼斯是一个好球员但还不够优秀。如果他的心态或性格能有所改观，或许他会成为最顶级的球员。

在阿森纳他是顶级的。他们喜欢并崇拜他。那些在阿森纳效力的法国国家队队员表示丹尼斯和齐达内一样甚至比他更好。

费里：怎么说呢，他比齐达内速度快。但齐达内更开放。丹尼斯在技术上是一个顶级球员，但他的性格不是。他太安静了，太封闭，思维狭隘，并不像齐达内。

文化上的封闭，还是作为一个人而言?

费里：我不知道。他拥有一个顶级球员应具备的一切，像齐达内一样的顶级球员。但他所需要的是更强大、更开放的态度。

然而在伦敦，丹尼斯被视为类似一个打开英国文化的伟大的哲学国王。他解锁并打开了通向更大的世界的门。他改变了英国足球！他给了英国足球另一种视野。

费里：是的，好的。那是在英格兰，但不是在这里。在荷兰国家队呢，他怎么样?

伟大的球员。

费里：不，是普通。一个普通的球员。

但他所在的20世纪90年代的荷兰足球伟大而强大。丹尼斯2000年退役后，荷兰就一直走下坡路了。

费里：好吧，但是对我而言，我不记得他是决定性的人物。当我想到荷兰，我认为决定性的球员是科曼、西多夫……多年前的克鲁伊夫。但博格坎普? 不，他不像齐达内。他本应该是决定性的，因为他有和齐达内一样的天赋。但丹尼斯对于荷兰并不像对于阿森纳那样具有决定性。

怎么说呢，荷兰本可以赢得1998年的世界杯和2000年的欧洲杯。他们在这两个时期是最好的球队。

费里：他们需要拥有不同才能的球员。丹尼斯应该成为一个更重要的球星，如齐达内之于法国那样。齐达内在尤文图斯是主宰的球员，在皇家马德里和法国也是一样。无论他在哪里他总是统治着足球，总是明显的领袖。不同的是，齐达内越来越具有统治力，比丹尼斯更有表现力，但是丹尼斯·博格坎普拥有很好的品质。

老一些的阿森纳球员说，球迷、媒体，甚至连电视都不能看见丹尼斯所做的一切。他不吸引注意力，但对于他们来说他绝对是技术领袖。你甚至无法立刻察觉到他传的球有多完美。他们不只是好而是完美。那曲线，那时机，那速度……每一脚传球都像传来一份“鱼子酱”，如蒂埃里·亨利描述的。太完美了。

费里：是的，是的，丹尼斯的技术绝妙。他的能力不需讨论。太卓越了！卓越！但他的个性是有问题的。

III. 我的真相

好吧丹尼斯，那些是他们的真相，你的呢?

丹尼斯：好吧，我对贝尔戈米的评论想了很多。甚至费里的话也很棒。还有巴格诺利，真是难以置信，他什么有趣的话都没说出来，我认为这真是非常有趣！我的意思是，他这个位置的人为什么会没有什么可说的?

可能是因为害羞。

丹尼斯：做一个害羞的人不意味着你没有观点。作为一个教练你必须代表些什么。可能这说明他在国米并不是真正的重要。可能这说明了一切。这听上去就仿佛他没有一点权力一样，没有哲学，没有注入足球的风格。他对于俱乐部对我有什么计划居然毫无记忆。

但是巴格诺利是一个受人喜爱的、古典的、优雅的来自20世纪50年代的米兰人，每个人都爱他。他们爱他是因为几年前他曾带着小小的维罗纳得了联赛冠军。

丹尼斯：这毫无疑问。我记得对他的第一印象。我的第一印象往往挺准，当我见到他的时候我立刻想到“我会尊重你的”。我确信他在维罗纳很出色，他有某种风格。好吧，我在国米没发现这一点，但我能理解他。他是个正派的人，不会伤害任何人。他可能不会使球员变得更好，但他也不会与他们制造麻烦。就像托马索（佩利扎里）说的，他只是在那里。我想可能我们只共事了半年，这时间还不够长。他也这么描述我，但当你问他："你必须打进攻吗？"或者"佩莱格里尼对你说了什么吗？"他会说"不"或者"我不记得了"。好吧，我认为这就能告诉你很多。这当时恐怕是他接过的最重要的一份工作了，所以他肯定知道每个细节。

顺便说一句，我喜欢托马索之前把这比作"宗教战争"，虽然我不这样理解，但我认为他确实指出了某些问题。问题在于：国米是否想过要改变？我认为他们不想。贝尔戈米与费里的话很棒，但你能看出他们不想改变。现在他们说那或许是个好主意，不过当时我认为他们把改变当成威胁。如果我们多用一个前锋或者在中场多加一个人是否意味着后卫线要少一个人？恐怕是的！他们可能不期望看到这些发生吧。而费里谈到的"没有规划"……那确实说到了点子上！托马索在这个问题上也与他们不谋而合。是的，我认为那就是问题所在！

贝尔戈米对我在联盟杯表现的赞誉让我感动，我能从他这样有经验的意大利球员那里得到传球并打入这么多进球，这很有意义。而他也证明了我对比安奇"不是好人"的评论是正确的，但当他谈论到英格兰与意大利的不同时，我想到了温格的一些话，是关于球员应该如何对待比赛的。我当时的感觉是，在意大利他们认为足球就是意甲，这种感觉我现在也会有。他们认为他们的联赛和球员就是比赛，而其他人必须为他们服务。有时他们确实会做一些改变，比如萨基。但这几年并没有实质改变，而这就是问题所在。

在某一点上，国米看上去像阿森纳。两支队都很强大，有着稳固的"老"后防线，都在迫近某次变革。但你在俱乐部内部需要有强势的人物，在外部需要媒体来帮助球队。在阿森纳，有经验的球员愿意帮忙来做出改变。他们对我所能带来的东西感到好奇。副主席大卫·邓恩在那里，温格来了没错，然后我在优秀队员的帮助下才能做出改变。在国米，他们都坐在后面看着我。带我出去共进晚餐可算不上帮助我！

我觉得那个憎恨巴塞罗那足球的人、只想让他的球队进完一个球后就龟缩防守的人真是有趣。我想在意大利恐怕有很多人都那么想。巴格诺利会说“滴答，滴答”，正是因为他认为那种传球是乏味无趣的。我想：“你这是在看什么足球比赛？”他们即便看过这种巴萨式足球依然不会喜欢。如果那正是他们所想的，那好吧，我做不了什么。对话可以终结了。那是他们的观点。不是所有的意大利人都那么想。但我认为意大利球员乐于去做他们所做的事，也能经常打入决赛。他们总能赢得锦标是因为他们有足够的天赋。足球是他们的文化，足球是他们的事，他们做得非常好。

就像意大利食物一样？在伦敦和阿姆斯特丹甚至是在巴黎你能在超市里买到全世界的食物。在意大利的超市你能买到的是全……意大利的食物。

丹尼斯：他们不想做出改变，他们喜欢自己的食物，那是美味的食物。他们热爱自己的足球，他们为什么要改变？他们的基因中不包含改变。你不会听到有人说：“噢，我现在爱看意大利足球了！他们有了如此大的改变！”这不会发生。在英格兰，在英超会发生，当然在西班牙也会发生，德国亦然。荷兰每时每刻都在进步，那就是荷兰的特点：总是改变。现在与过去米歇尔斯时不同，与克鲁伊夫时有所不同，与范·巴斯滕时有所不同。一切总是在进步，这是好事。在足球领域，你必须进步，你必须创造新的东西。在意大利我感觉他们宁愿抱着老东西不放也不愿意真正创造……我的意思是说，看看萨基身上发生的事情，有四五年间你在看他的比赛时会说“噢！哇噢！棒极了”，但突然之间又折返回老路了。他们不会持久坚持变革。比安奇也在季前赛时试了几场比赛。嘭！！突然他便折回老路了。你提到他们试了几次但他们不适应，反之在荷兰，我们对保守足球感到不舒服，我们总是想进一步提高。

另一点让我很吃惊的就是他们一直说我不够合群。这非常非常奇怪！费里说我的想法不够开放。好吧，我曾与很多前锋一起踢球，他们各有特点，而我都能与他们共事，所以……我还是不够开放？我已经开放到来一个新的国家踢球了。

他们确认你和鲁本·索萨有些问题。

丹尼斯：是的，但即便是对他，我也不能说是一种恨的感觉。这更像是："天呐，伙计，看看你周围啊！还有我这个人啊！"他是唯一一名会让我这么去想的球员：你要是这样踢球的话，我无法帮助你踢得更好，当然你也无法让我成为一个更好的球员，而且你这么踢球是对自己的球队没有任何帮助的。

你当时试过和他谈谈吗？

丹尼斯：不，因为我当时只有24岁，我的事业刚刚起步。在荷兰一切都很美妙，但你现在只是在自行车的第二档或第三档位，链条还需要在档位上绕圈，虽然你已经竭尽全力，但如同自行车变速一样，这需要一个过程，循序渐进。然后突然，嘭！他们希望你能立刻在国际米兰有所作为，他们希望你能立刻带领一群如贝尔戈米这样已经做到了一切的人继续前进："好吧，你现在是领袖了！"

他们这么说了吗？

丹尼斯：当时？没有，但从他们现在说话的方式来看是这个意思。看看他们的批评："他本应该成为一名领袖，但他却不是，因为他没有请我们大家吃饭！他没有和我们一起唱歌！"我的意思是，拜托！我正在试图融入文化，而他们却期待我立刻就能成为一名领袖?

就好像你生来就应该知道如何做一样……贝尔戈米是否说过“忘了荷兰，严肃地说，我们期望你如何如何”之类的话?

丹尼斯：事实上，我试过。有一次，在我的第一个赛季的时候，我们在一架飞机上，我当时还能坐飞机。我记得当时大卫·冯托兰在场。他是个好人，有坚韧的性格，也很有趣，贝尔戈米、安东尼奥·帕加宁、费里、琼克也在场。他们中有一些人坐在我旁边，有些人趴在我们前面座位的靠背上，我们大多数时间用意大利语交流，有时会夹杂一些英语，谈论了一些他们希望我如何踢的话题。那是第一次我感到：等等，我是这里的一分子了。他们放得很开，他们说：“稍微做一点改变，再跑的多一点，从这点开始做起，我们不期望你一场比赛去进3个球，但你可以这样试试看。”我当时还处于阿贾克斯模式。我认为我的角色是去创造机会，应把球给我，让我去做些什么。但他们说：“先做到百分百，然后再去踢球。”这是一种不同的思维方式，之后我去往了英国并沿用了这种思维。

在阿贾克斯，我可以浪费一次机会，这没问题，因为我能再得到另一个机会，一个又一个。球队的打法很有条理，每个人都知道那种模式。你知道边锋在哪里，也知道中场球员在哪里。每个人都知道应该干什么。但在国米，当我看着一队的名单时，我什么都看不懂。这是要打4-4-2?还是要打4-5-1?又或者是4-3-3?对我而言，并不明确。也没人解释给我听!但如果我不知道这一切，我如何去领导?我和鲁本·索萨在前场，每场比赛我们都要对抗5名后卫。有时候，也会有1个我们的中场上来，太棒了，现在我们有3个人顶在前面了，但我应该往哪里跑?我的路线是什么?我应该和别的前锋如何配合?在我踢过的其他球队中，如果我跑向某处，我就知道其他球员会如何联动。但在这里我很茫然。

所以这不是一个关于索萨的问题?

丹尼斯：这是和整个球队的问题，要么球队体系帮助你，要么球员或教练告诉你应该如何做、如何踢，但我没得到其中任何一项帮助。我只知道“好吧，我们要上场踢了”。然后我的前锋搭档可能是潘采夫可能是斯基拉奇又可能是索萨。这让我如何去适应？如果他得到了球，而我去跑位，我会得到传球吗？如果是索萨拿球的话，他应该是不会传的。

费里说索萨唯一的想法，也是他最擅长的，就是拿到球后，转身，盘球，射门。

丹尼斯：我无法责备他。他私底下不是个坏人，但作为一个球员，我认为：“你这是在谋杀你的球队！”但他可能不知道其他别的做法了。

他在之前的那个赛季进了20个球。

丹尼斯：是的，所以我能去批评谁？可我是一个来自一切都以系统和样式为基础、用想象力踢出进攻足球的地方。我正在适应，但他们却让我去引导，你们想让我向哪里引导？如何引导？

在意大利他们把巴格诺利视作“进攻型教练”，但当他向你解释他进攻的概念时，你能看出他与我的理念非常不同。他说需要在两三脚传递后就要射门。那不叫进攻足球！那是防守反击足球！这永远是建立在：“首先，防守好，得到球权，然后你上。”如果你问任何一个荷兰教练：“什么是进攻足球？”他会告诉你：“踢控制球，把战火燃烧在对方半场。”这是完全不同的两种概念。但之前没有人告诉过我这些！没有人告诉过我！当我去签约的时候，佩莱格里尼和皮尔洛·博斯奇（国米总经理）对我说：“没错，没错，我们会完全改变踢法，我们将会打进攻，我们想转为压制性的打法。”可能他们对压制性的概念理解有所不同吧。

但他们看到了萨基的AC米兰踢球。你也一样，路易·范加尔没有把你带去巴塞罗那看他们如何在1989年的欧洲联盟杯战胜布加勒斯特星的比赛吗？那是最精彩的比赛之一。你是如何看的？

丹尼斯：是的，我们和米兰球迷坐在一个球门的背面。在那个夜晚我们也是米兰球迷。

但你认可那场比赛，认可那种足球。

丹尼斯：噢，是的，我知道如何运作以及为什么能奏效。你把范·巴斯滕放在中路，古利特在边路做文章，大多数时间从右路进攻，右半边的侧翼那种区域。然后把里杰卡尔德和另一个球员放在中路，控制中场，而在左侧是多纳多尼。于是那已经有3个前锋和1个中场，嘿！我知道这是什么！

你察觉到这是荷兰的全攻全守足球，但是以一种意大利的味道体现？就如同伟大的瓜迪奥拉的巴塞罗那，有着加泰罗尼亚的味道，阿森纳有英国–法国的味道。

丹尼斯：是的。当托马索谈到萨基来了以后巴雷西和其他后卫如何改变时也很有趣。他们当时感觉不舒服，然后萨基教了他们，随后贝卢斯科尼进来说："我不在乎你想什么，这是我们自己的方式。"佩莱格里尼从来没那么做过。你不会去拿米兰和克鲁伊夫相比，或者拿意大利足球和英格兰足球相比，但当我想到克鲁伊夫时，会想到他总是说："那是关于距离的问题。"那是关于球员之间空间的问题。萨基以前用绳子训练，还有影子训练法，用11个球员对抗0个球员。我们在阿森纳也这么做。这些都是关于距离的问题。所以你从中学会，当你的左边锋开始跑位并进攻时你的左后卫也得跑位，就如同每个人之间都有一条20码长的绳子。A球员同B球员中有一条绳子，同C球员之间也有一条。就如同一个框架或者一个网，随时都在以这种方式在场上移动。一个人去了那里，另一个必须自动地跟上，你回撤，而他压上……一个人跑动时，每个人按照自己的位置也必须跟着跑。彼此之间必须保持正确的距离。如果我在对方禁区附近，当我回头看的时候，我会看到托尼和鲍尔迪站在中场附近。彼此之间的距离缺口必须很小，或许只在20~25码之间。

但在国米，我和索萨在前场，或许还会有2个中场加入到进攻之中。我回头，看我的后卫和其他中场都还深深地停留在本方的半场！在我们之间有着巨大的空间！这简直是要杀了我。这也杀了球队，因为当你失去球权时，你就失去了4个投入进攻的球员，而其他的球员正在坐等对方的到来。那不是压制性的足球！那不是巴塞罗那式的控制足球，或是米兰，或是阿森纳，因为在那些球队中，只要你失去了球权，你得立刻在对方的半场抢回来，而且越快越好。或者当你无法在3到5秒内抢回球权时，你就应该回到自己的位置，然后施行紧逼，而且是基于先前提到的彼此间的正确距离之内。进攻时，这个距离大约平均在25码左右。防守时，距离需更近一些，大约10到15码左右，这非常重要。在国米我总是想："我正站在孤岛上！"我在24岁的年龄应该如何做才能教会他们这一切呢？佩莱格里尼显然不懂这些，而没人对巴格诺利提过半个字。他是那个应该在训练中教我们的人。如果他们不告诉他，那他就不会有机会懂这些！

维姆·琼克说在第二个赛季，比安奇尝试了两场压制打法，之后便说："这够了！这不起作用！回去防守！"

丹尼斯：是的，我认为比安奇更有权威，更有一种"噢，我们会试试这个"的想法。

但你从未逼迫巴格诺利去讨论这个问题?

丹尼斯：很难解释为什么。我当时刚结婚，我正在度一个延长的蜜月。我有了一栋新房子，有了一辆新车，属于自己的新车。我正在尝试适应在一个不同的国家生活等等。在个人生活层面我有100件事要处理，而在足球层面，我有200件事要处理。我当时并未准备好。我依然在思考，好吧，我能算得上是一名不错的球员了，但我仍在试图学习。当我去国米的时候，我想的是我加入了一支拥有经验丰富球员的球队，一支能给我提供坚实基础并让我为他们增光添彩的球队，就像之后的阿森纳一样。国米有富有经验的球员，但他们不会也不愿意去改变，去尝试新事物。当我去了阿森纳后，这一切发生了改变。富有经验的球员有开放的思维，愿意跟随我，那正是我想要的。

国米对一个好球员的理念与你的有出入是吗？他们的思维很传统：前锋的职责就是要无中生有。把球给他，他自然就会得分。我们不知道他会如何进球，但他会找到办法的，这是他的职责。

丹尼斯：大致如此，我不断地这么跟他们说，而他们总让我去适应。我想说：“如果你有一个好球员，而每个人都同意这点，你会如何去利用他的才能呢？”这就是我如今作为一个教练所做的。我会想：“我应该如何发掘出这个球员的最大潜能。”这不意味着他必须去适应他人，其他人也应该去适应他。在联盟杯，贝尔戈米也说到了，我进了8个球，他说我是个“极其棒”的球员。那么他应该这么想：“这个人和我们有所不同，我应该如何做才能帮到他呢？”这里的帮助不是指“我有个好主意，我带他去吃顿晚饭吧”之类的，我觉得这是他们的弱点所在。他们可能会想：“我不知道为什么，所以我就怪他吧，因为他不与我们交际。”

但你在阿森纳也不怎么交际。

丹尼斯：是的，不过这在足球中应该发生吗？你只会和让自己感觉舒服的人在一起。我不会因为想到那将会对我的足球事业有帮助而去和某某某吃晚餐。我在我的私人时间去吃晚餐，因为我能享受这种时刻。当时，是我的第一年，无论如何我都不会说费里是某种我会喜欢的人，你明白我的意思吧？所以我们会一起出去吃饭吗？不！我会和维姆在一起，因为我了解他。我真的不理解共进晚餐能解决什么足球上的问题。我知道所谓“一个朋友组成的球队会是个成功的球队”的理念，但那是错的。在阿森纳的几年，我每年都要遇到越来越多的球员。但拜托，在国米我得先找出足球中的问题在哪里。这恰恰是问题的深度所在，关于不同哲学的问题。看看他们是如何训练守门员的。他们非常努力地训练门将，但却是与队伍分开练习的，门将之后才会加入进来。我需要练习射门，但守门员太累了，他们只能扑出4脚球中的1脚球。那对我而言没有帮助！在荷兰的理念是，尽可能进足够多的球，一切都是为了让进攻更好。在意大利，最重要的是门将。如果他保持了零失球，你就不会输球。对我而言，这真的有些想不通了。我会想，天呐，我想练习射门，我们必须有能做出有效扑救的门将，不然我该如何提高我的射门呢？他们会说：“是的，但拜托，他今天一天都很累了。”

我猜他们是抱有这么一个想法，他们把前锋都归为是个人主义者。费里曾经强调你不是罗纳尔多。他们希望你能像他一样。当范德萨来到尤文图斯时，他不得不抛弃一个荷兰门将的踢球方式。他们让他像意大利门将一样，留在门线附近。他离开后依然还保留着这点，直到他意识到自己违背了自己的原则。他觉得他当时应该说：“我不会去那么做，我认为我自己的方法更好。”他来到了英格兰，加盟了富勒姆，找回了自我。在你走后，罗纳尔多来了，他很高兴能在链式防守风格的球队中成为单前锋。他适应了，他们爱他，而你从未做到这一点。你可以试着

变得更意大利化，像罗纳尔多一样，成为一个盘带者。你能把这当作是增加某种技能。但你更会视其为失去了某些东西，没有像你所需要的那样去发展自己的艺术，或者没有去执行自己的使命，或之类的想法，有过吗?

丹尼斯：我需要周围有别的球员。那是在变成一个优秀球员之后，因为我需要他们像我一样踢球，我需要他们为我跑动。我确实从意大利联赛学到了东西。在家，你感觉很好："噢！看我有多么优秀，我能做到这个，甚至这个。"而在意大利则更像是一份工作。你有一次机会，你必须确保你能打入那个进球。从中我学到了很多。我学到了什么是职业足球。他们每天会有两节训练课。你9点来，中午休息，然后下午再训练。每天的每一分钟，你都是足球运动员。这就是我在那里学到的。但在我的长处之外，我不可能有所表现。我不是那种盘带流的球员，所以我不会去盘带。在飞机上的那次对话之后，我懂得了他们想让我先有更多的跑动，更努力工作。没问题，我能做到，但我依然想制造些不同，进个球或送出一脚美妙的传球。可是我的周围没有人。我很沮丧，但他们并不在乎。如果我为球队制造空间，制造跑位，他们就会高兴。我很容易就能做到那一点，但我不会赢球。这不会让我成为更好的球员，但他们期待我这么做。好吧，我会照做，我很虚心，思维也很开放。

但使你真正崩溃的是什么?试着踢他们的风格?你在你的风格中失去了什么?或者加入了什么?

丹尼斯：那些不是我的长项，但我很愿意把它们融入到我的风格中，之后也确实帮到了我。后来，在英格兰时，我能百分百地投入到比赛中，那时，之前提到的那些东西帮助了我。赢下球权、进球或传球我都更有效率。我学到了那种崇尚精准与效率的精神：你只有一次机会，或者说，这次射门必须命中目标。这些都是我在意大利学到的。但我不能接受，他们希望这成为我的风格。在尊重的前提下，我认为大多数的意大利前锋只是在为一个4-4-2系统打工。他们只是奔跑、拿球、传球、设法进入禁区。这同一些英国前锋一样，但我从不认为那应该是我的踢球风格。如果我做出决定：“好吧，我会调整自己去融入意大利足球”，我就会变成一个更普通的球员。我会在那里待得更久，他们会对我更满意。但我永远不会变成我最终成为的那种球员。

你相信自己的视野？

丹尼斯：不，那更多的是一种感觉上的东西。我是否感到舒服？我认为：“这不是我。”我想怎样去踢足球？我想怎样去亲近足球？我如何使自己在踢球过程中变得快乐？或者说更快乐？我能做些什么？那归结起来便源自我那种“试图在今天成为一个比昨天更出色的球员”的想法。我时时刻刻都在寻找机会与可能性。我追求质量而非数量。我在追求达到那个比高处更高的位置。如果只以某种平庸的步调，我能平庸地踢上20年。如果我想让他们接受我而放弃自己的风格，那么我只会变成许多人中的一个。我想与众不同是我当初选择国际米兰而非其他球队的原因。去其他的队会容易得多，我并不想一切都那么没有挑战性。如果在AC米兰，他们能更快地明白我的意思。我可以追随马尔科的脚步，但那不会打出自己的江山。我不想成为一个追随者，我不想成为一个“新范·巴斯滕”或者在巴塞罗那的“新克鲁伊夫”，我想遵循自己的轨迹，走我自己的道路。我想从根本上成为丹尼斯·博格坎普。

荷兰国家队内的民主倾向有时在事业上帮到了丹尼斯，但在大多数时间里，则是起到了反作用。

第五章　球员的力量

荷兰国家队内的民主倾向有时在事业上帮到了丹尼斯，但在大多数时间里，则是起到了反作用。在所有热爱足球的国家中，荷兰的教练与球员之间的关系恐怕是最复杂的。众所周知，1990年世界杯、1996年和2012年的欧洲锦标赛期间，无论是构建小帮派还是从战术到金钱的各种内部争论都在毒害着这支球队。纵然有时候荷兰的民主意识也催化出某种力量。举例来说，在1974年和1988年，一大批极具天赋、富有经验、意志坚强的球员，他们通过彼此承担责任，寻找更具效率的合作方式，创造出一种任何独裁的教练都无法成就的惊人的足球风格。

在1990年，丹尼斯穿上橙色球衣的初期，这两种因素都隐约可见。在意大利之夏，一群不和的超级巨星，一个不受欢迎的教练，以及荷兰足协官员的拒不让步，这一切在球队内部所产生的只有毒素。拥有范·巴斯滕、古利特、里杰卡尔德、科曼、沃特斯、范布鲁克伦以及范斯奇普的球队，他们都处于自己竞技状态的高峰但却无法打败埃及队，耻辱地败给德国队后被扫地出门了。然而，几个月后，情况改变了。在帕勒莫举行的对阵意大利的友谊赛上，丹尼斯作为替补完成了自己的处子秀，在那之后球员们的力量又一次抬头了，但这次却卓有成效。

丹尼斯的第一场完整的比赛是与范·巴斯滕合作组成二人攻击组，那是在1990年1月欧洲杯预选赛对阵葡萄牙的比赛中。荷兰人困惑于他们教练制定的战术，最终以0：1败北。

而这个受到质疑的教练是第三次上任的拥有辉煌职业生涯的伟大的里努斯·米歇尔斯。20世纪60年代和70年代早期的光辉岁月，他在阿贾克斯发明了全攻全守足球并将其移植到了荷兰国家队（或者更确切地说是他与他的球员们合作发明的，而其中最重要的是约翰·克鲁伊夫）。62岁的米歇尔斯被国际足联提名为“世纪最佳教练”时，他正开始青睐一种在欧洲流行起来的4-4-2的变种踢法。这种踢法自然有其优势，而米歇尔斯又曾经率领荷兰队赢得过1988年欧洲锦标赛的冠军。在意大利世界杯的惨败后，米歇尔斯又回到了主教练的职位上。他对丹尼斯在对阵葡萄牙中的表现并不满意，决定在下一场对阵希腊的比赛中用曾效力于PSV埃因霍温后效力于波尔多的英式中锋维姆·基夫特替换丹尼斯的位置。

但米歇尔斯遇到了麻烦，荷兰媒体不赞成这一用兵策略。更重要的是马尔科·巴斯滕也不赞成。在训练过程中，每当一次跑位或传球失败后，这位当时最伟大的前锋会做出摇头的动作来对米歇尔斯的进攻策略示威。范·巴斯滕更鼓励米歇尔斯用阿贾克斯的4-3-3阵型，用2个边锋，让丹尼斯打10号位。米歇尔斯的昵称是“公牛”“将军”，它传递出的讯息就是他不是好惹的。确实，以荷兰人的标准而言，他是一个可怕的纪律信奉者。但这是在一个球员力量同样举足轻重的国家里，所以他既对别人的想法表现出开明，又愿意避免与他手下最大牌的球星发生激烈的冲突。米歇尔斯随后问他的球队更愿意采用哪种战术。在海牙富人区瓦森纳的齐伟特酒店，球员会议召开了。而之后这会议演变成了阿贾克斯的4-3-3流派与PSV的4-4-2打法支持者的冲突。阿贾克斯的前任队长范·巴斯滕与现任队长扬·沃特斯支配了局面。PSV埃因霍温代表团人数处于劣势，而有一些年轻的阿贾克斯球员甚至嘲笑基夫特像一根“木桩”。当会议最终选出4-3-3阵型时，基夫特非常愤怒地离开了。

在之后的比赛中，丹尼斯表现出色，并打进了他在国家队的第一个国际比赛入球（一个头球，很奇怪）。荷兰以2：0赢得比赛。丹尼斯说：“那场比赛很关键，对球队和我而言都很关键。我们选择了阿贾克斯的踢法，从一开始就奏效了。真是太棒了，这真的增强了我的自信心。之后我便成为了一个决定性的球员，更具支配力。就在不久以前，因为不断升降于阿贾克斯一队和预备队之间，我产生了不少负面情绪，在这种负能量的漩涡中挣扎。我通过拼命的努力来提高自己，最终从中走了出来。你能通过自己的方式来确保你保持好的状态，保持在一个好的节奏里。多跑上额外的一英里，就像你在训练后加练射门一样。你必须保持积极的心态。”

丹尼斯在国家队的生涯正正经经地开始了。现在他正与一群功成名就的伟人们共事，可以近距离观察米歇尔斯并能与正在全盛时期的“米兰三剑客”一起踢球。米歇尔斯喜欢委派他的门徒迪克·艾德沃卡特来指导训练课。丹尼斯说：“迪克负责训练我们，而米歇尔斯会在边线附近走动。他不时地走上场对一个球员说上几句。他的比赛分析往往很有趣也引人入胜。你会因为他的人格魅力而愿意听他的话。能被米歇尔斯选中十分荣幸。对我而言，他是个伟人，圣人般的存在。我佩服他，尊重他。”

跟马尔科·巴斯滕、古利特和里杰卡尔德一起训练也不坏。丹尼斯表示：“我真的很享受去挑战米兰三剑客的过程。起初我会想：‘哇噢，能与这样的球员同场竞技真是太棒了。’过了一会儿，那更像是：‘等一下，我能跟得上他们，这意味着我也能有巨大的成就。’当这种事情发生的时候，我就已经开始为自己出国踢球做准备了。一开始我和马尔科分在一间屋子里，但不久后来自米兰的那几位就有了他们自己的房间了，他们在俱乐部就是如此。这并没有影响到我，我也想有一间自己的房间。当我还是17岁的时候，马尔科已经成名了。但他并没有表现得像一个明星。在国家队就像在阿贾克斯一样。我和他相处得真的不错。他认为自己与普通人一样，我能与他一起谈笑风生，而且他确实有一种很好很敏锐的幽默感。即便他在米兰已经成为一个明星，他依然不认为自己与众不同，但我认为他还是挺特别的。”

1992年的6月，荷兰不紧不慢地通过了资格赛。丹尼斯在前往在瑞典举办的他人生第一次欧洲锦标赛决赛阶段的路上。丹尼斯回忆道：“我并不紧张，一点压力都没有。我只是有些好奇。我心想：‘让我们看看都会发生些什么。’我没有感觉像是我们必须得赢，我甚至不确信我们是否有能力赢。我知道我们有一只新老结合的好球队。我只是专注于享受自己的这次历程，学习并获取经验。整个赛事都令我很享受：所有的一切，包括紧张感。没有什么打扰我，我踢了5次重大的国际赛事，我喜爱所有这些赛事。我总是能专注比赛，能吃好、喝好、睡好，保持有条不紊的训练。一切都很顺利，我从来没有在任何一次大赛中感觉不适应。”

他在国家队的职责有所不同。在阿贾克斯，丹尼斯习惯从彼得森那里得到传球，而在荷兰队他需要传球给范・巴斯滕。荷兰的前两场小组赛均让人失望，他们的攻击过于分散，马尔科也无法进球。丹尼斯的一个进球击败了苏格兰队，但与独联体队①0：0的平局使得他们需要击败德国人方能晋级半决赛。

这两大欧洲足球界最大对手的竞争正处于白热化阶段。荷兰人在1974年痛失世界杯的创伤从未愈合。在1988年欧洲杯的半决赛能淘汰德国人只是多少给伤口上了一点药而已。但上一次两队相遇要追溯到在米兰时的世界杯第二阶段的比赛。德国人又一次赢得了胜利。这种在比赛中展现出的仇恨般的复杂感情来源于“二战”时纳粹入侵并占领荷兰

---

① 译者注：独立国家联合体（Commonwealth of Independent States—CIS），是由苏联大多数共和国组成的进行多边合作的独立国家联合体，简称“独联体”。

那段历史。现在这两支世界上最好的球队——欧洲杯卫冕冠军与世界杯卫冕冠军将在坐满橙色球迷的宽阔而低矮的哥德堡乌利维球场直面交锋。丹尼斯说："那是我到当时为止经历过的最重大的一场比赛。气氛非常紧张，媒体的关注，那种压力比我经历过的任何一场比赛都要强烈。德国队阵中有伟大的球员比如科勒、布雷默、埃芬博格、穆勒、克林斯曼、里德勒等。"

对阵老冤家，一切都瞬间被点燃了。荷兰人踢出了热情、专注力与精准度，踢出了那个年代中最优异的国际赛表现，击败了他们的宿敌。德国人对荷兰人展现出的催眠术般的跑位技术与想象力显得无计可施，并被拖得无精打采。全攻全守足球仿佛在这场胜利中重生了。得益于范·巴斯滕的灵光乍现，丹尼斯打入了荷兰队令人难忘的第三粒进球，当阿隆·温特飞奔在边路时，范·巴斯滕向近门柱做出一个看上去致命般的跑位，同时洞察到博格坎普在他身后更佳的位置。当范·巴斯滕跑位的同时，他朝身后指了指。丹尼斯说："我看到巴斯滕指了指，我发现阿隆理解他的暗示。当巴斯滕加速跑向近门柱时，我自觉地跑去填补了他所创造出的那片空间。现如今，大多数的球队中场会指着他们身后的区域，指示盯防住对方的突前中场球员。但那时的情况并非如此，你知道你会在中锋带着盯防他的人跑开后找到中路的空档。头球不是我的专长，但阿隆的球速正合适，而与此同时因为我正加速奔跑，需要做的就是用我的额头去触碰皮球，那种感觉棒极了。"就算现在来看，那也是个美妙的进球。荷兰登上了小组的榜首，但德国队位居第二。这两支球队看上去肯定会在决赛再次相遇。荷兰要做的只是击败弱旅丹麦队，他们只被小组的领头羊南斯拉夫队击败过一次，后者在经历了内战后如今已经不复存在了。

但4天后，荷兰人搞砸了。在击垮德国人的同一块球场，荷兰人踢出了他们最糟糕的一场比赛，2：2战平了对手，然后在点球大赛中输了。彼得·舒梅切尔在最后一刻封堵出了范·巴斯滕的点球。当时的观察家们认为荷兰是因为骄傲自负输掉了比赛，但丹尼斯否认说："我们从未轻视丹麦队，一点都没有。我们准备半决赛时就如同我们准备其他比赛时一样。我们把视线完全关注在下一个对手身上。没有人提到决赛。当然我们在击败德国队后庆祝了一番，略有放缓也符合逻辑。但当我们踏上半决赛的场地时，大家都是全神贯注的，我们为自己突然间无法再继续有所表现而震惊了。没有人知道发生了什么，但这不是自傲的缘故。”

丹尼斯打入了第一个进球，也在点球大赛中射入了点球，他说：“我从未陷入于紧张感之中。我喜欢那种罚点球的压力，用手臂夹着球走向点球点，感觉那种紧张气氛，根本不会有所迟疑。我知道我是去做某件自己精通的事情，我正接近一个进球，所要做的只是去执行一个预演过的程序。”对舒梅切尔时他射向了左侧，虽然在一个能够扑得到的高度，但却有力而刁钻。边网令人满意地凸了起来。但下一次两人的对决结果则会有所不同。

获得1994年在美国举行的世界杯决赛的入场券要比想象中难得多。荷兰与英格兰被分在了同一个小组，两队都希望能舒适晋级。但由一个英式长传球理论倡导者查尔斯·里普的弟子埃吉尔·奥尔森挂帅的小小的挪威，使两队都吃到了苦头。不久以后，挪威排到了世界第二。荷兰现在由米歇尔斯的昔日副手迪克·艾德沃卡特执教，而英格兰则不幸地听命于格拉姆·泰勒。他们为争夺第二名而被迫进行两场史诗般的对决。丹尼斯在这两场比赛中都扮演了决定性的角色。

两个国家只是在近年来才成为了老对手。1977年克鲁伊夫的球队曾羞辱过唐·里维的队伍，但那只是一场友谊赛。最近的一次交锋时，范·巴斯滕把年仅22岁的托尼·亚当斯耍得团团转，并上演了帽子戏法，把英格兰淘汰出了1988年欧锦赛。5年后的1993年4月，一个阴冷的夜晚，在温布利，英格兰2球领先，后被荷兰追到了2∶2平。比赛的转折点就是丹尼斯的著名进球。在第35分钟，扬·沃特斯把球挑过了后防线落到了英格兰禁区线附近。亚当斯试图追赶，但丹尼斯用一个平滑的加速抢先赶到了那里。“那个球正好飞过了我的头顶，万分感谢。”亚当斯记得那个球并做了个鬼脸说道，“我至今还在为没能抢到这个球而受到内心的折磨。而他只是触了一下球，球便朝着另一侧飞去了。”他的声音渐渐低了下来。即便以博格坎普的标准，这个球也很卓越：那是个完美的触球，反向轻击高空球，那个球令人难以置信地慢慢进了远端的死角，当时的门将是克里斯·伍兹，他只能惊讶地凝视着皮球入网。

“好的一面是，这仅仅是一场友谊赛不是吗？”亚当斯说。抱歉，托尼，但那其实是一场非常重要的世界杯预选赛。“噢，该死！”亚当斯随即笑着回忆起了宇宙中所有的不公正，“前锋总是能抢到高空球，因为他们有足够的自由。没什么好顾虑的，没人会记得他们的失误，但我们这些在后面的工人则……一个小小的失误就糟了，人们绝不会轻易忘记它。”天空台的解说员马丁·泰勒说：“博格坎普在这场比赛中铭刻了他的价值！丹尼斯·博格坎普，以丹尼斯·劳的名字而起名，并是一个格伦·霍德尔的信徒，如今咬了一口英国的手臂，那只曾经引导过他的手臂。”他的同事安迪·格雷描述的更确切些：“这真是个令人难以置信的进球。”

6个月后在鹿特丹的决定性比赛被载入史册。当时英格兰输掉了比赛，因为在下半场，德国主裁判卡尔·约瑟夫·阿森马赫尔没有在罗纳德·科曼对大卫·普拉特的一次明显的足以得到红牌的犯规后将他判罚下场。但很少有人记得这位德国主裁判其实在上半场也曾帮了英格兰一个忙，他错误地驳回了一个弗兰克·里杰卡尔德的进球，吹罚他越位在先。科曼在那个严重的犯规后不久用一个弧线任意球帮助荷兰打入了第一球，之后博格坎普又一次摆脱了亚当斯并完成了致命一击，在禁区边缘用一脚低射击败了另一名未来队友大卫·希曼，将球射入了球门死角。很多英格兰人至今感觉不公，但亚当斯大方地承认那场比赛结果还算是公平的：“那是在他们的后院，我们已经负担过重了，他们是踢得更好的一方。”

不管之前发生了什么，现在轮到荷兰和丹尼斯来感受失望、创伤和遭遇不公的感觉了。一切又围绕克鲁伊夫展开。他会在美国带领这支球队吗？在1990年，球员们曾经推举过克鲁伊夫，但被荷兰足协拒绝了，他们任命了莱奥·本哈克，认为他接替米歇尔斯更好。这一次，国内的任何一方似乎都更青睐克鲁伊夫：公众、媒体、球员、足协。迪克·艾德沃卡特说他很乐意让位，然而由于某种原因谈判破裂了。荷兰足协认为他们与克鲁伊夫达成了口头协定，而克鲁伊夫则含糊其辞。穿着带有KNVB（荷兰足协）字样的外套会成问题，因为他带着LOTTO的商标。但克鲁伊夫更喜欢穿自己品牌（Cruyff-Sports）的衣服。荷兰足协通过传真给克鲁伊夫发去了合同，但克鲁伊夫从未见过那张合同，因为他不知道如何使用传真机。谈判在三方之间展开——关于金钱的讨价还价。最后，荷兰足协突然停止了谈判，双方各执一词，彼此指责。

在大赛的前夜，荷兰人自我伤害的才能又一次展现了出来。范·巴斯滕由于比赛过多导致的伤病而无法加入到队中。之后路德·古利特在一次新闻发布会上宣布他不会去美国。他拒绝说出原因并保证以后会做出解释。球迷们震惊并愤怒了，有些人甚至烧掉了他们的古利特式假发。球员们的回应惊人地冷漠。古利特在团队中从来都不是最受欢迎的一个，如今丹尼斯接过指挥权并宣布球队能在没有他的情况下应付一切。为了强调这一点，丹尼斯在之后7：1大胜匈牙利的比赛中打入了第一球与最后一球，这也是大赛前的最后一场热身赛。

将近20年过去了，古利特依然没做出任何解释，丹尼斯对他为什么离队有自己的说法："在1990年之后，古利特希望我们踢更意大利式的足球，加强防守，随后把两个前锋自由地放在前场。但在1990年米歇尔斯强调踢阿贾克斯的系统：打4-3-3，用一个从前锋线后撤回来的中场充当影子前锋，站在中锋身后。或者3-4-3，在中场采用菱形站位，艾德沃卡特延续了这一打法。这种打法结构清晰，他不打算为讨好古利特而放弃它，特别是当我们已经进入1994年世界杯的准备阶段时。球队运转正常，每个人都为正在发生的一切高兴。当古利特宣布要离开时，大多数的小伙子们都以同样的方式做出了回应，那就像是：

‘如果他想走，就走好了。这很可惜，不过我们有足够的自信来继续走完我们自己所选择的道路。’在1994年，‘1988一代’对于德波尔兄弟、奥维马斯、琼克与我而言已经成为了‘1988那一代’。他们时常会发生一些争执，不是在球场上而是在更衣室里。但在人们的感觉中，我自己的感觉中，那更像是：‘我要开始接管了，因为我已经达到了高水平，我的地位在提高。把责任移交给我吧，我能承担，我准备好了。’那是我的想法，也是弗兰克·德波尔和很多其他人的想法。”

荷兰队在下一场热身赛中3：0赢下了加拿大国家队，但却大吃一惊地发现荷兰媒体说这场球“乏味”。作为回应，球队集体决定更少接受采访。丹尼斯说：“我刚在意大利结束了一个困难的赛季，我在那里需要面对大量的批评言论。我再也不想应付那些喋喋不休的评论，特别是在世界杯比赛已经开始的情况下。‘滚开！’我这么想，而且也不只我一个人如此。所以我们决定更少地配合媒体。他们当然感到不高兴，于是特地拿我开涮。那是第一次，我不再是那种理想的女婿了，不再是那个好人或友善的家伙了。”

在35℃的高温下，荷兰慢悠悠地开始了他们的世界杯，他们0：0在华盛顿战平了比利时队，然后在奥兰多以两场同样的2：1比分赢下了沙特阿拉伯与摩洛哥队。丹尼斯在对摩洛哥的比赛中有进球。但荷兰媒体对他们经历的困难表现出冷漠无情的态度。31岁的队长罗纳德·科曼正发高烧，但电视评论员艾迪·波尔曼却嘲笑他：“我们所谓的世界级后卫踢得像个老妓女。”

然而在奥兰多对爱尔兰的比赛中，球队最终依靠上半场的出色表现压垮了杰克·查尔顿的球队。丹尼斯不仅打入了第一个进球，同时还创造了一段卓越的小插曲。由来已久的角球战术是将高球传到点球点附近，由高大的球员用头来改变球的路线。这一次，马克·奥维马斯同样朝着点球点附近传出一脚又低又有力的传中，丹尼斯半转身，通过他的右脚以一个天鹅绒般轻柔的触球将球像手榴弹一般传到了点球点附近。可惜，罗纳德·德波尔的倒钩将将偏出，但丹尼斯贡献了一个美妙的创新时刻。

在达拉斯，荷兰面对巴西的四分之一决赛。在英国，这场球赛被视作一场有趣而又经典的场次。也许是大赛中最好的一场比赛了。然而对丹尼斯而言，记忆中则更多的是痛苦。BBC给这场比赛赋予了更娱乐化的宣传，用博格坎普、贝贝托、罗马里奥与里杰卡尔德的脸替换了电视节目《达拉斯》中小博比·尤因与苏·爱伦的脸。在缺乏进球的上半场，荷兰受到恐惧的束缚，踢得局促而焦虑。在下半场，在巴西进了2球之后，荷兰队抛开紧张感，大胆地发起了进攻。丹尼斯先进了一球，随后温特在一次角球中头球破门。橙衣军团的气势已经开始占优，但几分钟后，巴西队得到了一个任意球机会。距离球门30码开外的地方，布兰科轰入了一脚制胜的进球。之后德斯·利纳姆微笑着说："好吧，我们说过这场比赛会很精彩，它确实很精彩。"布莱恩·格兰维尔观察到，有些人的缺席或许会让比赛有所不同："这一点上有所争议，但如果古利特没有因为生闷气而拒绝参加世界杯的话，荷兰可能会赢下他们对巴西的这场重要比赛，然后能在决赛中打败意大利队。"丹尼斯想的是巴西的胜利受益于哥斯达黎加裁判和来自巴林与伊朗的两个边裁。罗马里奥打进了巴西的第一个进球，那个球看上去越位了，而布兰科的进球也发生在他用手推了奥维马斯的脸之后。巴迪拉无视了那个犯规，却吹罚了琼克后来的报复动作。丹尼斯说："之后，你会想，那是怎么回事。一个来自哥斯达黎加的主裁判，而边裁呢，一个来自伊朗一个来自巴林？他们凭什么来吹罚如此重要的比赛？"（4年之后，荷兰会再一次对阵巴西，这一次是在半决赛，而这一次裁判来自阿联酋，而边裁则来自阿曼和科威特。）丹尼斯继续说道："皮埃尔·范霍伊东克因为假摔得了一张黄牌，而实际上他是在禁区内被拉拽了球衣。这让你不得不去想，到底怎么回事。我们在世界杯两次面对巴西时都遇到了争议判罚只是纯粹的巧合吗？"

丹尼斯也为自身球队内部的缺乏动力与勇气而沮丧。在比赛之后，教练艾德沃卡特似乎还挺满意。在从美国回去的飞机上，他对媒体说：

“我们是世界上最好的8支球队之一，这还不错。”丹尼斯说：“艾德沃卡特是我见过的最雄心勃勃的人之一，我和他关系很好。他总是很坚定，他有巨大的动力去努力奋斗以求达到极限的结果。那次世界杯是他第一次作为主教练的大赛。但我认为我们本可以做得更好。在对巴西的比赛之后，仿佛我们松了一口气，因为最终并没有做得太差。但他没有达到终级的目标，因为我们没有展现出足够的勇气，我们本有能力超越对自身的预期。作为球员，我们担心我们无法对付罗马里奥和贝贝托，我们自己被巴西人的天赋、虚张声势和自负威慑到了。但迪克（艾德沃卡特）本该能让球队更快地取得主动的。球队拥有状态正佳的奥维马斯和范沃森，他们能胜任。我们的进攻卓有成效，我们也有一些非常有经验的球员比如科曼、沃特斯和里杰卡尔德。当巴西人以过度的肢体动作来恫吓我们时，他们会知道如何回应。”

另一方面，在美国的那几个月有着额外的创伤。丹尼斯遭遇了两次空难事故。其中一次紧急迫降是因为一个酗酒的随队记者突发疾病；另一次则是因为航班受到了一个炸弹威胁而延迟了4个小时。在达拉斯发生的戏剧般的一切之后，丹尼斯觉得精疲力尽了：“我玩完了，身心俱疲，无论是体力上还是精神上都耗尽了。我对裁判的事很生气，同时也认为球队没能竭尽全力鞭策自己表现出应有的实力。那是某种我在输球后经常会有的感觉，特别是在被淘汰后。我会想：‘我做了一切我所能做的，我付出了全部，但别人也能问心无愧地这么说吗？’”

在世界杯后不久，艾德沃卡特接受了一份来自PSV的利益丰厚的合同，而希丁克，因在1988年为PSV赢下欧洲冠军杯而闻名，成了国家队的新掌门。通往英格兰举办的欧洲杯决赛阶段比赛的过程，又一次显得步履蹒跚。在1995年的6月，丹尼斯决定停止乘坐飞机。幸运的是，未来的三届大赛都会在西欧举办：1996年欧锦赛将会在英格兰，世界杯将会在法国举办，而2000年欧锦赛将由荷兰与比利时合办。2002年的韩日世界杯决赛阶段则有些不太可能了，但由于他打算在2000年后退役，所以这不会成为一个问题。在此以前，丹尼斯的国际比赛生涯从未如此煎熬。

无论如何，在1996年欧洲杯爆发的问题本可以有另一条出路。在大赛开始之前，丹尼斯就察觉到队内的紧张情绪："我是队委会的一员，而越来越多的黑人球员想要加入。起初我只是想：'好的，进来吧。'但自从队委会变得更庞大后，我却变得更不安。为什么突然有这么多人想加入队委会？这似乎告诉你他们很信任队委会，但他们之前并非如此。"与此同时，他注意到黑人球员们正在以一种很细微的方式把他们自己分离出集体。在吃饭的时候，球员开始有了坐在不同桌子上吃饭的习惯。苏里南食物放在一桌，另一桌则是荷兰的传统食物。一次偶然的机会，西多夫午餐时迟到了，时任队长布林德责备他说："说好1点30分，就是1点30分。"西多夫回敬说："我想什么时候来就什么时候来。"紧张的气氛似乎与阿贾克斯内部的矛盾有关，而希丁克并没有干预。

光从纸面上的阵容质量来看，肯定能催生出很多的乐观主义。1994世界杯一代崭露头角之后，又有一批杰出的年轻人加入了进来。比如克鲁伊维特和西多夫，他们在阿贾克斯赢得1995年欧洲杯冠军的历程中起到了很大的作用，而阿贾克斯同样进入了1996年欧洲冠军杯的决赛，只在点球中惜败于尤文图斯队。在12月的时候，在一场无精打采的资格赛后，球队在附加赛中（又一次）痛击了可怜的爱尔兰队。这让很多赌徒都将荷兰队视为自己的最爱。

丹尼斯也变得很乐观："我度过了一段艰难的时光。在世界杯之后我花了很多时间重新审视自己。无论是对我还是对荷兰队而言都发生了很多事情。荷兰队正在进行新老更替，克鲁伊维特是一颗冉冉升起的新星。而在离开国米之后，我重新找到了踢球的乐趣。我曾经质疑自己，不知道在我身上会发生什么，而现在克鲁伊维特出现了。但附加赛对爱尔兰的比赛发展得如此顺利，我在帕特里克身后充当影子前锋，就像我曾在范·巴斯滕身后的感觉一样。太棒了！我已经为欧洲杯做好了准备。我们很年轻，队里大部分是新人但他们是来自阿贾克斯的小伙子，打过两届欧洲冠军杯决赛。我心想：没错！这能行得通！”

荷兰的第一场小组赛，0：0战平苏格兰，并不令人印象深刻但还算平静。而第二场，在安菲尔德球场2：0击败瑞士的比赛中，有一些事开始显露。丹尼斯和约迪·克鲁伊夫（约翰的儿子）打入了荷兰的2粒进球，但戏剧性的故事却发生在替补席上。比赛刚进行到第26分钟时，希丁克换下了在第12分钟就得了一张黄牌并且刚逃过第二张黄牌处罚的西多夫。对希丁克而言，这是在看到一个球员有可能会被罚下时出于保护的目的才决定的换人。然而西多夫则视其为一种侮辱，并且在剩余的比赛时间里一直与他的朋友戴维斯在替补席上愤怒地谈论此事。

其实戴维斯也因为不能上场而憋着一股气。那天夜里的晚些时候，有人听到戴维斯对外国记者说：“希丁克最好停止把他的脸贴在别人的屁股上。”他确信希丁克更喜欢白人球员，比如丹尼·布林德和德波尔兄弟，并认为这损害到了黑人的利益。戴维斯的评论引发了希丁克的注意，希丁克要求私下与他谈谈，但戴维斯拒绝道歉，于是希丁克愤怒地将他扫地出门。随后希丁克召集球队在酒店开一个会，说他已经注意到了队员之间的紧张关系。但令人惊讶的是他似乎白长了双荷兰人的眼睛，竟然叫他们自己去解决问题。“有什么话就都说出来。”他离开前这样说道。

然后一下子天崩地裂了。西多夫代表苏里南裔球员小集团（Kabel）发言。他们之中包括了戴维斯、克鲁伊维特和迈克尔·雷齐格，抛出自阿贾克斯时期便积存已久的牢骚，并声称布林德与德波尔对希丁克起到了过多的影响。西多夫当时20岁，还透露他在一年前从阿贾克斯转会桑普多利亚是因为他没能得到范加尔应许他的右中场的位置，而罗纳德·德波尔则占据了那个位置。他认为这说明德波尔兄弟不仅仅在阿贾克斯过度掌控了球队，也在国家队起到了相同的作用。迈克尔·雷齐格接着支持了西多夫的指控，继续谈到他认为黑人球员在阿贾克斯被当作小孩，还给出了他们的合同细节来证明他的理论。他指出丹尼·布林德的工资比克鲁伊维特的要高出6倍。

丹尼斯回忆说：“我真是不敢相信正在发生的一切！那里简直像爆炸了一般，言语间带着强烈的攻击性。当时有三组人。一组人由西多夫、克鲁伊维特、雷齐格与博加德组成，正与布林德和德波尔争吵，而第三组人，人数最多，便是我所在的那个群体，我只是坐在那里看着发生的一切，张着嘴，目瞪口呆。”虽然这些黑人球员明确认为阿贾克斯当时的工资结构存在种族歧视，但丹尼斯如今却指出这与种族问题毫不相干：“一直以来我们在阿贾克斯计算的原则是基于资历而定的。”因为布林德当时已经35岁并且还是俱乐部的队长，他当然会比刚刚年满20岁的克鲁伊维特的工资要高得多，而克鲁伊维特才刚刚升入一队不到两年。黑人球员们说阿贾克斯在冠军杯的成功表现很大程度上要感谢他们，他们应该得到相应的奖励。对于那些黑人球员，他们的核心观点围绕在“尊重”一词上，认为希丁克也没能对他们表现出尊重，因为他没有把他们放入首发阵容。

对于其他的球员而言，问题在于：“你们在阿贾克斯的事和我们有什么关系？”丹尼斯回忆道：“空气中充斥着大量的负面情绪。大量的大大小小的自阿贾克斯时候就存在的问题都被摆上了台面。如果这事不升级到这个地步，那才会是个意外。或者说这并不意外，因为范加尔可能把这事包裹得很严。”中立的球员试图平息事态，丹尼斯和阿瑟·纽曼力劝彼此“停火”。而最重要的调解来自于一个最意想不到的角色：巴塞罗那的边锋约迪。这也是他唯一一次代表荷兰参加大赛。“我在这里是个局外人，我也几乎不认识你们，”他对会议中的人说，“但我知道我们在这里是为了一些相比你们自己的分歧更重要的事情。我们在这里是为了一个重大的赛事。我们在这里是为了欧洲锦标赛，让我们好好专注于此，把你们的负面情绪丢到一边。”

丹尼斯对此留下了深刻的印象，其他人也一样。争论并没有化解他们的矛盾，但在约迪的演讲之后，他们同意继续一起工作。“约迪是个新来的人，”丹尼斯说，“我认为他在团队中起到了好的作用。我们住在一个房间里，并很快就变得关系融洽。我们有很多相似之处，有着相同的诙谐与幽默，还有那种能说‘你以为你是谁？’的态度。当我以这样冷嘲般的语气说话时，约迪也能立刻以他的话回敬我一句。我认为他是很不错的人。”丹尼斯否认了那个说是“为了防止他父亲在希丁克背后说坏话”而被派在队中的说法。丹尼斯说：“那个想法太可笑了。这好像希丁克害怕克鲁伊夫一样！希丁克和约翰相处得很好。约迪能在队里有一席之地是他应得的。他在巴塞罗那经常踢边锋，而当时奥维马斯有伤，所以这是一个符合逻辑的选择。”

所以一切都会往好的方向走了吗？不完全是。荷兰的团队精神已经支离破碎了。而他们在小组赛的最后一场比赛将会在温布利对阵一支生机勃勃、刚刚击败苏格兰的英格兰队。东道主不仅仅会受到爱国情感的激励，他们更有1988与1993年两届大赛的耻辱需要洗刷。不仅如此，他们有一个教练叫特里·维纳布尔斯，一个对破解荷兰战术胸有成竹的人。之后发生的便是荷兰足球最大的耻辱之一，也是英格兰10年中最辉煌的夜晚之一。最后的比分是4∶1，英格兰以集中且（仅有的一次）复杂的战术发动进攻，而荷兰则轻易就崩溃了。英格兰还留下了2个美妙的进球。阿兰·谢勒的第2球（英格兰的第3球）为保罗·加斯科因的盘带与泰迪·谢林汉姆的美妙横传完美收尾。荷兰安慰性的进球是来自博格坎普更美妙的一脚助攻，他控下一个来自西多夫的传中球然后挑起一个柔软的抛物线，把球喂到了克鲁伊维特的脚下，随后克鲁伊维特射门并穿过了希曼的双腿。惊奇的是，这一个进球却足以让荷兰晋级到下一场1/4决赛对阵法国的比赛中。在安菲尔德球场，丹尼斯不得不由于下半场的一次受伤而下场，眼睁睁看着荷兰在点球中输掉了比赛。至少在温布利的惨败之中，他通过一脚美妙的助攻有尊严地离开了。在赛后他与托尼·亚当斯交换了球衣。

亚当斯回想起当时说：“我大约与荷兰的三代人一起踢过球，范·巴斯滕与我同时代。我本想找他复仇，但他居然退役了！所以当我们在1996年打败丹尼斯的那支荷兰队时，那感觉像：‘我在错误的对象身上复了仇！’我知道荷兰队内正处于混乱之中，但这与我们无关。

我认为我们踢出了伟大的足球，而谢林汉姆是一个了不起的10号球员。我是英格兰人，我们通常不会把自己抬得太高，我挺爱国。我喜爱丹尼斯是因为我认为他是一个超级球员，但我同谢林汉姆同场竞技过，我认为他也是一个拥有极高天赋的同一类型的球员。”

然而希丁克认为导致灾难的不是英国人的勇猛而是荷兰人的内斗。他曾经请求他的队员恢复他们的理智：“想想你们能在这样的一个舞台上表演是多么的幸运，把一切不相干的事抛开。”但在对英格兰的比赛中显然很多球员依然还在记挂着彼此之间的矛盾。希丁克说：“我感觉那是一辆越开越远的火车，我无法停下它，我们错过了每一站。”但到最后依然还有一丝希望，因为“那些乱七八糟的东西”已经被摆在了台面上，作为主教练的希丁克只要清理台面，球队就能重新出发。

丹尼斯不这么看：“我真是烦透了。当麻烦爆发的时候，我马上就知道我们已经无法去赢得比赛了。我想：‘这真是令人绝望，真是令人难以置信，这真是一次糟糕透顶的大赛。每个人在那次小组讨论后都仿佛解脱了很多，但彼此间的不信任感已经太深了。那次谈话来得太晚了。如果整个问题在大赛之前就能显露出来，我们或许能真诚地解决问题并找到我们自己的节奏。但那已经不可能了。’”

大赛之中也有一些闪光的时刻，比如他给克鲁伊维特的那次助攻。丹尼斯说：“我完成那次助攻的方式已经是我在阿森纳踢球时的一种典型球风了。那个动作对我而言意味着很多。在国际米兰我几乎已经迷失了，而在阿森纳我又重新发现了自己对足球的热爱，当时我还没有立刻找到我的角色应该是什么。我能进球，也能助攻。渐渐的但也是必然的，我更多地助攻而非进球。帕特里克的进球证明了我在国家队也在发展成这种角色。”然而，负面的内容远多于这个小小的亮点。丹尼斯表示：“那是我的第三届大赛，我在想：‘如果就这么结束了，那么我的最后一次大赛将会被这种不职业、自私的举动给葬送了？’这种感觉真是太糟糕了。”

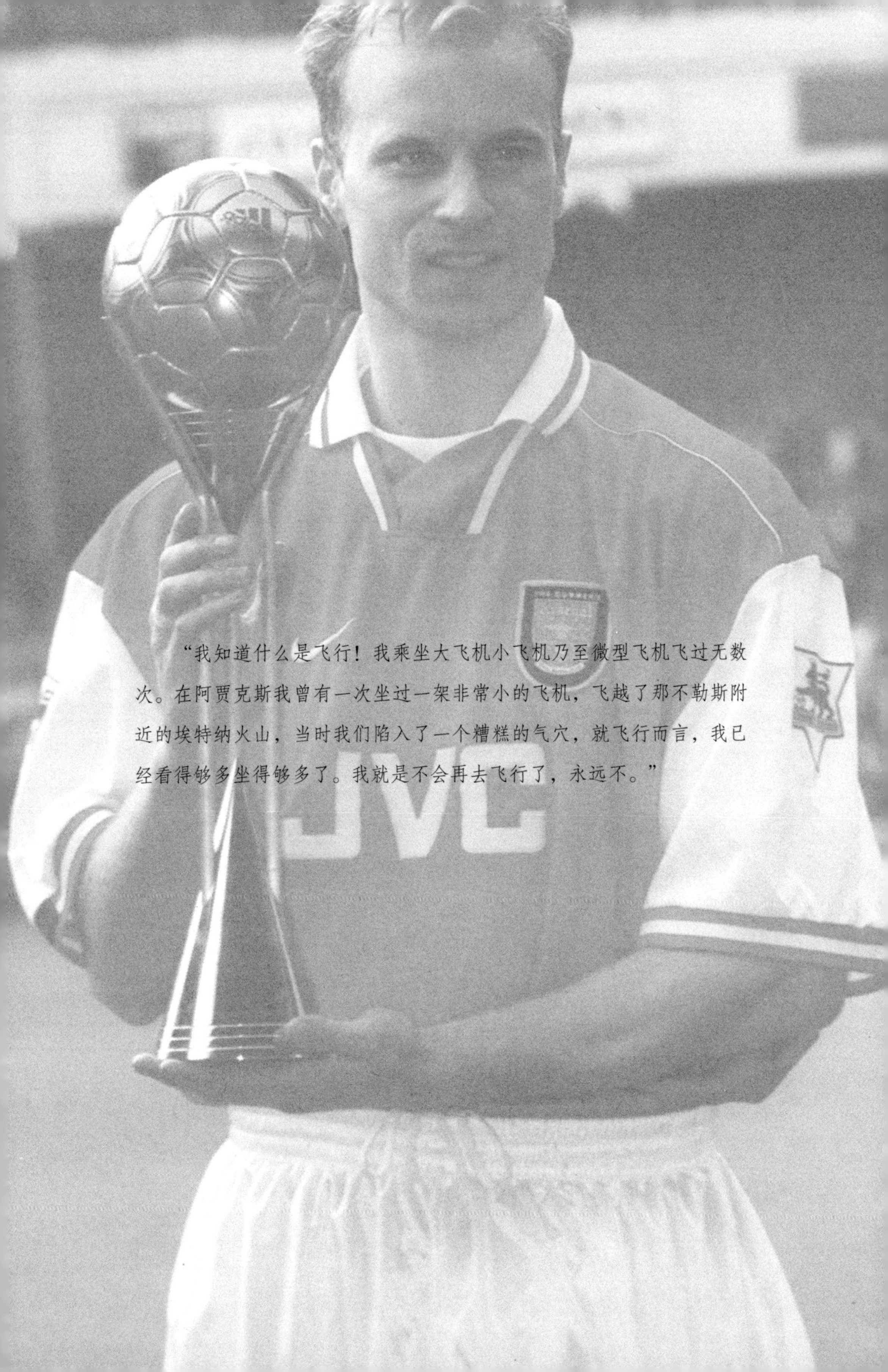

“我知道什么是飞行！我乘坐大飞机小飞机乃至微型飞机飞过无数次。在阿贾克斯我曾有一次坐过一架非常小的飞机，飞越了那不勒斯附近的埃特纳火山，当时我们陷入了一个糟糕的气穴，就飞行而言，我已经看得够多坐得够多了。我就是不会再去飞行了，永远不。”

第六章　紊流

“大部分时候很烦人，”丹尼斯说，“人们对我说我应该为此做些什么。有人说：‘你知道吗？可以上些课程来治疗的。’真的是烦透了。”

丹尼斯对飞行的抗拒始于1994年的夏天。压力重重的国米第一赛季结束后，他开始了艰苦的世界杯征程，并在炎热的达拉斯以令人失望的结局告终。荷兰在1/4决赛中3：2败北出局后，他说：“我精疲力尽了，而且持续这样。赛后有累晕的感觉并不出奇，大部分时候我都能快速恢复，但这次没有。我真的疲惫不堪了。我和赫丽塔一起回到了酒店，但情况越来越糟糕。我开始颤抖，感觉浑身不舒服，对即将飞回家这件事感到相当紧张。我整个人都不太正常了，连思维也是，我感到非常恐惧。我在意大利度过了艰难的第一年，这一年让我感到身心俱疲。紧接着就是世界杯，包括那场炎热环境下的紧张的半决赛。”

他感觉腿像灌了铅似的，不仅如此，他感觉全身上下都异常沉重，包括手臂和头。他浑浑噩噩地上了回阿姆斯特丹的飞机：“我依旧带着恐惧的状态，但是在飞机飞进平流层之后就好了一点，此后一直感觉还行。”尽管恐惧感退散了，但是他的身体依旧没有恢复。丹尼斯回忆道：“我们到家后我睡了整整两天，可见我有多累。然后我们就赶着度假去了。我们在法国南部预订了一个别墅，但当我们到达那里的时候我依旧感觉很累很抑郁。通常假期会让我放松下来并储备能量。但这次不是，我无法享受任何事物，包括沙滩或海。我也无法习惯住在这个别墅里。”

丹尼斯对于立刻又要投身足球之中而感到担心，于是便打电话给国米询问自己是否能迟一些再加入季前训练。比安奇不会同意的。丹尼斯不可能成为一个特例。丹尼斯讲述：“我说：‘您看，教练，我很抱歉但我真的需要更多的时间。’但比安奇依然要求我在季前训练时报到。他说他会顾及到我正在世界杯后的恢复期。这很荒谬。从我第一天去度假到国际米兰的第一堂训练课只有10天时间！在阿森纳，温格总是说4周的休息时间是一个最小值，那4周对他来说是神圣般的重要。”当丹尼斯在他短暂、无效的假期后回到国米报到时，他接受了一些医学检查。随后被送去了马多纳·迪·坎皮格里奥附近的多洛米蒂山上。在世界杯后，筋疲力尽并同样申请过延长假期的维姆·琼克也来了。

丹尼斯说：“维姆和我本应该逐步地恢复状态再回到集体之中。但3天后我们已经必须与其他人一起以高速训练了。在山上如此训练真的很艰难。我们被推到了体能极限。不允许去慢慢恢复，这糟透了。在那里我有了这种不祥的预感：下个赛季注定会很失败。”

刚从山上回来后，丹尼斯就被迫再一次坐上了飞机，国米几乎在所有的客场比赛都会坐飞机，而国内航线用的是小型螺旋桨式的。丹尼斯回忆说：“它们是那种很肮脏的小飞机，在云中穿行时会不停地抖。你往外看的时候只能看到白色与灰色。内部则几乎毫无空间，实在是太狭窄了，让人感到那种幽闭恐怖。你没有任何空间来挪动，只是在整个旅途过程中坐在那里抖动。这让我感觉太糟糕了，我开始有种厌恶情绪：‘我再也不想这样下去了。’我感觉太坏了，以至于以后每次要打客场时，我都会去留意天气如何，是否会有云层飘过来。有时当我正在踢足球的时候，我会很担心回家的航班。那简直如炼狱一般。最后的导火线是那次我们客场对阵佛罗伦萨的比赛。我看着那个破旧的交通工具带着那个螺旋桨停在跑道上，突然冒出了一身的冷汗，那必然是又一次灾难性的飞行。我们最终降落后，我给赫丽塔打了电话：‘你在哪儿？你能来接我吗？我再也不想这样了。’她开车到了佛罗伦萨并带我回了家。”

丹尼斯回忆不起太多细节了（可能是刻意压抑着它们）。可能在那次去佛罗伦萨的经历后依然随国米一起飞过几次，也可能他是坐轿车或火车参加了他下一轮对那不勒斯的意甲比赛？丹尼斯说：“那不太可能。我可能是最后一次如此咬紧牙关了。我对那些记忆已经有点模糊了。不过有一件事我敢肯定：我在那天（后文中）之后就再也没有坐过飞机。”他简短回忆起在1995年6月随荷兰国家队为征战欧洲锦标赛预选赛而需前往白俄罗斯的城市明斯克前的一件事：“我前往荷兰队的总部诺德维克做一些准备，但我那天一晚上都没睡着。我只是躺在那里流汗，直到我最后对我自己说：‘我无法对抗这个，所以我不会去飞了。’那就是我做出决定的时刻。”在一次与队医弗里特斯·科赛尔与主教练希丁克的回忆中，丹尼斯解释了他的感受并说：“我再也不会坐飞机了。”

说出那句话带来的是巨大的解脱。丹尼斯说：“这很奇怪，但那仿佛让我重新获得了自由。我又能再一次没有后顾之忧地踢球了，并且我能专注于我在阿森纳的新事业。”他说自己未来将只通过地面交通旅行，这一声明得到了广泛的接受与理解，但并非所有人都能做到。对于那些建议他去参加一些课程或治疗他的恐惧症的人，丹尼斯回应说：“我知道什么是飞行！我乘坐大飞机小飞机乃至微型飞机飞过无数次。在阿贾克斯我曾有一次坐过一架非常小的飞机，飞越了那不勒斯附近的埃特纳火山，当时我们陷入了一个糟糕的气穴，就飞行而言，我已经看得够多坐得够多了。我就是不会再去飞行了，永远不。”他的经纪人罗布·杨森以丹尼斯希望的方式回应了他。丹尼斯说：“他立刻就接受了我的表态。他说：‘如果情况如此，丹尼斯，就按你说的办吧。’他没有说：‘你没有意识到你在做什么吗？你不知道这对你的职业生涯是灾难性的？’‘你不知道这将让你付出多么巨大的代价吗？’他回答得像家人一般，而不像一个只想利用我赚钱的人。那让我确定他是值得托付的。而这确实让我付出了一些金钱上的代价。在与阿森纳的谈判中，如果我说100万，他们会自动扣去10万，‘因为你不坐飞机。’我也能接受这一点。”

在家里，“不飞”不会成为一个问题，赫丽塔说：“我从不会逼迫他做什么。我从不会去想：‘我必须帮助他克服这一点。’我总认为他能战胜自己的恐惧，但不是通过参加课程或别的，只需要顺其自然。因为问题出现的时候也是自然而然的。这个问题虽然没有化解，但不会过多地影响我们共同的生活。当他说出不会再飞的时候，他平静了下来。那种平静要比去飞行所节约下来的时间宝贵得多。我们的长女艾斯特尔热爱坐飞机，但这不会困扰丹尼斯。他对此很现实：‘你能做一些事，而我已经做不到了，那就随它去吧。’这不是一个障碍。丹尼斯让我们做我们自己的事。他送我们去机场也去接我们回来。对我们而言这不是个难题。如果对外界是的话，那就是他们自己的事了。”

签约已经完成，我们在自己的房间里放松。如同以往，我看电视当中文字电视广播的体育类标题。我们在荷兰看BBC台，所以我知道Ceefax。我调到301页，震惊了。前两行是巨大的标题：“博格坎普加盟阿森纳。”有生以来第一次，我震惊了……

第七章　第301页与302页

在1995年的夏天，丹尼斯做出了另一个重要的决定。他回忆说："我本计划在意大利踢至少4年，也许6年，但在第二年的最后关头，我决定："这不是我应该待的地方。"丹尼斯的经纪人去国际米兰主席马西莫·莫拉蒂那里告诉他丹尼斯作为一个球员希望继续发展，所以俱乐部需要重新招聘一位新教练和不同的球员或者让丹尼斯离开。莫拉蒂说那是不可能的，他会站在比安奇教练那一边。丹尼斯回应道："好吧，就这样了。我们还是朋友，没问题。但让我们握个手，而我要走了。"

丹尼斯回忆说："回顾过去，我想我是真的崩溃了。美国世界杯已经消耗了我的上一年，我认为我对飞行的厌恶和恐惧就是源于那段时间所发生的事。那阻止了我去享受踢球。所以我不得不做出决定，去治疗几个月或几年，或者以不同的方式继续踢球。在1995年的夏天，我的脑中有种种质疑。我是个什么样的球员？我是否还想继续自己的职业生涯？我是不是想在28岁时停下来？因为在国际米兰我已经受够了一切，我真的不再享受了。6月我去了英格兰，立刻感到了平静。我想，这不错，这里不是只有足球。训练，踢比赛，然后在最后哨音响起后稍微谈一谈比赛的事，便能做回自己，有自己的隐私。这就是我所需要的。”

* * *

你原本还有可能去别处吗？阿森纳当时并没有像现在这样是一支大俱乐部。

丹尼斯：曾经有很多选择，包括德国，但我自己不想在那踢球。为拜仁踢球什么的，这种想法，实在是有点……不合适。离开意大利之后，西班牙自然也不合适。于是我的目光就投向了英格兰。当时我对曼联队并不感兴趣，由于从荷兰过去舟车劳顿，我也不打算去纽卡斯尔或者利物浦所在的地方。热刺当时没有考虑，要知道当时那是霍德尔的球队，不过即便如此我当时还是认为阿森纳比热刺要高出那么一点。我也不知道为什么那么认为。所以我回到了荷兰，而我的经纪人罗布（扬森）去了伦敦。他认识阿森纳的人，因为格伦·赫德尔和扬·沃特斯也差点去阿森纳。有趣的是，我真的不知道阿森纳当时的声誉是踢乏味足球（在乔治·格拉汉姆帐下）。我在荷兰的足球杂志《国际足球》上见过一篇很长的文章，当时看上去不错。他们看上去是很稳定的球队，有一批某个年龄层的队员。我当时认为，加盟这样的球队能让我更轻松一些。我只是对球队感觉不错。他们有一些有威信的球员：托尼·亚当斯和两个边后卫（李·狄克逊和奈吉尔·温特伯恩）都已经在那里踢了很久。他们那时还有约翰·延森、伊恩·赖特和保罗·梅森等。这不是一支陌生人组成的球队。有8到9名球员一直以来都一起踢球。我认为那适合我。

他们在欧洲赛事上也做得很好：1994年险些赢得优胜者杯，之后一年也打入了决赛。对于荷兰俱乐部来说，在欧洲赛场能打入1/4决赛就代表踢得不错，所以我想："不错啊，算是个大俱乐部，而且在伦敦，也是我想踢的足球，而海布里也有好口碑，那就让我看看能发生些什么吧。"我完全没有想过会在那里待上11年。告诉你实话，当我在国际米兰时，我想的是踢到28岁然后回荷兰，然后在英格兰待几年，但当我到了伦敦后一切都改变了。

对我来说最重要的是向前进，把意大利的事抛之脑后。这里又是属于我自己的冒险了，就像我当初选择国米而非AC米兰或巴塞罗那一样。我想的是："我是那种在阿森纳不常见的球员，所以或许我能给这里的人们看看我是如何踢球的。"格伦·霍德尔在这个联赛中曾经打出一片天，而我的风格和他很相似。我知道，我在英格兰能获得更多空间，所以一周后做出了决定，然后我和我的妻子一起第一次经海底隧道去了英格兰。我到的时候，合同还在谈判中，还有医学检查需要完成。我们住进了四季酒店，加里·勒温（阿森纳的首席理疗师）接待了我们并把我们带到了体育场。在我的第一个赛季，他对我的帮助很大。他一手操办所有的事务，总是很友好、快乐、风趣。他知道俱乐部的一切事。然后我第一次看到了海布里球场。哇噢！这是足球！我喜爱它周围所有的房子，然后你一拐弯，那便是球场了！不是荷兰，也不是意大利，这是在欧洲大陆没有的东西，这是典型的英格兰。当然，也会看到那些大理石大厅。

我记得上了楼，然后就遇到了我的经纪人，我的兄弟维姆当时也在那里。然后我看到在房间中，两个来自国米的人正在敲定最后的合同内容。这打击了我："我是一个你们买了又卖的东西，我是个商品。"这是一种奇怪的感觉，然后我上楼，听说当时可能会有一个新闻发布会。他们正在谈一些关于钱的事，还有一些其他事项。所有一切都办妥了，他们打开了去往球场的门。自然！草皮！太完美了！当我看到球场的一刹那，我心想："这太美妙了！"然后，布鲁斯·里奥奇和大卫·邓恩一起出席了新闻发布会，他们播放了一些我的录像片，包括一些进球和助攻的集锦，而背景音乐是石玫瑰乐队的《就是这个人》。

让我沉浸在你的光辉中/所有我所做的计划……

丹尼斯：真的吗？我不知道歌词。那是一首好听的歌，我在录像带中的动作也挺不错。当时感觉真不错，然后我们要去球场拍一些很有纪念意义的照片，自然是带着球衣和布鲁斯一起，我还记得我不得不站在一个小的木板架子上，因为球场维护主管史蒂夫·布拉多克不让我站在球场草皮上。我心想，相比国际米兰我更喜欢这样。在国际米兰，他们把你放在一个基座上崇拜你，我没有达到那种地位，也不适合我的个性。在英格兰，我立刻感觉正常多了。这也不像荷兰，因为在那里没有人可以高于别人——“我们是相同的”。我认为，英格兰在两者之间，是一个好的平衡。我感觉：“我喜欢这里，他们对我的到来真的感到高兴。”但在那一刻，有点奇怪。因为我真的不知道我是哪种类型的球员。我会如何跻身于世界前100位的球员之中。

你没想过你可能会身处顶尖之列?

丹尼斯：一点也不。我想，我是一个很好的球员，我在阿贾克斯做得很好。但阿贾克斯是阿贾克斯，荷兰是荷兰。在我的心里，荷兰的足球队在世界中无法与英格兰、西班牙、意大利或德国相提并论。我想：“在街上的普通人甚至可能不认识我。”

然后我们回到酒店。签约已经完成，我们在自己的房间里放松。如同以往，我看电视当中文字电视广播的体育类标题。我们在荷兰看BBC台，所以我知道Ceefax①。我调到301页，震惊了。前两行是巨大的标题：“博格坎普加盟阿森纳。”有生以来第一次，我震惊了：“哇

① 译者注：Teletext是20世纪70年代英国发展起来的一种信息广播系统，利用电视信号场消隐期(VBI)中的某几行（也可以占用电视信号的全部有效行)传送图文和数据信息。由于图文电视广播业务能以低廉的费用向大众传播即时的新闻、体育、天气、电视节目预告和字幕等信息，BBC的Ceefax便是采用了这一技术。

噢！发生了什么？”我在这个大国，我在伦敦。我在这个巨大的陌生的城市，他们靠左边开车，然后……我出现在了电视上。是我！在这里他们肯定还把我当回事，他们仍然希望我能像范·巴斯滕或者古利特那么成功。虽然我不这么看自己。然后立刻，我转到302页，足球的页面，那里有更多的细节：“荷兰前锋以750万英镑加盟。”这真是第一次，我真的被别人的期盼触动了。我看着赫丽塔说：“这真惊人！我必须向上走。”离开意大利之后，我对自己有太多的质疑。就算是我踢得好的时候，还是不得不为自己辩护。而现在我在一个酒店房间看到了这一切。我有所触动。会有某种透自脊骨的感觉，也感觉会有一些激动与激情。我看看我的妻子，她也看着我。我觉得：“哇，这真是令人难以置信！”

* * *

丹尼斯签约阿森纳，在电视传真上看到了自己。他现在通过英吉利海峡隧道开车回家然后很快迷路了。他说：“我不会说我是迷路了。没有迷路。我们只是绕了远路因为我们看错了地图。我们从M25来到了……是不是在梅德斯通那里的岔路？我们犯了错，然后就导致我们走错了路，沿着M25开往南伦敦。

“我们需要加油，所以就进入了一个加油站。你知道在加油站里是什么样的。有两个汽油泵，一个在前，一个在后，当我到达时，唯一有空间停车的是后面的位置。前面的车刚付完钱。当我在后面的那个泵加油时，前车开走了。然后另一辆车从后面来了，他们就像是说：‘老天！为什么这个傻瓜不开到前面去加油！’我能看见那辆车子里的人有很多动作，那个家伙真的是生气了，在他开去我前面的空位并经过我身边时，我能看到他还在和他妻子边说边做手势。”

当时那位在车里生气的人回忆道：“我当时正开车回克罗伊登的家，我记得有人说丹尼斯·博格坎普可能会签约阿森纳。‘我希望这是真的。上帝啊，我希望这是真的！’无论如何，我当时得在克拉克特巷服务站（位于M25公路）给车加油，而当时有一辆外国牌照的宝马7系停在加油泵的错误位置。我的第一个想法是：‘这个傻瓜是谁啊？’我的意思是，谁会把自己的车停在这么一个愚蠢的地方啊？所以我就下了车，打算去告诉他我对他停车问题的想法，然后他就下了车，然后，那里站着的居然是——丹尼斯·博格坎普！我一个字一个字地尖叫了起来！他可是那位传说中的淡定禅师啊！我开始尖叫因为我曾祈祷丹尼斯·博格坎普签约阿森纳的消息能成真。而他就在那里！”

丹尼斯继续着故事：“他叫喊着：‘黛比，黛比！快看！是丹尼斯·博格坎普！’然后他冲向我给了我一个大大的拥抱。我当时挺酷挺淡定的，没想到他看到我这么高兴，这让我觉得：‘天呐！我很受欢迎啊！’你想想，那是在假期期间，赛季还没开始呢，而那是在南伦敦，一个我不应该出现的地方。在伦敦住了多少人？700万？而我却撞到了伊恩·赖特——即将在未来几年成为我搭档的人。如果我们在训练场或者一个训练场周围的加油站，或在球场附近的某个地方，那不奇怪。但这是在一个偏远的地方，在我签约的当天。当时就很让人惊讶，而我现在去想这件事更觉得惊讶。这是什么概率，这简直是命中注定。就像是一个爱情故事。噢，好吧，不是一个爱情故事，但……”

还有另一个惊奇在等着。对伊恩来说，和他仰慕已久的球员并肩作战已属一件幸事，而不久后这种愉悦又因为和这位新朋友成为室友而翻倍了。在他们合宿的第一晚，丹尼斯在浴室为睡觉做准备，门打开了，丹尼斯进了房间。伊恩很吃惊：“我从来没有见过一个球员穿睡衣！通常一个球员会什么都不穿。而丹尼斯却穿好了全套的睡衣。那真是有些超凡脱俗。太好玩了，睡衣！太可爱了，像在家一样，很坦诚的一种态度，该怎样还是怎样。他和我同住期间一直如此，我不知道我是不是也应该出去买套睡衣，因为我想模仿他。我最终还是没买，不过我确实这么想过。他有没有告诉你，他经常拿我说梦话来开玩笑？”

丹尼斯回应道：“真的吗？我不经常穿睡衣，所以我不知道为什么会穿。那可能是从意大利带回来的习惯。和伊恩在一起你永远不会知道他是在开玩笑还是在说真的。我记得有一天晚上，在酒店里，我在读书，他入睡了，和通常一样。突然，他跳起来并来了一句‘哈喽’，他是在和我开玩笑吗？‘哈喽？’他走向门，然后把耳朵贴在门上听，然后发出‘呃！呃！’和一些其他的怪声音，又回到自己的床上，然后看了看周围，又睡着了。而他的眼睛始终是睁着的。真的很奇怪！”

丹尼斯·博格坎普已经在阿森纳打了一个月的比赛，7场比赛后依然没进球。由于他在意大利的经历，他没有去读报纸。虽然他听说《太阳报》在开展一项竞赛，看看北伦敦哪个倒霉的新引援会成为第一个扭转局势的人，将会是热刺引进的谦虚的克里斯·阿姆斯特朗还是丹尼斯·博格坎普。三天前，当阿森纳为了联赛杯前往哈特尔普尔时，托尼·亚当斯进了2个球。伊恩·赖特进了1个，丹尼斯0个。撰稿人尽可能平和地叙述此事："阿森纳的支持者已经开始把丹尼斯的进球比作小孩们等待圣诞节的感觉：他们知道那会到来，但等待的过程让人难以忍受。”下一场比赛是主场对阵南安普顿。

丹尼斯说："当时，我浪费一次得分机会后客场球迷会说：‘多赔钱的一笔买卖啊！’我当时想：‘等等，你不能这么说话！’”（笑）不过我倒是挺享受这种感觉的，那挺有趣的，而且我能理解。我对我自己一直没进球也有点不快。我是事后才知道小报们已经对此做过了很多文章了，幸好事后才知道，否则那会成为我心中的小烦恼。在对西汉姆联队时，我想，我已经错过了两三个我应该得分的机会了，我感到这已经影响到了我们本方的球迷了。在本队的观众中，能听到一点‘哼’的声音。他们不想嘘我或别的，但他们有点像是在想：‘怎么回事？’在国际米兰他们肯定会嘘你，阿贾克斯球迷通常也挺挑剔。当半场比赛还是0：0时，他们会嘘你。所以我已经准备好了。但阿森纳球迷保持了冷静，这对我有所触动。我认为我的问题是我还在意大利模式。在意大利你必须看上去在禁区周围就时刻冲着点球、任意球或折射而忙碌。我也不应该花7场比赛来调整，可是我已经担心是否会花上几个月了。然后我意识到，我必须在某些方面加快速度。‘好吧！一切都很理想，我在那球场上感觉很棒，我又一次在享受足球了，在这里很好！我必须保持耐心和积极性。’人们没有直接地说些什么，他们会走过来对你说：‘你做得不错，不过……’我知道他们什么意思。我自己也这么觉得。在训练场，球员们不由自主地发表一些小意见，他们欣赏你，他们认为你是个好球员和一个好人，但他们期待你做些什么。艾伦·休格在一个采访里说外援来这里只是为了钱。我对自己说：‘你不能花6个月去寻找进球的感觉。你现在必须加把劲了。’”

伊恩·赖特记得：“丹尼斯在阿森纳最初的阶段，没能开个好头。球迷中有一些牢骚。我记得他在哈特尔普尔被一个球员刺激了，这个来自哈特尔普尔的球员对丹尼斯说了些什么。我差点对此怀恨在心了。丹尼斯踢得不错，但由于某些原因，门将扑掉了他的一些射门或别的什么。而下一场球是在海布里对南安普顿，上半场我记得格伦·赫尔德传球，球从老远飞来，我看到丹尼斯正在做个了断。”

丹尼斯接下故事继续说：“我只记得我不想冒险，这听上去有点奇怪，因为要接下这样的一个传球很难，你必须算准时间。我应该如何解释呢？如果你已经进了3个球，你会尝试去踢一脚飞向右上角的射门，或者可能再加一点旋转，又或是踢得更使劲一些。你会尝试各种别的动作，发挥更多想象力。但我当时的想法是：‘稳住，把脚朝球踢，看看能发生什么。’球可能很简单地就被门将化解了。但是这比打在人群里强。因此，别冒险！用安全的方法完成。然后，球飞向了远角的死角，门将无法够到球。我扎实地踢到了球，球速不慢。那已经足够了。”

当海布里的人们爆发出欢呼声时，丹尼斯陷入了狂喜般的解脱，转过身，张开双臂，并跳跃起来，开始了庆祝。丹尼斯说：“观众反应的方式，远超出了我的想象，我不会说那是典型的英国式的欢庆，但那是他们的方式，他们都跳了起来，全都把手举在空中，在其他地方从没有这样的爆炸般的景象。那个时刻是我与阿森纳球迷建立彼此关系的开端。他们曾对我抱有耐心，我不知道为什么，因为他们以前并不了解我。可能比赛中的某些事情暗示他们我会进那个球？肯定有一些这样的因素，因为我似乎在一瞬间得到了很大的信任。也许是因为他们看到一些动作例如传球、助攻或别的什么。但他们以前不了解我，他们不知道我是什么样的人，而现在他们却给了我这一切。那种温暖是难以言说的。我刚来这里只有一个半月。在那个球之后，我们的关系再也没有断开过。”

* * *

然后你又一次进球了，而第二个球更加的美妙。

丹尼斯：嗯，这就像：“好吧，我们开始吧。”在进了第一个球之后，我就像卸下了50公斤重量。我在中场得到了球，然后看到我面前有很大的空档，在英格兰的比赛几乎所有时刻都有很多空档，主要是在中场区域，我当然能对此做些文章，我用我的办法来制造一些自己的空间。于是我得到了球，首先跑向右面的后卫以传出直传球，我本打算传球，然后我意识到：“我在这里有足够的空间射门。”我必须摆脱后卫，可我从来都不算是个善于带球的人，这不是我的特长。所以我向左晃动后向右转，插入了右侧的空档，我必须做这个动作以便完成射门。距离球门还有30码远的距离，但我有自信。我在带球从左往右的时刻就已经知道了这一点，当我与球相遇时，球在滚动。这会使球增速，所以当我踢它的时候，在最后它会拐弯，球会转向右面。我意思是说，在我踢球之前我对球做的那个小动作会使得它先向左然后向右转，所以我并不是要去瞄准球门的角落，而是中间。我必须从向左晃动的那一步开始，这就是我以前曾经在脑海中计算过多次的东西，所以我现在知道如何去做了。虽然我不知道足球究竟会旋转得多厉害。然后一切便像这样发展了下去，远离了门将，观众又一次沸腾了。那真是太美妙了，当我再看那个进球时，进球速度仿佛比我想象的更快。在我的记忆中一切都发生得更慢一些。不过可以肯定的是，自从那天起，一切都改变了。

事实上，里奥奇可能做得更糟或做得更好。“布鲁斯可能很容易就达到温格今天的地位。”亚当斯说。

第八章　布鲁斯

在平行宇宙的某个地方，在阿森纳待了一个还算成功的赛季后，布鲁斯·里奥奇没有被裁掉。接下来的就是阿森纳的新老板打算通过签下丹尼斯·博格坎普和大卫·普拉特来建立一个崇尚进攻的球队，从而摆脱阿森纳踢乏味足球的声誉。伊恩·赖特在霍德尔1996年执教过的切尔西曾是卸货员类型的球员，但他的替代者阿兰·谢勒却是一位像海布里传统中的特德·德雷克和汤米·劳顿一样的古典中锋。他将会从博格坎普、新葡萄牙中场鲁伊科斯塔以及从阿贾克斯买入的奥维马斯那里受益。奥维马斯的任务是从边路向他输送炮弹。由于具备合了英格兰和欧洲大陆的天才球员，阿森纳的阵容让人有些惊讶却又垂青。同时，曼联将会稳固他们作为英格兰历史最成功球队的地位，并会在1998、2002和2004年赢得联赛冠军。

事实上，里奥奇可能做得更糟或做得更好。“布鲁斯可能很容易就达到温格今天的地位。”亚当斯说，“很容易，在不同的时间，不同的地点，但我真的让他失望了，梅森也一样。我曾经对布鲁斯说过对不起。我当时花了更多的时间在酒吧而不是在训练场。他本可以成功，但他没有机会那么做，因为俱乐部的队长没有与他并肩作战。而其他的球员也有些问题。但他爱丹尼斯，我能看出这一点。”

我们将永远不会知道这一切是否会发生了，因为就在1996/1997赛季之前，前苏格兰队长以及博尔顿的主教练被叫去海布里开了一个会。布鲁斯现在已经退休并居住在康沃尔，他在加入阿森纳没多久已经意识到董事会只是将他看作一个临时约会的对象。他回忆说：“主席彼得·西尔伍德从奥古斯塔回来，我记得，他叫我进办公室，还有常务总经理弗莱尔一起。他们只是对我说，我们要‘分手’了。我并不惊讶。阿森纳在之前就有一些关于温格的谈话已经让我意识到了些什么。我知道有些事一直在幕后进行着。”

众所周知，布鲁斯与伊恩·赖特发生过争执，而赖特是俱乐部的头号射手。在季前赛对圣·奥尔本斯的比赛后，布鲁斯在更衣室里叫赖特“香槟查理”，而他们的关系从此没有缓和过。布鲁斯说：“如果我实事求是，可以说：‘也许你在那里犯了一点错误，也许我没有必要在团队面前对你严词责备。’我一点不怪伊恩。我会更多责备我自己说：‘你在那个场合没有用正确的方式表达。’”

与心理焦虑的球员共事，他也很困扰：“当时有很多人都有一些难处，我们有一次去瑞典参加季前赛的时候，我们不得不把心理顾问一起带去，那是为了某些队员。顾问们不得不和球员们合住房间。我记得有一个心理顾问对我说：‘这个俱乐部存在的问题远比你意识到的要严重得多。’我不会说是谁，但有球员在训练前含着眼泪找到我，因为他们想到去自杀。而我不是一名心理顾问。我想我确实这么说过：‘在这家俱乐部我作为一个类似马乔里·普鲁普斯的人的时间要比作为一个教练的时间长得多。’有些小伙子们非常棒，但有一些有问题。不是坏，只是说他们有些问题。”

到那时为止，布鲁斯在许多方面做得很棒。大卫·邓恩为俱乐部买来了丹尼斯·博格坎普，英格兰的队长大卫·普拉特从桑普多利亚被签来。阿森纳将会踢得更开放，球队自然会踢更多带有传切配合的比赛，与他们在乔治·格拉汉姆时代有所不同。在1995年，俱乐部以第12位的排名结束赛季。次年，在布鲁斯的带领下，他们以第5名结束比赛，并晋级到欧洲联盟杯。

“当你从乔治·格拉汉姆这样的人手中接手队伍后，你当然要保留一些他们原有的东西。”布鲁斯说，“所以我们保留了教练组，但我也想加一些我自己的球员，丹尼斯和大卫·普拉特是首选，但还有其他我确定想要的球员，比如鲁伊科斯塔、马克·奥维马斯、阿兰·谢勒等，还有一些教练组成员，比如史蒂夫·伯滕肖、斯图尔特·休斯顿、乔迪·阿姆斯特朗和帕特·莱斯。所有人都说：‘别碰后卫线，但我们的球队缺乏进球。’阿兰·史密斯已经退役，凯文·坎贝尔和斯特凡·沙瓦兹已经离开了球队。当我把我的博尔顿队带到阿森纳（主场）时，我在杯赛中3：1战胜了他们。我觉得球队需要有更多有创造性的球员。”

丹尼斯不知道布鲁斯的计划中包含了出售赖特以带来谢勒和鲁伊科斯塔的条款。他说：“我从来没有听说过！阿兰·谢勒在当时当然算一个大牌球员，伊恩·赖特也一样是个大牌球员，我真不知道那应该如何操作。有人在幕后操作，我不知道他们买这些球员是不是认真考虑过。我认为布鲁斯是在想着踢英式进攻足球，一个前锋在前面，另一个拖后。但以我踢球的方式，我认为我会充当影子前锋。”布鲁斯购买球员的权利是有限的，由于乔治·格拉汉姆的丑闻事件，教练对转会的部分只有很少的控制权，而转由邓恩和弗赖尔来操作。

然而，海布里的人们已经开始享受起阿森纳开始踢出的这种更具吸引力的足球。变革是不是从那一年就已开始了，直到温格的不败一代成型？布鲁斯自己既谦虚又慷慨地说："怎么说呢，有一点吧，但那只是踏上阶梯的第一步。当我去阿森纳时我自己这么想：'我正与英国足球中最伟大的俱乐部之一在一起，所以我必须把它建造成伟大的球队，也就意味着不只是赢得一个奖杯或一项荣誉，而是让人们记得它。'那是我的哲学也是我想要达到的。但最肯定地说，当你看到温格最终建立起的这支球队时，每个在过去的15年中涉及足球的人都会看着这支球队说：'哇噢！'我认为我们都会认同那支球队很惊人，我的意思是绝对的惊人。对我而言，那就是我为之努力所想要达到的。"

伊恩·赖特，一个非常不喜欢布鲁斯执教因此递交了转会申请的人，自然很高兴看到他离开。

丹尼斯惊讶、生气并失望："我喜欢布鲁斯并和他相处得很好，不同的人有各自的想法，这很正常。但当我来到英格兰时，他是我的教练，他帮助了我很多，而我只是刚刚走上正轨。在那个赛季（1995/1996），一切对我而言都是个新的变化。我在改变我的风格、我的想法、我的私人生活。我的妻子第一次怀孕了，我在酒店住了6个月，我在一个新的国家，我脱离了意大利那种带着手铐般不能表达自我的生活，我来到英格兰，一切都好极了。我想，我能再一次绽放，但需要一两年的时间。"

布鲁斯支持了他，鼓励他踢出自己的风格，教了他关于英国足球的很多事。丹尼斯说："在第一年，很多好事降临在我身上，而他是其中的一部分。他是我的教练，他教我如何适应在英格兰生活以及英格兰的比赛风格。如果你问我的话，我会说他是我共事过的最好的教练。我想布鲁斯也会这么说，不过这并不重要，因为他当时就是如此。最后每个人都继续向前迈进，而我对他只有美好的回忆。

"对我而言，布鲁斯是个好人，非常积极，非常友善。所以当他在第二年季前赛被炒掉时我非常惊讶。这对我而言也很奇怪，很难解释。我从一个不同的国家来，又在第一年表现不错，想在这基础上更上一层楼，当时真的已经准备好更进一步，但突然教练被炒了鱿鱼，在没有任何警告的情况下，与俱乐部没有任何商量的余地，但只有一小部分人知道为什么会发生那样的事。特别是在进军了欧洲赛场后，那真是个打击，而我当时也很生气，我认为：‘这又同在意大利一样了。’俱乐部许诺之后却突然走向了另一条路。”

* * *

大卫·邓恩没有安抚你吗?

丹尼斯：他做了，我记得他说“保持冷静，和我们在一起，好事会发生的，会发生改变的”。在某种程度上来说，那足以让我留下来了。在那时，我曾说过离开阿森纳的想法划过了我的心头，因为我真的很生气。但在两年国际米兰的经历之后，我只在自己十分喜爱的英格兰踢了一年，离开阿森纳意味着我得去英格兰的其他俱乐部，而那不是我的作风。我需要一些时间来安顿生活，我不想赌注太大。我听说温格要来，当时这还算是有点秘密的消息，但有了传闻，而我知道他在摩纳哥打的是攻势足球，同阿贾克斯的4-3-3一样，所以我的确冷静了下来。

布鲁斯在那时显然非常受伤。你现在如何看?

丹尼斯：我在那时候感觉非常的难过，我不知道发生了什么。我和我的妻子一起去看了他，不是为了“告别”或什么别的，而像是“发生了什么”以及“你感觉怎样”那种感觉。我认为来阿森纳对布鲁斯来说是迈出了很好的一步。对他而言是个学习的好时机，但在一年后就离开，则……我想如果他坚持2到3年的话，他的职业生涯会有很大的跨步，而他可以在那时候去更大的俱乐部。

* * *

布鲁斯自己说他没有遗憾："当我回首看时，我享受去阿森纳的机会。我享受在那里与球员工作的机会，而能与像丹尼斯·博格坎普这样的人一起同舟共济太美妙了，那真的很棒。"

“当然，我当然有一个计划。但我不会到处嚷嚷我有这么个计划！”

第九章　计划

“我常常想：阿森纳在想什么，在我来之前，这里是乏味的阿森纳。然后他们买了我和大卫·普拉特。他们的目的是什么，他们对未来有什么打算？”

* * *

一定有人告诉过你吧，丹尼斯？

丹尼斯：没有。戴维·邓恩和布鲁斯·里奥奇说的话类似“我们有很大的计划”以及“我们想要向前进”，还有一些诸如此类的话。但每个人都这么说，所以我想“好吧，好吧，无所谓了”。我没有把这些话当真。这不像阿布拉莫维奇来切尔西直接说：“我想赢得英超联赛和冠军联赛的冠军，这些是我想要买的队员等等……哒，哒，哒，哒……这里是钱，如果它不奏效，我要买年轻球员，然后换一种方式……”我的意思是，从一开始就有一个蓝图。当曼苏尔酋长到了曼城，我确信是像这样的：“这是10年计划。”所以我想知道的是：阿森纳在当时的蓝图是怎么样的？是只让布鲁斯执教一年？那是不是早就已经安排好的？是不是阿森纳早就已经想过引进外国球员和外国教练，并改变踢球风格？计划是什么？

* * *

在1995年12月，就在阿森纳的前任主教练格拉汉姆因从一个挪威经纪人那里获得非法收入而被解雇后不久，托尼·亚当斯接到一个电话：“我在开往旺兹沃思的路上接到这么一个奇怪的电话（那头是一种老的伊顿公学的口音）：‘噢，托尼，是我，主席在和你说话。’他以前和我谈过3次话。‘滚蛋！’我说，‘你是谁？’‘不，托尼，是我，彼得！彼得·西尔伍德，托尼！’他是从美国打来的电话。‘我听说有些事情在困扰着球迷们，别担心，好的人选已经在路上了。球队会回到正确的轨道！呔嗬！（吆喝声表示发现了好猎物）我先挂了回见！守住要塞！’”

* * *

他说“守住要塞”？

亚当斯：“守住要塞，托尼！我就回来了！”这太奇怪了，我把电话打了回去并打算去和他碰个面。

* * *

亚当斯，俱乐部的队长，身处于格拉汉姆被解职所引发的混乱之中，那段时间他酗酒成性，并接到了弗格森的电话，希望把他签去曼联队。有消息称中场球员保罗·梅森在先前的11月沉迷于可卡因与酒精，而戴维·希利尔则因在伦敦希思罗机场盗窃行李而被判有罪。自从在1991年赢得冠军后，阿森纳已坠落了。同时，他们的踢球风格变成了某种英式4–3–3阵型，必须依赖于坚硬而密集的防守和伊恩·赖特这样极具天赋的射手。“我们将会变成一个很适合赢得杯赛的球队，但我们距离联赛冠军很远，当时真是十分混乱。”亚当斯回忆说，“丹尼斯来到了这团混乱之中，他可能会想：‘天呐！我做了些什么？’大卫·邓恩当时负责着俱乐部，可能会持续告诉他‘别担心’。事实上，在意大利的经历过后，丹尼斯以为阿森纳很好很稳定。哈哈！真的吗？不！我认为当时丹尼斯会有自己的想法，但我所处的位置是挺黑暗的。”

有一个计划存在吗？亚当斯去找俱乐部高层寻求未来的保证：“我记得我走进去说：‘我受够了，我们去花32.5万英镑签格伦·赫尔德这样的球员太荒谬了！我们的野心是什么？’我在当时不知道有多少钱已经被丹尼·费兹曼注入了俱乐部。他们说：‘不要担心，我们有野心，一切都在控制之中，我们将会买一些好球员，从而提高到全新的水平，而你将会得到一份新的合同。我们会好好照看你的。我们认为已经确认了一名新教练。’那是指温格，一个能比得上格伦·霍德尔的人。我认为任用布鲁斯里奥奇只是权宜之计。”

邓恩继续说这个故事：“因为我们要在欧足联和国际足联代表英格兰出战，而我在那些圈子中游走，我看到世界上正在发生什么，我认为英国足球必须改变，必须在许多方面向前进。球员们必须把他们的生活方式变得更职业，更专注，更认真。”他们的生活方式需要改变，而比赛本身也不得不做出改变，之前太过平庸与乏味了。邓恩说道：“当我们得到了丹尼斯，我们意识到我们有一个足球天才，他绝对会改变英格兰的足球。”

* * *

但那不是你的计划吗？

邓恩：我认为俱乐部需要提升到下一个层次。

什么样的层次？

邓恩：我们选择温格的一个原因是我们意识到他会改变整个俱乐部，他也立刻用他的训练方法做到了。

有过一个蓝图吗？你是否知道你会造就一个新的伟大的阿森纳，并踢出了全攻全守足球？

邓恩：不，它是演变而来的。签下丹尼斯是朝正确方向迈出的一步。为了让俱乐部在球场上更上一层楼，我们需要更好的球员、技术出色的球员。丹尼斯是其中的一个，但是，会被引向哪里，在那时真的没人知道。我了解温格，我了解他执教下的足球的风格，我认为温格与丹尼斯的合作无疑会改变阿森纳俱乐部的足球文化。

* * *

布鲁斯·里奥奇在1996/1997赛季开始前被解除了职务，而温格在几周后到来接手了他的工作。肯·弗莱尔回忆起一段与新教练在早前的对话：“温格问在俱乐部里有两个外国人是否可以？我说‘球迷们不会介意的，只要球队能赢球’。我认为公众把我们签下丹尼斯看作积极举动。”

但董事会没有规定也甚至没有想到什么样的风格会浮现出来?

弗莱尔:我认为不会有人在开始就想“我要改变一切”。俱乐部之所以得以发展是因为我们所拥有的球员。与其说是革命不如说是一种进化。我们只是拥有了这些球员，而他们开始了这一切。

* * *

托尼·亚当斯见证了这支20世纪90年代末伟大的阿森纳如何成型的过程，他认为是一系列愉快巧合的结果。

亚当斯说:“没有蓝图，没有计划。没有人说过‘我们要打全攻全守’，那更多的是一种瓜熟蒂落的感觉。布鲁斯·里奥奇来了，他有他的想法，但他并不走运。老的训练场烧毁了，所以我们建了一个新的。我曾经酗酒，后来我戒了酒，接受了这些新的知识也收获了健康。所以我不再去酒吧而开始享受与丹尼斯一起踢球，享受训练，享受自由地踢球。这一切都在同时发生了。而丹尼·费兹曼在其中所做的贡献是必须公认的，因为他把资金带入了俱乐部。你知道，足球是关系到钱的运动，球员为了钱而奔走。我的年薪从30万英镑涨到了100万英镑，那是我从未有过的好合同。在乔治·格拉汉姆手下时，俱乐部没有这种标准的财政状况。和后来相比，之前像没挣钱一样。没有丹尼·费兹曼的钱的话，我们不可能拥有丹尼斯或大卫·普拉特或温格。我也不会继续待在俱乐部，大卫·希曼也不会留下。鲍尔迪(史蒂夫·鲍尔德)得到了他最好的一份合约。奈吉尔(温特伯恩)也同样得到了他最好的一份合同。没有温格，我们就不会有帕特里克·维埃拉或尼古拉斯·阿内尔卡或从那个未敞开的市场上得到任何其他的法国小伙儿。这一切都不会发生。这不只是一件独立的事情或能由一个人决定的。”

随后我们去找了温格，他是当时正在日本工作的法国教练大卫·邓恩在董事会任命布鲁斯前就想要的人。邓恩回忆说:“我在8年前遇到过温格。当时他在摩纳哥。而我最终在1996年签下了他。他不知道自己一直以来都被我注意。我曾经常去摩纳哥，他会邀请我去看比赛，我看到他是如何使球员们互相影响，他就是有不同的风范。”

* * *

是否有一个计划存在？产生伟大阿森纳的过程是什么？

温格：产生伟大阿森纳的过程是我一步步地改变每一个球员，使他们成为技术型球员。

首先是提高现有的球员，然后当他们被替换时，就用一个能在攻击上做出更多贡献的球员，从后场开始，构建比赛。比如科洛·图雷、劳伦、阿什利·科尔，并引入巴西球员比如吉尔贝托·席尔瓦、埃杜等，从而逐步地改变整个环境。让每个位置的球员都能踢两种比赛，进攻与防守。

很全能？

温格：是的，很全能。那就是计划所在，在每个位置我们都能找到可以完全承担这一切的球员。

但你不会告诉人们或演讲说：“这就是新的哲学，这就是我们要做的？

温格：当然，我们很多时候会去谈论这些，但我想某个哲学应该通过训练来体现，以及由在训练中所做的事来决定。所以我做了缓慢的改变，当我来到国外我必须试探自己能走多远。因为我所处的位置不是某个前任大师的接替者之类的角色，我是个未知的角色。我像一个英国人去波尔多企图解释如何做葡萄酒。一个法国人来到英国向人们解释如何踢球？他们会说：“你是谁，你想干吗？”

所以，你必须小心行事？

温格：是的，我一步接着一步。

当时有过什么抵抗吗？

温格：好像没有，应该说，没有。每个国家都有自己的问题。每个俱乐部也有自己的文化。而这个文化过去越成功，改变就会遭到越大的阻力。因为如果你无法立刻成功，人们就会质疑你到底想干什么。那就是我所说的，必须慢慢地改变。今天阿森纳因踢高水平的技术足球而闻名，但如果倒退20年，就不是这么回事了。这就让你看到了改变与制订的方向已经奏效。但那是循序渐进慢慢地完成的。

所以你的确有一个计划，你只是没有完全展示出来？

温格：当然，我当然有一个计划。但我不会到处嚷嚷我有这么个计划！

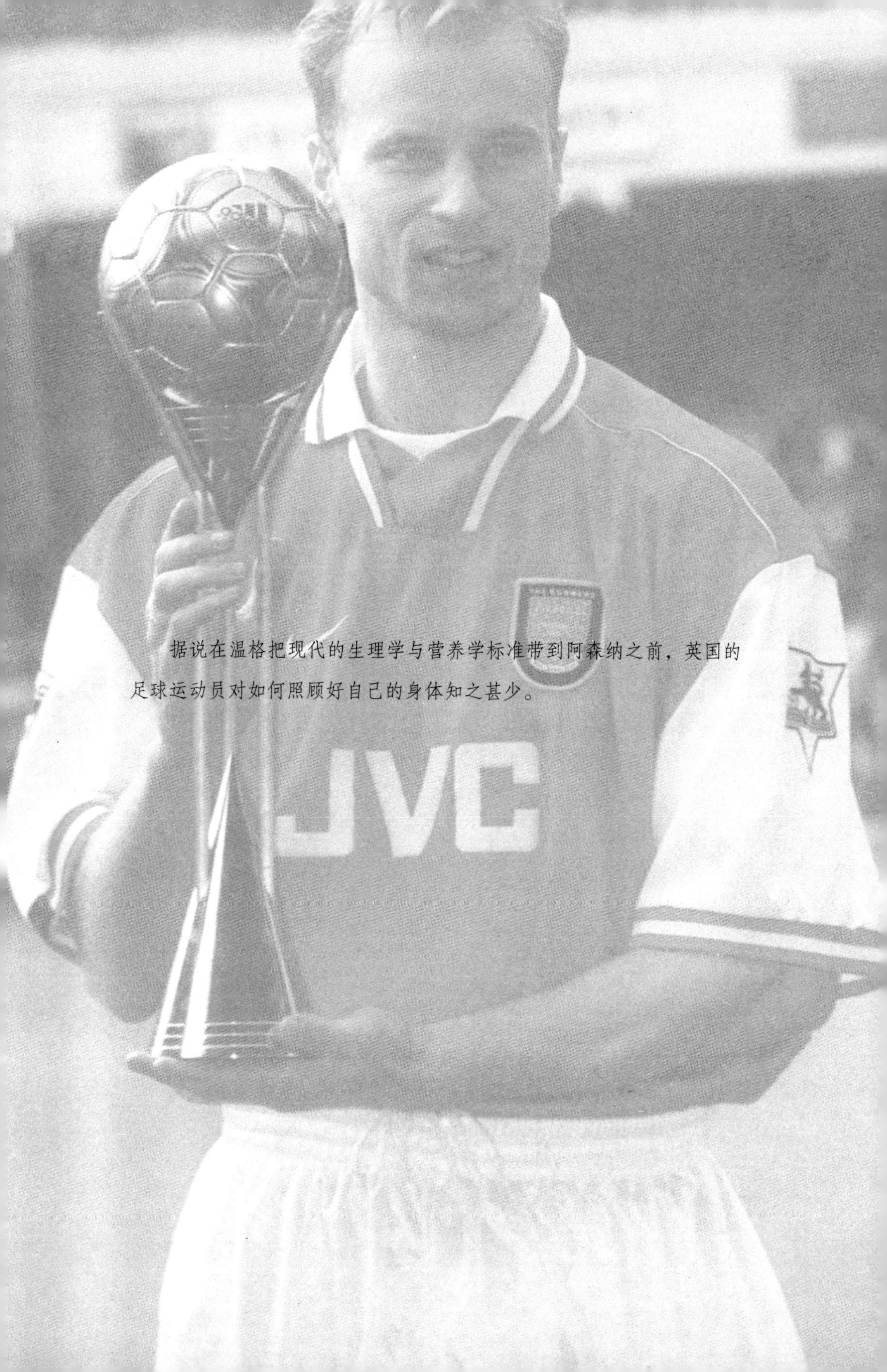

据说在温格把现代的生理学与营养学标准带到阿森纳之前，英国的足球运动员对如何照顾好自己的身体知之甚少。

第十章　身体很重要

据说在温格把现代的生理学与营养学标准带到阿森纳之前，英国的足球运动员对如何照顾好自己的身体知之甚少。托尼·亚当斯否认说："有人说，戴维·普拉特从意大利回来以后才给我们带回了按摩技术。但是戴维·奥利里在20年前就已经开始使用自我按摩技术了。这就是为什么他的职业生涯延续得如此之长的原因之一。但我也不是要说温格在我们的身体层面，比如准备与恢复等方面没有教会我们什么。他在那方面非常出色。他是一个生理学家，那是他的长项，他是业界做得最好的。但我也记得一本罗伯特·汉斯医生的书，书名叫《食而赢》（*EAT TO WIN*）。我们在1987年就有那本书，早在温格来英国之前。好吧，我们确实曾经喝20品脱的啤酒，但至少还吃了意大利面团。"

加里·勒温是一个非常受人尊敬的前阿森纳理疗师，他现在正在为英格兰国家队工作，回忆起很多关于那些"美好而艰难的峥嵘岁月"时的不健康的生活习惯："那可是被清清楚楚地记录了下来啊，格拉汉姆喜欢把球队带出去长达一周，去某个地方逍遥，肯定会喝酒。我们在全世界都会遇到这个问题，但这是文化的一部分。你和任何一个老的利物浦球员谈这事，他们会告诉你在他们赢得所有的欧洲冠军的过程中，喝酒是不可缺少的一部分。那是球队粘合的一部分。在比赛前我们经常在更衣室喝一瓶白兰地，以便球员在上场前能畅饮一番然后一鼓作气上场。那不是单纯的喝酒，那是一种老派的做法。而在比赛后你带上巴士的第一样东西肯定是一箱啤酒。”

除此之外，球员们吃的食物以今天的标准来看更是离谱。加里·勒温说：“即便是丹尼斯来了以后，球员还在赛后吃鱼和薯片。在球员更衣室里有巧克力能量棒和豆形软糖。在那个时候，我们知道去遵循科学，而科学告诉我们，迅速补充糖分能带给人能量。现在这自然已发生了巨大的变化。但在格拉汉姆的时代，我们会在回家的路上吃鱼和马铃薯。而像利物浦和曼联这样的球队却被鱼和马铃薯们给缠住了。当他们来海布里后，他们会给我或者配置员一张关于鱼类和土豆的菜单，那是为赛后准备的。然后我们会把清单发给阿弗内尔路与吉莱斯皮路拐角的土豆店，当他们出来的时候就能在那里吃晚饭了。这些事情直到丹尼斯到来以后也在持续进行。当然，他从不参与饮酒，他对吃的东西很小心。然后，随着温格的到来，一切都彻底改变了。训练、食物、饮料，一切都变了。”

丹尼斯回忆起自己是如何被吓到的：“当然，我在更衣室的时候已经发现很多事情有问题。我记得，我第一个赛季的季前赛吃的是涂满了番茄酱的豆子、培根，和炒鸡蛋……我对此无法理解。而当着教练的面，有的球员会吃土豆片和巧克力，那就是当时的英格兰。我没参与其中，我只是想：‘我不能那么做。’随后我便带自己的（健康）食物去。在阿森纳的第一次季前赛时我们去了瑞典，安排是一日两训。第一天晚上，我和我的妻子看到八九个阿森纳队员坐在酒吧外，喝着啤酒。我心想：‘这真是难以置信！你们刚上完两节艰苦的训练课，为的就是接下来的赛季，而你们现在就坐下来喝酒？你们在那里干吗？’

“有趣的是，你不会在训练中察觉到他们喝酒了。因为他们依然表现得如此强壮。有时你会在早上闻到酒精味，但你无法从他们的表现中察觉，因为他们总是百分百投入。但我认为：‘你不能这样对待你自己的身体。’我以荷兰和意大利的职业文化来看，喝酒这事是很严重的。当然他们也有一些球员会抽烟，所以我花了一些时间去适应。但我觉得去尊重一种不同的文化也是有必要的。如果球员因喝酒错过训练，我会不高兴的，但如果他们拿出自己百分百的状态、以职业的方式参加训练，我能对谁说‘这对你不好’？我不会批评任何人。他们也能尊重我（在饮食上不与他们打成一片）的选择。可能他们看到我的表现与我的饮食有关。可能他们能从中学到一点，但真正的变化是从温格强迫大家把不同的食物都放到桌子上开始的。突然之间，酒店里的小冰箱都空了，也没有房间服务了，这当然对球员有益。

“对我而言，职业体育就是一种职业理念。身体准备得越好，工作中就能表现得越好。任何工种中都是这样，工欲善其事，必先利其器。在足球领域，如果你超重了，如果你不够快，如果你在赛后没有迅速地恢复，好吧，那对我而言就是做得不够好。没有研究表明：‘别担心，垃圾食品对你有益！再吃个汉堡包，来6品脱啤酒！’所以我认为他们去喝那么多酒又吃那么多那种食物简直是疯了。而俱乐部却默认放纵。然后温格走到另一个极端，他有些越界了。一开始，赛前餐太无聊了，蔬菜没有调味料，加上白煮鸡……噢！拜托！我的意思是，我想要一点点味道，这也太乏味了！后来慢慢变好了，也不得不变好，因为有心理方面的因素。通常你只吃你喜欢吃的东西，如果那对你有害，你就必须找到某种平衡。但你吃的东西必须让你自己感觉良好。所以在训练场，他们开始用一点比如说代糖的甜点什么的，而不是精炼的糖。而食物也开始有点味道了，最终他变得越来越好了。但一开始的那几周就像‘嘭’。那即便是对我而言也会感觉有点震惊的。”

新的饮食条例中，丹尼斯对一点不太赞成，那就是使用矿物质和维生素补充剂。加里·勒温说：“温格觉得由于赛季对体能的消耗，球员需要维生素C饮料和维生素B片。扬·罗吉尔是一个来自法国的营养师，他做了血样和头发测试，可以检验球员缺乏哪些矿物质和维生素。但丹尼斯真的不喜欢这样（靠纯粹的科学指标而吃增补品），这不是他的风格。他觉得他吃得很健康，不需要补充这类东西。但他和温格没有为此争论，因为温格在这方面同丹尼斯很像，也是一个能变通的人。罗吉尔会在血液测试时坐下来与每一个球员说：‘你哪方面指标有点低，所以我想让你补充些这个或那个。’丹尼斯说：‘我不喜欢用补品。’罗吉尔会说：‘好的，那样的话，我们需要想别的办法。’所以他想请丹尼斯吃更多的动物肝脏、菠菜或其他什么。对整个球队都是如此。约1/3的球员并没有把罗吉尔给他们的所有补品都吃掉。另外一些人吃了一点，还有一些球员，我带着应有的尊敬来描述的话，是属于那种一切照做的人。”

丹尼斯对于伤病治疗的方法很独特，也与英国的传统很不合拍。首先，他对肌肉、韧带以及身体的其他部位如何运作很着迷，就如同他在阿贾克斯的理疗师皮姆·范多德早年发现的一样。皮姆说：“即便作为一个年轻球员，丹尼斯也总是想去学习有助于他了解伤病的每一件事。这很与众不同，因为他自己似乎从来没有受过伤。”勒温也被他（对待伤病治疗）的态度震惊了：“丹尼斯比其他任何我见过的球员都更注意观察自己的身体。我是指医学层面上的观察。比如，他会说：‘我的小腿感觉很紧绷。’于是我会对他说如果训练的话可能会有风险。但丹尼斯会说：‘不，我知道这感觉代表什么。我今天能训练，不过当我感觉有点紧绷，我会告诉教练。’”

当被问到是关于什么内容时，勒温回答道：“怎么说呢，丹尼斯的想法是：‘给主教练和医疗组讯息，他们会自己做决定。我也一样。’但在旧的英国足球文化中，如果你受伤了，你不会说出来。总是有人和你说：‘不要展现出你柔弱的一面！’你不希望给教练任何的理由来剥夺你的上场权。那些日子依然是适者生存的年代。你永远不会得到一副担架，你得像伯特·特劳特曼那样，即便颈部受伤也要在杯赛的决赛中继续踢球。别去担心什么长期的后果。”他还记得发生在鲍勃·威尔逊身上的事，那是在1972年：“鲍勃绝对是在一场杯赛的半决赛中害惨了自己的膝盖。当他极其痛苦地倒在地上时，其他的球员向他谩骂：‘该死的，快起来！你没受伤！你个妓女！’可是鲍勃的膝盖真的严重损伤了！这缩短了他的职业生涯！而他们却在谩骂他。”

鲍勃确认说：“那是在维拉公园球场对阵斯托克的比赛，我当时立刻意识到那是很严重的伤势，伤到了软骨和肌腱，我本想继续踢下去，但我已经彻底无法支持而且完全无法守门了。但那个时代没有替补门将，所以每个人都希望我扛下去。博迪·梅（教练）说：‘你以前带伤完成过比赛，所以加油！维洛！你能做到！’我记得彼得·斯托雷站在我身边，骂我是个‘懦夫’。那次受伤的影响甚大：我现在走路还一瘸一拐的。”

勒温继续说：“那就是70年代的足球文化，即便到了90年代它依然存在。我见过托尼·亚当斯在骨折或韧带撕裂的情况下继续比赛……他会说：‘我必须继续踢！必须继续！’他很好强，和后来的约翰·特里有点相似。”

* * *

那不是丹尼斯的方式？

勒温：丹尼斯会说：“好吧，事实上我正进行着自己的足球生涯，我不想由于一场比赛而损害到它。”他也会为球队着想。

在1998年赛季末，丹尼斯有些肌肉劳损。他是否能在杯赛决赛中对阵纽卡斯尔？如果他们赢了，阿森纳能夺得他们自1971年来的首个双冠王。丹尼斯急切地渴望能上场比赛。

勒温：我们通过了所有的恢复训练与跑步等环节，他感觉很棒。在周五他还在正常训练，期望能在周六上场比赛。他正在训练，在大约40分钟后他停了下来说：“教练，我感觉不好。”我走过去说：“（肌肉）是不是又一次绷紧了？”他说：“不，但感觉不好。”然后他说：“我明天不能去骗那些队友，因为那不仅仅是我一个人的比赛。”我真是有些瞠目结舌，通常球员会说：“瞒过去，我会因此得到首发位置，如果我中途下场了，至少我在杯赛决赛上过场。”但是丹尼斯了解他自己的身体和极限所在。他也知道球队与球迷对他个人的期望。你可以把这称为教条或者诚实，但我看到的是他能观察并意识到自己的身体情况。从一个医学博士的视角来看，这是一种梦寐以求的与球员之间的工作关系。

他从来没有过任何严重的长期伤病，只是一些足球运动员常见的伤病，腘绳肌、大腿、小腿，两到三周即可痊愈的伤，不会比之更严重了。修复训练时，球员们通常只会问：“需要花多久？”丹尼斯想知道的是：“我什么时候进入慢跑环节？我什么时候进入直线跑环节？”然后他就会有条不紊地开展训练。别的球员把一切都推在理疗师身上，他们不去承担责任。他们只会说：“OK，我们今天应该做什么？”然后抱怨那太多了。丹尼斯则会讲明白。让我们这么说，假设我在计划一个6分钟的慢跑而非直线跑，他会说：“我想我还没为此做好准备。”而我会说：“OK，让我们先开始慢跑，如果你感觉不到有什么异常，我们再做一组6分钟的慢跑，以这样的速度看看你的反应。如果你没有反应，我们明天再进一步。”“好的，那么我们就这么办。”他总是对周围的一切观察细致。你能看到他控制比赛速度的手段。那就是他们在荷兰和意大利谈到的。反之在英格兰，通常全是以一个节奏贯穿90分钟。丹尼斯能通过控球和传球来减慢比赛节奏，然后在需要时再将其加快。

丹尼斯带给俱乐部的另一点是他的教育以及他认为作为一个普通足球运动员应有的习惯。如果训练在10点30分开始，他通常10点以前就到，一般是9点45或9点半。他会检查他的装备。如果裤子不对，或者袜子有问题，他会让衣柜管理员维克·阿克尔斯更换。并不带有敌意，只是“维克，你有没有这样的某某”或者“我能否要一双那样的某某”。他对鞋的要求很细致，我从来没见过一个球员像他一样完全知道自己需要从鞋子上得到些什么。他会让公司为他订制球鞋。要知道这可是一个球员为乐趣而不停更换球鞋的年代，但丹尼斯很传统。他在季前赛穿上一双鞋子然后会在整个赛季都穿着它们，因为它们是他的战靴，很舒适，如果你改变了战靴就会改变你自己。你可能认为这有些迷信，但我认为这是我所说的“好习惯”。改变东西，哪怕是细微的东西也会影响你的身体、精神和技术发挥。

他对绷带也一样，他是我见过的第一个在周中不缠绕绷带但在周末比赛时缠上绷带的球员。我觉得这很有趣。从医学角度上来说，我不希望球员们缠上绷带，除非他们不得不那么做。绷带能防止扭伤脚腕，但通常如果一名英格兰球员习惯于缠绷带，他会在他整个职业生涯中都延续这个习惯。但他那么做不是为了医学需要。部分是种迷信，部分是因为他认为：“如果我有了绷带就不会扭伤脚腕的话，那么我就缠上。”球员不理解的是当他固定了一个关节，他便限制了自己的移动范围，会影响自己的知觉。我们称其为本体感受，那个通过该骨节点传递的知觉会影响他的平衡感，也可能影响……一切。所以丹尼斯做的是在训练时不用绷带，因为他希望有整体感受，而之后到了正赛的时候，当受伤的风险增加3倍时，他缠上了绷带。为的是保护他的脚腕免受抢断或踢踹的伤害或者扭伤。我之前从未见过别的球员这么做过。那是一个我从他那里学到的案例。

* * *

（丹尼斯对自己的行为被勒温列入“好习惯”而感到好奇，我告诉了他一个比尔·香克利在利物浦当教练时的故事。）

勒温谈到的旧时英格兰足球文化的话题让我想起了比尔·香克利在利物浦时曾用一种轻视的眼光看待受伤的球员。当有一名球员膝盖受伤时，香克利发怒了："把绷带拉开！你说你的膝盖是什么意思？这是利物浦的膝盖！"

丹尼斯（惊呆了）：我不知道这是什么心理状态，但我想我永远不会接受的。身体是自己的，我能判断自己是否能踢球。教练员必须把决定权交给球员自己。我在那方面从来没遇到过问题，我总是想要比赛，但我不会说球员感觉身体总是完美的。你去问任何一个球员："你是否有过不带伤痛踢球的经历？"当然没有！总会有些什么伤痛，但如果你已经在地上爬了，那就不同了。如果你感到有些问题但那不会带来长期的伤害，那没问题，你必须继续踢球。

即便在我的年代，当我来到英格兰时，让一个球员不顾一切地去踢球的概念已经不被接受了。我知道那种照片中特里·布切尔头缠绷带、满身是血的形象。但是要让一个球员在场地上一瘸一拐或无法奔跑？绝对不行！你需要一个百分之百状态的球员。

这就是你为什么错过1998年杯赛决赛的原因吗？

丹尼斯：直到赛季结束我的肌腱都一直受着伤病的困扰，我缺席了之后的几场联赛，包括对埃弗顿的比赛，在那场比赛中我们赢得了冠军。之后的一周是足总杯决赛，所以我把我的理疗师，罗布·欧德兰德从荷兰请了过来，和我一起工作。加里·勒温表示没有问题。他真的是个很开明的人，我很欣赏这一点。整个星期我都在感觉越来越好。我甚至错过了我妻子兄弟的婚礼，因为能在温布利踢足总杯的决赛是我还是个男孩时就有的梦想。那是我的第一次机会，谁知道会不会有第二次呢。在星期四，我感觉不错。身体亮起了绿灯！我能办得到！但周五是球队训练，我们想："好吧，我们等到那之后再做出决定。"我主罚了一个任意球，随后我的肌肉又一次僵硬紧绷了起来。我当时也想过那并不是赛季的终结，因为在那以后就是世界杯了。第二天早上，我之前的感觉被证明是正确的，情况变得更糟了。我连走路都感到疼痛，所以要上场是真的不可能了，我不能踢了。

加里谈到了我的职业生涯，没错，我确实有野心在最高水平的联赛中踢得时间越长越好，去享受比赛，奉献一切，让我的名字载入史册。想成为最好的，想创造历史，只有长久地踢球才能做到，而如果想在高水平的联赛中做到，就必须保持健康。另一方面，我知道在旧时英国的理念中对男子气概的定义，但我也知道有些球员为了这一点而做了他们不应该做的事。

（皮姆·范多德，阿贾克斯的理疗师，也是丹尼斯的一位亲密的朋友，他的职业生涯就是由于跟腱损伤后注射糖皮质激素而被毁掉的。丹尼斯视其为前车之鉴。）我知道当肌肉问题发生时，如果通过注射缓解，我会感觉不到疼痛，但它可能会撕裂。我总是说："我不会去接受注射。我想感受到自己的身体的真实状态。我想要知道发生了什么。"如果某种伤病，注射不会让病情加重，那我才会接受注射。我的膝盖处接受过几次，在国米时我的腹股沟也接受过几次注射。当我在阿森纳时，有一次脚趾出了问题，并通过注射踢了4或5场比赛。他们注射的挺深，我当时真的感觉很疼痛，随后我的两个脚趾失去了知觉。但那还行，因为是在我的鞋里，没有太大问题。我知道什么会让我长期损伤或短期损伤。我从不接受注射可的松（肾上腺皮质激素）只为能踢上一场比赛，但如果用它来治疗则另当别论，比如"用这个可的松（治疗），但3天内不要参加训练"。

你是如何懂得医疗方面的知识的？

丹尼斯：我一直对理疗很感兴趣，即便不是理疗，我也一直对身体如何工作很感兴趣。我想了解身体的结构。肌肉是如何工作的？这是最有趣的问题。我在学校学了两年理疗，即便在我签署了阿贾克斯的一队合同后，我还继续学业，同时兼顾职业足球。我总是想在运动方面做些什么，以便在我的职业生涯结束后我能成为一个理疗师之类的。至于说这个想法是从哪里来的，我真的不清楚。

加里·勒温成为理疗师是因为一次伤病终结了他的职业生涯。我正在换一个角度去想象：你代替他受了伤，他是球员，你在他受伤时跑上球场去帮助他……

丹尼斯：（笑）我总是去感觉我的身体需要什么，如何为自己做准备，这一直持续到我职业生涯的后期。我对食物、睡眠都处理得不错。我会好好休息，并很爱谈及我从来没有受过重伤，那是因为我总是把我自己的身体照顾得很好。另一方面，也是因为我很幸运。当然也部分因为我会意识到我周围的后卫会做什么，知道他们什么时候会放铲，知道什么时候要跳起来躲避，也知道什么时候出自己的脚。有时候我会犯错并受伤。所以那是运气与意识的结合。时机很重要，并且脚步要快，这就是我的主要方法，说实话："要远离那些愚蠢的东西。"保罗·加斯科因在世界杯期间用一个愚蠢的铲球弄伤了自己不是吗？还有范·巴斯滕也会去做那样的动作，在22岁时滑铲向一个格罗宁根的球员，那就是他脚踝发生问题的开端，最后他在二十八九岁就结束了自己的职业生涯。

在阿森纳情况都变得好起来了是吗？

丹尼斯：噢，完全是的。我给了加里极大的信任。他对新理念很开明。他把事情想透后一切都变得很快。比如说增加一名按摩师。我在阿森纳的第一个赛季时，戴维·普拉特有一名按摩师，而这位是新来的。我在阿森纳的最后一年时，我们有三名按摩师会在比赛之后来……所以在10年后事情发生了巨大改变，从“你为什么需要一名按摩师？为了你的肌肉？滚开”变成了拥有三名按摩师！当然所有的俱乐部都学去了。现在每个人都会要求做按摩。

所以你在阿贾克斯与阿森纳时都与医疗团队处得不错，那么在国米呢？

丹尼斯：完全不同！在1994年时我腹股沟有些情况。我已经持续伤了几个月，那非常恼人。我看了很多医生，试了各种方法。最后我告诉俱乐部我想从荷兰叫一名理疗师来，他们不同意。一个理疗师飞来训练场，试着表现出友善，但他们不让他待在那里。所以他只能去我家治疗。最后在圣诞节期间，我说：“好吧，我要回家一周，我要在那里接受治疗。”他们说：“不，不！你必须留在这里！”我说，“我要回自己家，那是我所需要的，也是我即将做的，我要在那里接受治疗。”他们说：“如果真要那样的话，我们会派一个医生过去。”“好极了！”我说，“没问题！”所以回到荷兰，我终于能接受治疗了，而意大利的医生也来了。那真是够傻的。当理疗师在替我治疗的时候，那个来自二队的年轻医生就坐着，拿着一本笔记本，他只是看着且几乎不说话。为什么呢？为了他们的档案吗？我不知道。

“丹尼斯总是专注于寻找各种乐子。他可能看上去有点严肃，因为他对他在足球上的表现要求严格。但下了场以后，我们会在非比赛日或在更衣室中欢笑、调侃。但之后又回到‘让我们集中注意力来赢下这场比赛’。那是一种美妙的平衡。”

第十一章　诙谐的人

一天中午，在肯萨尔赖斯的酒吧里，伊恩·赖特开始用荷兰语唱起了歌，声音还挺响的。

IT WAS in a discotheeeeekk！Zat ik VAN DE WEEEEEEKKKK！！！……
En ik VOELDE mij daar zoooooooo AARRLLEEEEEEEEN！！！
（描述在一个小舞厅中，寂寞孤独的心情）

甚至没人抬头看他一眼。他正在模仿安德烈·哈泽斯（André Hazes），一个多愁善感的、个子矮矮的、忧郁悲伤的、爱酗酒的已故荷兰低音歌手，几乎每次他来这里都会这么做。

* * *

你是怎么知道这首歌的，伊恩?

伊恩：因为丹尼斯，更确切地说，是因为格伦·赫尔德和丹尼斯。格伦教了我这首歌，随后当我唱给丹尼斯听的时候差点要了他的命……AND IT WAS warm en dreeeeee–EUUKKK！Ik zat eeen LEVEN CROOOOOK！！

（描述在那样的环境中，身边空无一人的场景）

你完全抓住了这首歌中过度的情感……

伊恩：是的，我还不算太差。所以之后丹尼斯对我说："你必须到荷兰的电视上去唱这首歌！"

"不！我不会那么干的。""你必须去唱！他们会爱死的！他们会爱死你！"他在怂恿我。所以在那场对利兹联的比赛结束后，我就那么做了。我在电视上唱了安德里·哈泽斯的歌。

有视频记录吗?

伊恩：很可能有。

* * *

伊恩·赖特和丹尼斯·博格坎普不仅仅是足球场上的拍档，也是喜剧二人组。就像在球场上一样，丹尼斯是那个煽动者、想主意的人，躲在幕后让伊恩接受荣耀，或者像这件事中一样，接受笑声。

伊恩说："人们不知道丹尼斯的那一面，但他真的是一个淘气的玩笑家。我喜欢他这一点！因为这是除我以外别人所看不到的一面。其他人看丹尼斯·博格坎普的时候，把他看作一个纯正的天才。但我看到他的另一面，而我有幸能了解到他的这一面。你通常看不到，但他真的非常的……有趣！”

马丁·基翁总是被你的恶作剧给整倒。

伊恩：我们经常拿马丁开涮，我们都那么干。

为什么选马丁？

伊恩：因为他太有趣了！Grrrrrrr！！（笑，如宠物猫一般！）我记得丹尼斯叫我去穿上马丁的衣服。虽然马丁已经很努力了，但是他的衣服实在太……垃圾了！糟糕的设计，非常的平庸，垃圾般的衣服！

* * *

（马丁确认说：“丹尼斯总是专注于寻找各种乐子。他可能看上去有点严肃，因为他对他在足球上的表现要求严格。但下了场以后，我们会在非比赛日或在更衣室中欢笑、调侃。但之后又回到‘让我们集中注意力来赢下这场比赛’。那是一种美妙的平衡。”）

我听说他不认同你的时尚品位。

马丁：哈哈！是的，丹尼斯的确如此，不妨说他是服装教练。如果你出现的时候穿的衣服不符合他的品位，他会把它挂在20英尺高的地方，让你不得不用梯子或其他各种手段才能够得到。我会暴怒：“该死的博格坎普！他又这么干了！”不过那只是一种玩笑。有些球员无法接受这种恶作剧，但丹尼斯知道能对我开这种玩笑。有一天我去训练了，然后丹尼斯和伊恩·赖特一起做了件事。伊恩走向我，给了我一个大大的拥抱，因为他很久没见到我了。过了一会儿我看着他，然后想："那件针织衫看上去有点眼熟啊。"然后我看看他的脚，又想："那双鞋子看上去有点眼熟啊。"然后我意识到，该死的他穿着我的衣服啊！然后他直奔游泳池而去……

那个小个子奥维马斯也一样坏。人们忘记了他是一个多么可怕的球员了。他给整个英超注入了恐惧感，因为丹尼斯给他的传球使他无人可挡，他实在太快了。但别让他进你的房间！如果你有一块巧克力或者其他的什么，而奥维马斯去过了你的房间，那么就没了。如果你让他靠近你的洗漱包，那么你的牙刷或别的东西上或许会留下除臭剂。那是一种缓解压力的方式。一家俱乐部就像是学校的延伸，真的是这样。在学校里，会有捣蛋鬼，会有爱制造噪音的家伙，而他们都极具天赋。曾经发生过很多有趣的事情，而丹尼斯参与了其中的绝大部分。

* * *

（"丹尼斯还有某种更智慧的幽默感。"温格说，"一种冷幽默，直击重点，你能理解我的意思？"）

比如当他描述比安奇提及马拉多纳时会说："确实提到过几次……不过是在一小时之内。"

温格：是的，那就是丹尼斯的特点。很精确，很具技巧。

* * *

在2003年的一天，一张弗雷迪·永贝里的海报在全伦敦的广告墙上出现了，非常惹眼，弗雷迪除了鼓起的CK内裤以外全身赤裸。而在更衣室里，丹尼斯开始致贺词："弗雷迪，我们都为你骄傲！但我想你不会忘记兄弟们。我们也能每人得到一条那样的CK内裤吗？"

"当然了，丹尼斯，我能做到。"

"我们会非常感激的，不过我们想要你那种特殊款的。那种在前面塞了短袜的款式。"

"哈，那真是一张很惹眼的海报，"丹尼斯10年后回忆说，"弗雷迪的背后有黑豹图案的纹身。然而在图中，这些纹身出现在了他的胸前。这是怎么回事？而且，弗雷迪，我们每天洗澡时都能见到你，你真的没有那么大……"

* * *

但你为什么让伊恩·赖特去穿马丁·基翁的衣服？

丹尼斯：我不记得了。

马丁和伊恩都说你不欣赏马丁的穿衣风格，所以你说服伊恩去穿他的衣服来取笑马丁。你不记得了？

丹尼斯：一点都不记得了。

你可能犯下了一些被自己遗忘的谋杀案。

丹尼斯：我确实记得把马丁的衣服挂在高处。谁穿的衣服最糟糕，就会被挂在高处。马丁想要穿着体面，他确实很努力。但有时他的某些努力在我们看来就是不够好。有一次他穿了黑色的皮夹克，我们找了些胶带，我在皮夹克背后贴上了"T-BIRDS"字样，就像约翰·特拉沃尔塔在《火爆浪子》（*Grease*）里的衣服一样。那真是太棒了，就像是说：“这里发生了什么？！”但马丁能很好地接受这些玩笑，他对其他人也会冷嘲热讽。他才不在乎是对蒂埃里、伊恩、我、大卫·邓恩又或是其他任何人。他有极佳的幽默感。

人们认为你是冰人，但你其实真的不是，对吗？

丹尼斯：当我在一个团队中感觉良好时，我会感到自信，你就会看到不一样的我。我总是让人产生酷酷的印象，那种“没有情绪”或“他不在脸上露出笑容”的感觉。但当我在普通的环境中对别人则是不同的。我有我自己的幽默，我有我自己要表达的东西。我不认为我与别人看到的有多大不同，但我确实也有不同的一面。这并不是说我会到处在球场上开玩笑或之类的事情。在那里我要关注我自己的事并把事情做好。在那里我会带有情绪，但更多是内在的。在团体中，我能变得更外露。

我不得不问你这个问题，我一直听到一些关于裤子的话题。雷·帕洛尔说，有一段时间有过一种拉别人裤子的风潮，而你牵涉其中。

丹尼斯：哈！我们当时是在奥地利进行季前训练，那里有一个小看台。总会有一些阿森纳球迷与我们同行，于是那里大约有20到30个人在看。我正在接受阿森纳TV的采访。我记得是，当他们在拍摄的时候，雷跑到了我后面，拉下了我的裤子。幸好，我总是穿着我的内裤。看台上所有的人都在笑。雷也在笑，我就像是说：“好的！没关系！我能接受。”然后我举起了双手，那很有趣。但我会记住这件事的。三四天后，我们又有比赛，在附近的某处。那是一场有很多球迷观战的友谊赛，主看台都坐满了。大约在比赛结束前10分钟，我们走过看台，有一些球迷拦下我们索要签名。雷正在签名，而我在他背后，我心想：“这就是我下手的时刻！”嗖一下！裤子没了，而他里面什么都没穿。当时可把我给乐坏了。

是的，雷提到了那个故事，边说边笑并直率地承认是他挑起的那件事。但他也告诉了我关于维克·阿克尔斯的事。

丹尼斯：噢，那太棒了！很高兴你提到了，因为我至今依然经常谈论此事。

你和维克关系很好，他是衣柜管理员，而且同你一起去客场参加比赛。队里的其他成员都坐飞机，而你和维克一起开轿车或坐大巴去。他总是对你照顾有加并为你做菜做饭。你们还一起去看电影，一起聊上几个小时的天。他是你在俱乐部中最好的朋友。你们的家庭之间也来往密切，你们的关系也很密切。你们一起打高尔夫一起参加社交活动，而他至今提及你时还是那么亲切。你谈及他时也很亲切。

丹尼斯：当然，当然，他是个特殊的人，一个很棒的人。我爱维克。

他说成为你的朋友是他一生中最高兴与荣幸的事情。

丹尼斯：他不必这么说。我们之间不需要多说什么。

但你依然在训练场上对他做了那件事情是吗？

丹尼斯：噢，那件事真是太棒了！我在这里依然会尝试对理疗师做类似的事。

确实，维克如今依然会热情且不予否认地描述此事。但用你自己的语言，你会如何描述当时发生了什么？

丹尼斯：维克有个大肚子和一对善于骗人的膝盖，他总是穿着短裤。在训练中心有一间装有移门的大房间紧邻食堂的一侧，那是为媒体和会议而设置的。有一次在午餐时间，那里正在举办一项向球员推销洗漱用品的活动。房间里有一些销售小姐，而维克正靠在门上，打情骂俏，聊着天。他像这样靠着门，双手交叉，一只腿绕过另一只，就这么站着，非常休闲，看上去很好玩。而球员们正在陆陆续续走进来进餐。所以我们就一边吃饭，一边看着维克和女孩们聊天。然后我就忍不住了，我偷偷走到他的背后，然后，嗖一下！他的裤子直愣愣飞了下来（笑）。还有之后的反应！维克突然前倾遮住自己，而所有的伙计都还在吃午饭，他们都笑到飙泪了。而维克花了几个世纪才弯下腰拉起了自己的裤子。女孩们也都在笑。之后的几周人们都在为这事而笑。我赢得过很多奖杯，进过很多漂亮的球，但这可能是我职业生涯中最高光的一刻了。

“丹尼斯考虑事物的方式是其他球员无法想象的。”帕特里克·维埃拉说，“当你去观察他穿衣的风格与踢球的风格时，你能理解优雅与完美对他而言有多重要。”

第十二章　必须完美

“丹尼斯考虑事物的方式是其他球员无法想象的。”帕特里克·维埃拉说，“当你去观察他穿衣的风格与踢球的风格时，你能理解优雅与完美对他而言有多重要。”他穿的真的十分简洁。而当他踢球时，他总是整装待发，真的是某种‘漂亮的丹尼斯’，其实我很少去关注别人，但他是那种让我留心关注的球员之一。要像他那样传球，在一些事上必须做到完美。他的家中也一样井井有条。”

维埃拉说：“丹尼斯总是拿我开玩笑说：‘我是那个造就你的人。’因为我进的所有球中有95%都来自他的传球。我认为这是实话。我没有进过很多球，但大多数都是他传的。你知道当你把球先传出去后看到了一个空档随之跑位的情况吗？你有时会说：‘好吧，我不会去跑了，因为球不会传到那里。’但如果有丹尼斯的话，他能看到那条缝隙，我知道我不会白跑。所以我就直接向前奔去，那是因为我知道球会传到那里，我会依靠来自博格坎普的那种高质量传球与时机的完美契合而得分。就像对莱切斯特的进球那样，我拿到球时球已经在我脚下。我不记得是谁给我传的球了。是亨利吗？还是亨利传给丹尼斯后？我不记得了。但我当时知道我会再次得到那个球。我把球传给了一个会把球交给丹尼斯的队友，而丹尼斯会通过我的跑位找到我，他肯定能领会我的意图。我知道这会发生。我知道丹尼斯会找到那条缝隙并将球传到我脚下。”

温格表示：“丹尼斯是一个完美主义者。直到他在阿森纳的最后的一堂训练课，他都从未对一次停球或传球疏忽过。当做得不完美时，他会不高兴。但这是一种高水平竞争者的特质：他是一个不快乐的人。或应该说不满足而非不快乐，因为有时你能接近完美，然后你便会感到快乐，但不满足。他想把一切做得完美，在顶级层面的球员中，这是常见的，他们需要完美。那就是丹尼斯。”

“我喜欢丹尼斯的一切。”蒂埃里·亨利说，“你知道我最喜欢的是哪一点？是他训练的方式。他是我的榜样。如果他错失了某一次停球，而那一脚球本能停下来，他会不高兴。每一件事都必须做到完美，即便只是在训练场上。当我们在跑步时，他必定会加入进来。当我们在球门前时，每一脚射门都必须完美。当我们在练习传球时，那么每一脚传球都必须完美。如果有风，你可以看看他如何处理……‘好吧，如果我往哪里射，那么风会把球吹到哪里……’，每一件事！！！如果你断了他的脚下球，他会追抢你，直到他夺回球权，或者他会对你犯规。在训练场上，我从来没见过任何一个像他这样的人。每一件事都百分之百投入。他是个很风趣的家伙，但他工作的时候可不会开玩笑。‘好好传球！’……停球必须完美，每件事都必须完美。从不会有什么‘噢，让我们随便玩玩’。从来没有！我总是看着他，心想：‘我猜这就是为什么他是丹尼斯·博格坎普。’任何事，每件事，他都全力以赴。‘这个球太软（没气）了，换掉。’他也改变了我。他改变了我在训练中的态度。当然，随着他年纪的增长，丹尼斯踢的比赛更少了。但看看他训练的方式！他本可以站在一旁说：‘我是丹尼斯·博格坎普。我现在35岁了。我为什么要努力训练？我这周甚至不会上场踢比赛。’但他总是努力训练！”

伊恩·赖特回忆起一个进球，那是丹尼斯在海布里（1996/1997赛季）对阵热刺的比赛中打进的。在右翼，赖特转身，甩开了防守他的人，然后朝着远门柱传出一脚偏高的传中球。丹尼斯以一脚凌空触球接到了球的同时将球扣到了内侧，在他巧妙地射入反方向的球门角落之前，便通过这一停扣过程击败了后卫与门将。这件事已过去15年了，伊恩·赖特仍然对此印象深刻。

伊恩·赖特说：“那只是一脚触球，一脚！我们说的是一个从40码外传来的高空球，他用一脚触球便把球完美地卸了下来。不仅如此，他还把球扣了过来，后卫和门将都手足无措。他的这脚球突出了我的传球，但说实话，我所做的只是设法把球搓了起来。我当时想：‘我就朝着他大致所在的位置传上一脚吧。’我知道，丹尼斯通常不会用头球攻门，但我也知道如果朝着他大致所在的方向传过去，他会做出些出乎意料的事。如果你再看一次那个进球，你会发现那脚触球多么完美。他当时并不占优势，但依然能将球半凌空扣回来，球速恰到好处，之后他所需做的就是完成射门了。看看他之后的庆祝动作，双膝跪地，双手握拳。那才应该被做成雕像。你看到的不是‘冰人’博格坎普而是他内在更强大有力的东西，你看到了他激情的核心，那是一种美妙的东西。我一直都这么说，甚至包括亨利在内，在阿森纳过去与未来所有的引援中，丹尼斯·博格坎普永远是最棒的。看看他为那家俱乐部所做的一切……

“每次他把球传给我的时候，噢！天呐！球总是那么到位。对我来说是最合适的一侧，却是对方后卫最不合适的一侧，当球传到他脚下后，他只需一脚触球便能传给我。只要经由他处理过的球，我都无需更多地停控。这是只有伟大球员才能办到的事，因为他们不需要过多的思考。比如齐达内。我还要提到杰拉德，还有保罗·斯科尔斯，他们的传球太精准了。我记得每次丹尼斯传球给我后，后卫都会无计可施，中场球员也无计可施……但他的球却能给我足够多的时间去做些什么，如礼物一般。那就像……嘭！

“即便在训练中他也能做得很精确。我从来没见过有人对他说：‘噢！丹尼斯，这个球高过门楣了！’他的球总是很有技术含量。我不记得有多少人对他说过：‘哇噢！丹尼斯，这球你处理得草率了。’反之，你肯定能看到别人经常对我这么说，比如停飞一脚球之类的。

“我现在真不清楚这是不是某种丹尼斯天生就具备的能力，他总能控好球。不过我确实没见过他传球不准，或停球失误之类的事。当他刚加盟阿森纳的时候，有些人会想：‘没错，他是个好球员，但他没有那么完美，因为你能把他撞开，让他失去球权。’但我不记得丹尼斯会停球失误。他似乎不需要努力去练习就能很好地处理他的触球与传球，这显然是天生的。我对此十分羡慕，因为我不得不苦练这些技术。

“在训练时，他会去提高某些技术。但如何练就那些让自己能计算所有的角度，并知道后卫在哪里、中场球员在何处的能力？你如何去练就这些？丹尼斯造就了我的很多进球。我记得早前对埃弗顿的一场比赛。他拿到球，我开始跑位。他一脚把球抽打入空档，然后我触了一脚球，过了后卫。然后就……进了。我只需跑位，球就会在我的路线上。对阿斯顿维拉我打破（克里夫·巴斯汀的进球）记录前，也一样。我甚至不需要去触碰皮球便已经能射门了……如果换了别的球员传球，你必须先完成停球步骤。但和丹尼斯在一起踢球时，我从不需要担心球会传到我上面还是背面，或者我是否需要和后卫纠缠一番才能得到球。他总是在我最舒服的时刻传球，而不是在他自己最舒服的时刻，这简直令人感觉无解。他知道我真的不喜欢去控球或者诸如此类的事情。那不是我的强项，所以他总会快速地把球传入空档，而我则去跑位即可。可以说，他提高了我30%~40%的战斗力。”

亨利是丹尼斯很多完美传球的受益者，他说：“丹尼斯尊重比赛，当比赛的进程需要他做些什么的时候，他就会去做。如果他不得不再等一秒才应该给我那脚完美的传球的话，他就会等一秒；如果他不得不把球传到我的左侧才能使我不至于丢失球权的话，他就会传向左侧；如果球不得不从头顶飞过的话，他就会传过你的头顶；如果他不得不直接一脚传球的话，他就会只做一脚触球。他做的每件事都令人惊叹。”

* * *

他的很多助攻令人赞叹。比如在2004年对塞尔塔维戈的比赛中，丹尼斯被一群后卫包围，但他如跳芭蕾般360度回转，用他右脚的外脚背传出了一脚精致的反向旋转的传球，促成了进球。那是你的最爱吗？

亨利：不，不是那个球。我更喜欢弗雷迪·永贝里对尤文图斯时打入的那个球。对塞尔塔的球很美妙，但从当时丹尼斯的脚步你能多少判断出他的出球方向。而对尤文图斯时他的那脚传球，丹尼斯向四处扭转，向各个方向！但他依然在观察弗雷迪，他在等待弗雷迪移动，他正戏耍着后卫们，但他依然知道弗雷迪在哪里，他依然知道应该传什么样的球。如果他把球通过地面传过去，后卫或许能阻断来球，所以他挑了一脚齐腰高的传球。对于后卫而言这是最糟糕的情况，无法抬脚去够它，也不能用头去顶它。太完美了。对我而言却是最棒的助攻。

弗雷迪似乎在领会意图方面稍微有些迟疑，丹尼斯等了大约3秒，弗雷迪才开始跑位。

亨利：丹尼斯会等待，那就是丹尼斯·博格坎普。其他球员会先停下球，然后大叫：“嘿！你没跑位！”但当丹尼斯看到球员没有跑位时，他便会等，他会戏耍他周边所有的后卫就像在说：“拜托！弗雷迪……”那真是太棒了！

而且这些可是尤文图斯的后卫……

亨利：人们的看法很有趣，但对我而言，哪怕是对伊奥华（英格兰四级联赛的球队）的比赛，我也会认为这是他的最佳传球。不是因为他在对抗尤文，而是因为他为了等待给弗雷迪传出一脚完美的球而表现出的耐心。技术只是技术，并不是那些玩弄后卫的动作让我印象深刻，而是他那种如需3秒，他就会等3秒，如需1秒，他会只等1秒的举动，这才是让这脚传球如此美妙的原因。

* * *

（丹尼斯依然乐于赞扬他的队友，说是他们的跑动、智慧和技术使自己的助攻成功。）

你对尤文时给永贝里传的那脚助攻如何？是你的最佳助攻吗？

丹尼斯：是的，那是我最喜欢的。你与队友创造出了某种联系。在球场上，他们知道我想如何处理球，我也完全知道他们想做什么。那就是我所认为的比赛的魅力所在：有时只需要一次眼神交流，或只是通过我的控球以及我的身体语言说："拜托，弗雷迪！跑！跑！"然后他跑了，因为他明白了。之间没有叫喊，只有我的肢体语言。我在控球那意味着："拜托！拜托！你在干什么呢？"然后他会跑而我会挑起球。我与弗雷迪有过很多那样的时刻，和马克·奥维马斯也是。我们就是能理解彼此，他们知道"好吧，丹尼斯总是在寻找传球路线，于是我得往那里跑，我必须这样做"。这种做法奏效的时候会让对方后卫显得很愚蠢。

因为这是无法防守的？

丹尼斯：无法防守，因为他会以高速跑去，而后卫是静止的，面向前方，当传出球的一刹那，一点都没有越位，而他在后卫身后五六码处停下了球，所以他有足够的时间去做些什么……而那脚射门很精彩。弗雷迪是个不可思议的球员！他很强壮，跑得很快。某些球员会有某种风格，某种举动。他看起来有点粗枝大叶，但他是“故意的”。他知道他在做什么！人们曾低估了他，但他从未低估过自己！

我真的一直强迫自己传出最好的球，让在接收端的前锋更轻松。为什么呢？为了我自己，因为我想做到极限。我总是尽可能传出最好的球，有时会传得很糟糕，但我会从中吸取教训，然后再一次继续那样做。试图去做到最好成了一种自然而然的东西，是不是每个球员都如此，我不清楚。我在荷兰曾被指责为“不成功便成仁”式的球员。人们说：“他只想做一些好看的动作。”特别是当我年轻的时候，那些“不成功便成仁”的事情都没能成功。我必须在比赛时冒一些小的风险。我脑海中的想法是：“传出一脚绝妙的传球。”但什么是最好的传球？对某些人来说只是能飞过后卫头顶，能让前锋拿到球。对我而言这不够好。不，我要打败后卫，让门将认为他可以拿到球，所以他便会出击，留出空间。我必须把球传到我方的前锋身前，或正好在他的头顶，以便他能把球射入球门的角落……这是一种不同的思维方式。但这也必须建立在彼此沟通与了解的基础上。当我在阿森纳刚起步的时候，其他球员并不熟悉我的风格。他们后来不得不了解我会那样去传球，所以他们需要去冒一点险。他们要开始这么想：“我敢肯定丹尼斯会把球传到那里。”因此他们会离开后卫更远一步……

我们以前谈到过，你似乎有能预见未来的能力，就像在《少数派报告》中的洞察力女孩那样。汤姆·克鲁斯和萨曼莎·莫尔顿正试图通过一个购物中心逃脱。他们无处藏身，警察正在逼近。但她看到一个拿气

球的老人，于是她说：“等一下。”汤姆·克鲁斯不明白为什么，他们正暴露在外。但当警察来的时候，气球移动了，并阻碍了他们的视线。汤姆和萨曼莎逃走了。那正是你所做的那一类事情。你能看到其他人无法察觉的传球路线，并把球从似乎不存在的缝隙中传到那里，你是如何办到的？

丹尼斯：我在脑海中总是有一幅未来两三秒钟有可能发生的图像，我能计算出它，感觉到它。我会想：“他跑这条路线，他跑那条路线，所以如果我用某种速度传球，他们都无法拦截到球，因为他们正向我的传球路线之外跑去。”以一个正确的速度传球，配合一个正确的队友上前……耶！就像在海布里打莱切斯特时给帕特里克的传球。那是我们最后一场连续不败的比赛。那个球射入后的比分是1∶1还是2∶1我记不清了，当时禁区里很拥挤，维埃拉刚开始跑位，我在中间有些滑倒……我当时太为之骄傲了！我真的十分享受那一刻！那种快感随后加倍了，因为那脚传球立刻促成了个进球，那也为其增添了更多意味。

但你是如何超出常人般能看到之后会发生的2到3秒的？

丹尼斯：多数是基于某种测算。克鲁伊夫现在会对阿贾克斯的青年队提到这一点。进攻性的测算，同时也是防守性的。一切都取决于距离。我知道缝隙在哪里，我知道帕特里克的速度有多快。所以我就会知道未来两三秒在哪里会出现空档。但他必须持续奔跑……不然看上去那就像一脚愚蠢的传球！

当然，还有另一件事，那就是在那脚助攻前的传球，我甚至不知道是否有一个专用名词来描述它，但应该有。有时他们会在《今日比赛》（*Match of the Day*）节目中播放那类传球。他们会说“看那个进球，看那个助攻，但更重要的是，看进攻是从哪里发起的”。那很有趣，进攻从哪里发起的？最后是什么改变了一切？

有一些老的阿森纳球员说你的很多举动被摄像机错过或者说无法被摄像机或观众察觉。比如那些最细微的触球，还有你给球加的旋转等。

丹尼斯：也许是这样。但当你在看球时，你必须在心中保持中立。我不是为了进球或是助攻而踢球，我是想通过那些更早的传球来造就不同。真正的足球爱好者不会因为我是否为他们支持的球队踢球才看到这一切。但这确实会被人欣赏，特别是我自己。我会想："好的，这球传得好！即便没人看到它，它依然创造出了不同。"

齐达内在2006世界杯1/4决赛用一些不同的东西摧毁了巴西队。那是某场能刻画他特点的比赛，现在重新回看比赛我发现他经常会杂耍般地玩球或把球挑过巴西人的头顶，之后总是会一脚横传。以你们看待比赛的方式，这种踢法不会对比赛有所贡献，但他依然通过这样做来慢慢地杀死巴西队。他在告诉他们："这是你们的特长，但我比你们做得更好。"他从心理上瓦解了他们。你从来没那么做过。

丹尼斯：没错，那是因为我是一名团队型球员。我有个人技术，但那些技术是基于必须有一个结果的理念而来。有人必须来接我的传球，或者配合我的跑位，或者我的踢墙式过人，或之类的什么动作。那才是我脑中思考的事情。我从来都不是一个想着一对一或想着花活的人，从来不是。

从来没有过像马拉多纳那样从自己半场带过球？

丹尼斯：我不信奉这种踢法。在我的脑中，一个伟大的球员是能为球队带来额外东西的那个人。他可以是一名后卫、一名中场，或者他可以是像我这个位置的一名球员。我是那种通过助攻或者解放队友来为球队制造额外贡献的人。我进过很多的球，但在职业生涯的后期，我有更多的助攻。不仅仅是助攻，而是完美的助攻。

亨利说他在自己有机会进球的情况下会更乐于传给空位的队友去完成一次助攻。他喜爱那种感觉。而当他的队友进球时，他看到对方脸上的笑容觉得是自己让别人变得快乐。他说："对我而言，进球的感觉很棒！但没有比让别人快乐更棒的了。"我想你也感同身受。

丹尼斯：我从中得到太多的乐趣了！那种感觉真是难以言表。首先，那是你能力的体现，但你必须同时得到其他球员的理解，他们是否理解你将要做什么。在阿森纳，我们在第一个赛季没有那种默契，但渐渐地他们开始了解我了。这也意味着他们自己的比赛水准得到了提升。他们想到："噢等等，这样踢球能为比赛带来更多东西，这人能干出些不同的事！"不过我也不得不调整自己，那是一个重要的过程。

另一件你所需要的东西，就是想象力。那太重要了。不仅仅是你自己的想象力，而是来自你周围所有球员的想象力。你能拿它与美式足球里的接球员与四分卫作比较。有时后场的摄像机显示的画面中什么都没有。然后四分卫传出了球，你看到图像慢慢地延伸开来。这就像一道谜题。最后在球传到的地方，你看到接球员跑到位并拿到了球，这就有一点像我所做的事情。我需要球带有一定的球速，而彼此之间必须都有一定的视野。当然美式足球是有套路的，他们每天都反复练习。但在足球中，你无法为此练习。这不像是你能喊暂停，然后教练说："好的，丹尼斯，你来做这个套路，而帕特里克这么跑……"这必须在比赛中才能发生。你也不知道他们的后卫会如何反应，但当你看到他们的两三名后卫时，你知道他们会做什么，从而预判出未来的两三秒会发生什么。你必须确定帕特里克将会起跑，你必须确保球的速度恰到好处，以及他不在越位位置。时机必须正确，你必须把一切角度算正确等等。但我喜欢对精准度的要求，那就像是解开一道谜题。

在还是个小男孩时，你就对几何学着迷。你的妈妈告诉我们你花了很多时间在测量角度与长度上，为此乐此不疲，还精准地画出各种三角形、半圆形和偏菱形。你认为你在学校的老书还有被保留下来的吗?

丹尼斯：我想不会。你为什么这么问?

或许我们能从那些画中看到你之后在球场上对事物理解的开端?

丹尼斯：我想不会，无论如何，那只是一小部分。我当然喜欢几何，我对它很有热情，或许当时是我最大的热情所在。不过还有其他很多事，球的速度、触球等，并不只关系到数学。在足球领域我对这些因素都处理得不错，但这些是数学吗？那更多的是去理解其他人能做什么和会去做什么的愉悦感。

所以那更多是关于心灵感应而非几何学?

丹尼斯：你读懂了我的心。

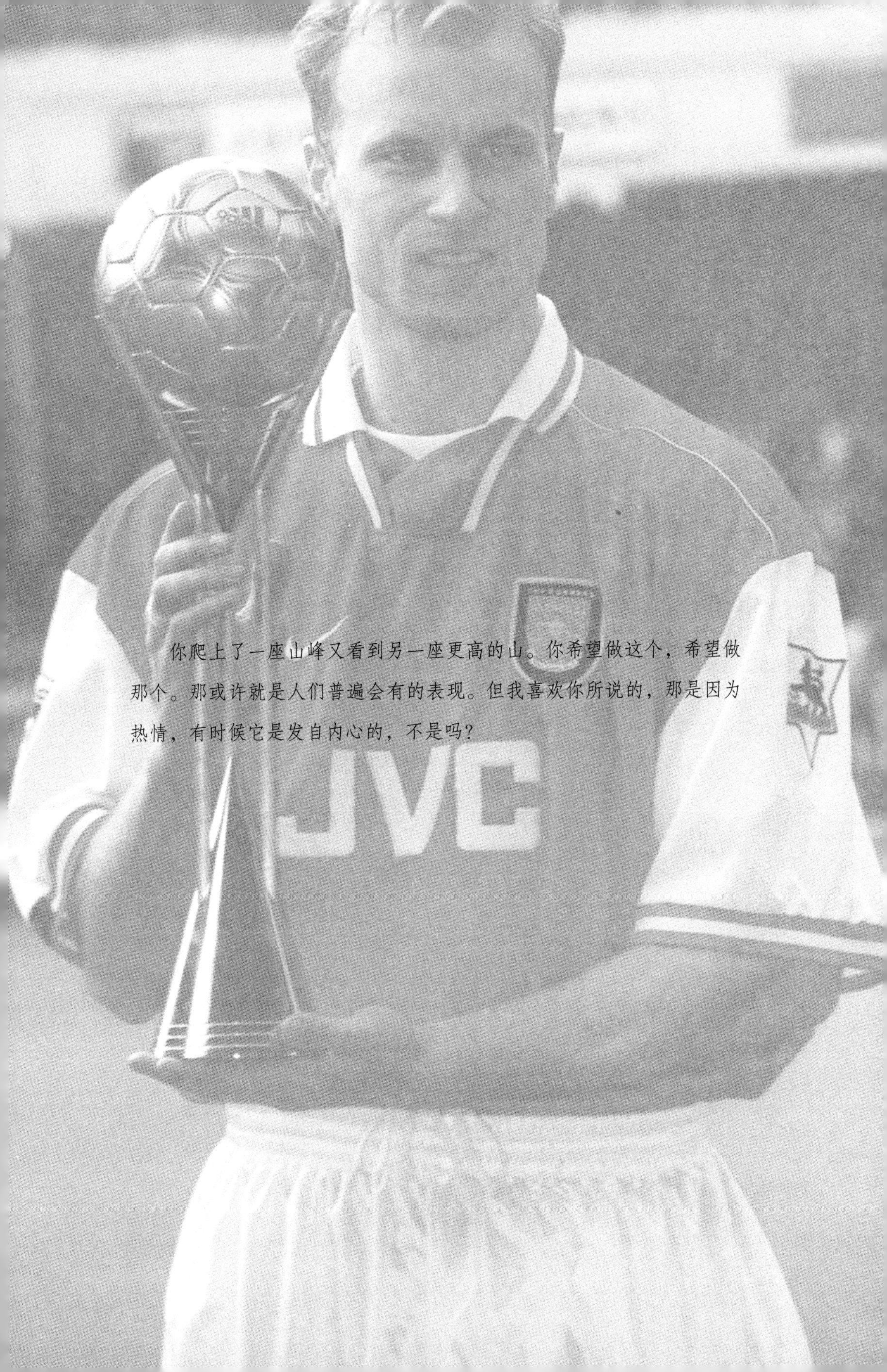

你爬上了一座山峰又看到另一座更高的山。你希望做这个，希望做那个。那或许就是人们普遍会有的表现。但我喜欢你所说的，那是因为热情，有时候它是发自内心的，不是吗？

第十三章　动力

丹尼斯，是什么激发你的动力？

丹尼斯：这个问题我想过很多次，特别是当了教练以后。你会发现很多球员有强烈的成功欲望，但大多是因为他们曾有过困苦的童年。如你所知，人们总是说："你必须身处沟底才能体会生活的真谛。"你总会去想，哪个年轻球员有动力去成就一段伟大的足球生涯。作为一个教练，你会去寻找这种渴望。我知道我有动力。但它从何而来，我并不知道。

你曾经身处沟底。

丹尼斯：不，不，完全没有。我有一个非常快乐的童年。我们过得不错。可能有人会说："那么钱是我的动力。"但对我不是。

是不是仅仅因为激情？那种你内在的东西？你是个很含蓄谦逊的人，但内心深处你想成为世界上最好的球员，而那便是你的目标……

丹尼斯：确实如此。有时你会听见一些人说他们有动力是因为他们的父母离异了。我的父母没有离异。或许在我还是个孩子时，家里并不算富裕也是一个重要的原因。这虽然无法解释我的动力来源，但这多少形成了我的某种性格。可能这让我感觉当我有一个机会的时候，我就要去争取。我真的不知道。我知道自己有那样的感觉，但我不确定从何而来，是来自性格还是来自童年……

你在现在带的这批年轻人中寻找些什么？

丹尼斯：嗯，我直接能看出谁有动力。但那来源于不同的事之中。让我们假设这个孩子想在他18岁时便成为百万富翁，那可以算是一种动力。这有错吗？"到28岁时，我想有3辆跑车，而我达到这个目的唯一方法是拿到奖杯并踢好足球。"如果这是他的理论，那或许没问题。但如果他想："我现在每年能赚100万，如果我踢上5年我就有500万，那就够了，我就能退休了。"这就另当别论了。或者"我就打算待在预备队里尽可能长时间地保持训练以便我能为我的兰博基尼赚油钱"。我不确定这是否也能算是动力，因为它不是来自内心深处的激情。所以说我所要寻找的东西就应该是这个：发自内心的真正的激情。

艺术家的动力来自哪里，你别无选择：你必须去做，用你自己的方式，就像一个音乐家有创造音乐的热情，以及一个画家有作画的热情等。你必须表现出你的内心是什么……

丹尼斯：没错。

而到最后，或许为进取而做的斗争会成为某种精神上的东西。帕特里克·维埃拉说对你而言这既是艺术层面的又是精神层面的事。

丹尼斯：怎么说呢，你会给自己设定目标。而一旦你到达了那里，你会想要继续前进。你不断提高标准，因此事情会变得永远都不够好。你期望完美，事情总是不够完美但却触手可及。你爬上了一座山峰又看到另一座更高的山。你希望做这个，希望做那个。那或许就是人们普遍会有的表现。但我喜欢你所说的，那是因为热情，有时候它是发自内心的，不是吗？深埋在心中的热情。反之，当你的动力来自于钱或某种功利性的东西时，它是能够计算得出的，是可以被满足的。但激情则不会，你会保持这种激情，你会想去抓住它。你会去做有难度的事，总去尝试艰难的事，然后你会奔向下个目标。

因为如果不那么做的话，就像是背叛了你最深层的内心一样？

丹尼斯：是的。

* * *

温格对此抱有一种有趣的观点。他说："这是关于神圣感的问题。我很确信这一点。我认为有两种球员能踢好足球。有些人会像侍奉上帝一样去侍奉足球，他们把足球看得很高，一切远离足球的事情都不被他们接受。还有一些人，他们用足球来为自我服务，而有时候他们的自我会凌驾于足球之上，因为他们自己的利益高于足球比赛的利益。有时候强大的自我意识会与我们所说的强势的个性或魅力相联系。但更多时候，大多数人谈到的魅力，只是巨大的自我意识。我认为丹尼斯是那种对比赛有极大的尊重以及有非常高的足球理想的人之一，他会把足球置于一切之上。我认为真正伟大的球员会被'足球应该如何去踢'所指引，而不是只考虑‘足球应该如何来为我们自己服务’。如果它变得神圣，那便会是永恒的，你总是有驱动力前往更高的境界，接近你心目中足球比赛应有的模样。”

然后，温格举了一个球员在明知自己应该传球却冒险射门后得分的例子：“如果他真的爱这项运动，他回家后会为此而烦恼。他知道自己真的应该传球从而制造出一个更好的机会给别人得分。他却自私了，但侥幸地得分了。如果他不在乎比赛，他回家后会想：‘太棒了，下次我还会这么干。’”温格认为这是有差别的，他说：“那就是为什么你必须告诉每个孩子，必须尊重比赛本身，把比赛当作一种宗教一样，那是高于你的东西，你需要侍奉这项运动。”

* * *

你会和温格谈论这些事情吗？

丹尼斯：我记得当温格谈到球员时，有时他会说：“噢，不，他不热爱这项运动。”这可以说是挺重的一句话了。但我完全理解他是什么意思。有一些球员，当训练结束的哨声吹响后……嘭！！他们就走了，换上衣服，然后直接上车离开了。但真正爱这项运动的人会在训练后依然留下来。不仅是球员，大卫·邓恩和马西莫·莫拉蒂也是真正爱这项运动的人。在阿森纳总有几名球员，八到九人，会在训练结束后留下来加练。我敢保证如果你这么做，你就会成为一个好球员。

我喜欢这种一小群精英互相竞争、彼此鞭策的想法。15世纪佛罗伦萨的艺术家与文人们会这么做，他们给了我们文艺复兴。在阿森纳，这最终促成了不败的一代。所以我这么去想象这批球员，他们每一个人都在不同的方面有着杰出的才能，有时候甚至是竞争对手，他们在彼此激励、刺激着对方。我猜，这对这支球队起到了正面的效果，你肯定是训

练后留下的队员之一吧?

丹尼斯：怎么说呢，是的。你提到的这只是一部分。

那么那些在训练后就立刻离开的人呢?

丹尼斯：我记不清谁走谁留了，还有些人有时会加入有时则不。但总会有八九名球员留下。

弗雷迪·永贝里会留下?

丹尼斯：嗯，是的。亨利总是留在那儿。罗贝尔·皮雷也会留下。有的人会去健身房，也是某种加练。

你们互相竞争?

丹尼斯：那是很良性的竞争，是成功团队的一部分。但我喜欢你提到的在训练中相互推动也相互挑战的观点。

鲍勃·威尔逊说，旧时英格兰的方法是教年轻球员们传一些容易的球，让接球一方能轻松地处理。但你会觉得这很让人恼火。当你到阿森纳后你对所有人说："别给我传这种软绵绵的球，给我快球、难处理的球，因为我能应付任何传给我的球，而踢得快就能踢得好。"几年后当皮雷和永贝里成为队伍中的一员时，队伍已经走了很长的路，大家已经在一个更高的水平上了。

丹尼斯：是的，我总要求别人传强有力的球，因为我想通过停控一些难度高的球来挑战我自己。我在持续地鞭策自己并测试队友。比如我可以去找索尔·坎贝尔测试速度和力量。他是你的队友，但在训练时，你正好对上他。如果你能打败坎贝尔，在英超还有谁你不能打败？如果你能阻止我或蒂埃里·亨利，在英超还有谁你不能阻止？这就是挑战的命题：永远试着提高你自己。但这只有当每个人都百分之百投入时才有用。就像在训练时同门将的对话一样。在国米，他们不让主力门将与你合练，这很让人沮丧。但当你能同莱曼和希曼对抗时呢？那感觉太棒了！莱曼不允许任何一脚射门穿越他。而如果我试图把吊球用在希曼身上……哇噢！

如果我成功了，球进得很漂亮，他会说："漂亮！干得好！"但如果我没射进的话，他会拿着球然后一脚把球轰出200码以外！他会把球踢飞并说："去捡回来！"然后我就不得不跑去捡球。希曼平时是个温和的好人，但在踢球时，他不是。那是他所传递的信息："你是打算糊弄我？现在给我捡球去！"我喜爱这种态度。

那里似乎有一个临界值。你必须有一定数量的人都抱有这种态度，每个人都有不同的动力与才能。有了正确的数量与正确的人，在一起时不知怎么就能奏效。

丹尼斯：这不知是从何处开始的。可能像有的球员说的那样，是从我这边开始的，因为我总是那么做。我想投入所有的精力，所以当训练结束后我会继续，不断地继续……突然，有一个守门员也留了下来，说："等等，我也试试和他一样。"然后又有其他的人随之留了下来。但这并不像是因为我来到球队后才发生的，之前在阿森纳可能就有过这样的气氛或球员。我敢肯定，当你去看任何一支成功的球队，你去看他们每周的训练都会像这样投入。当有球员在训练后留下来带着笑容踢球时，你就不会感到疲倦。他们笑是因为他们在比赛中踢得好吗？或恰恰相反，是因为他们经常在训练后自发地加练而使得他们在正赛中踢得更好。

看看梅西。去年有一场比赛，巴塞罗那正以5：0领先，而教练把他换下了场，他很沮丧。“但比赛赢了！”“我不在乎这个！我爱在场上踢球！别让我休息！”当他们打入第5个球的时候，你依然能看到整个球队在享受那一刻。我能想象，他们在训练场上也充满欢笑。他们热爱这项运动。他们真的乐在其中，他们热爱传接球，或把球打入球网，或做些花活儿什么的。你能听到一些人会这么说：“噢！我要回去了。”而有人会说：“不，我要留下加练。”

或许这也是某种孩子般的天真?

丹尼斯：是的。

在罗根·泰勒的书中有这么一则可爱的故事，那是关于普斯卡什还是个孩子的时候。在布达佩斯，他不坐电车去学校而是跟着电车跑，带着球跑，做着各种盘球动作。

丹尼斯：啊，这真是美妙！我看过一些马拉多纳在那不勒斯时的视频，比如他在角球区直接射入一球后，他像一个8岁孩子一样跳上跳下。这会是比安奇教他做的吗？我最爱的是他在球场中伴随着音乐热身的场景。我记得是那不勒斯对阵拜仁，而那首歌曲是普尔（OPUS）乐队的《生命之歌》（*Live is Life*）：“naa nan a na naaa！（歌词）”他和普马斯一起，穿着他的运动服。而当其他人都开始做冲刺跑热身时，他随着音乐的节奏开始玩起了球……naa nan a na naaa！松着鞋带，放低球袜，穿着他的长袖运动外套。然后他把球踢向空中。我不知道他是不是也在跟着唱。但那种节奏那种愉悦感，太美妙了！你真的得去看看那个视频！真的太美妙了！

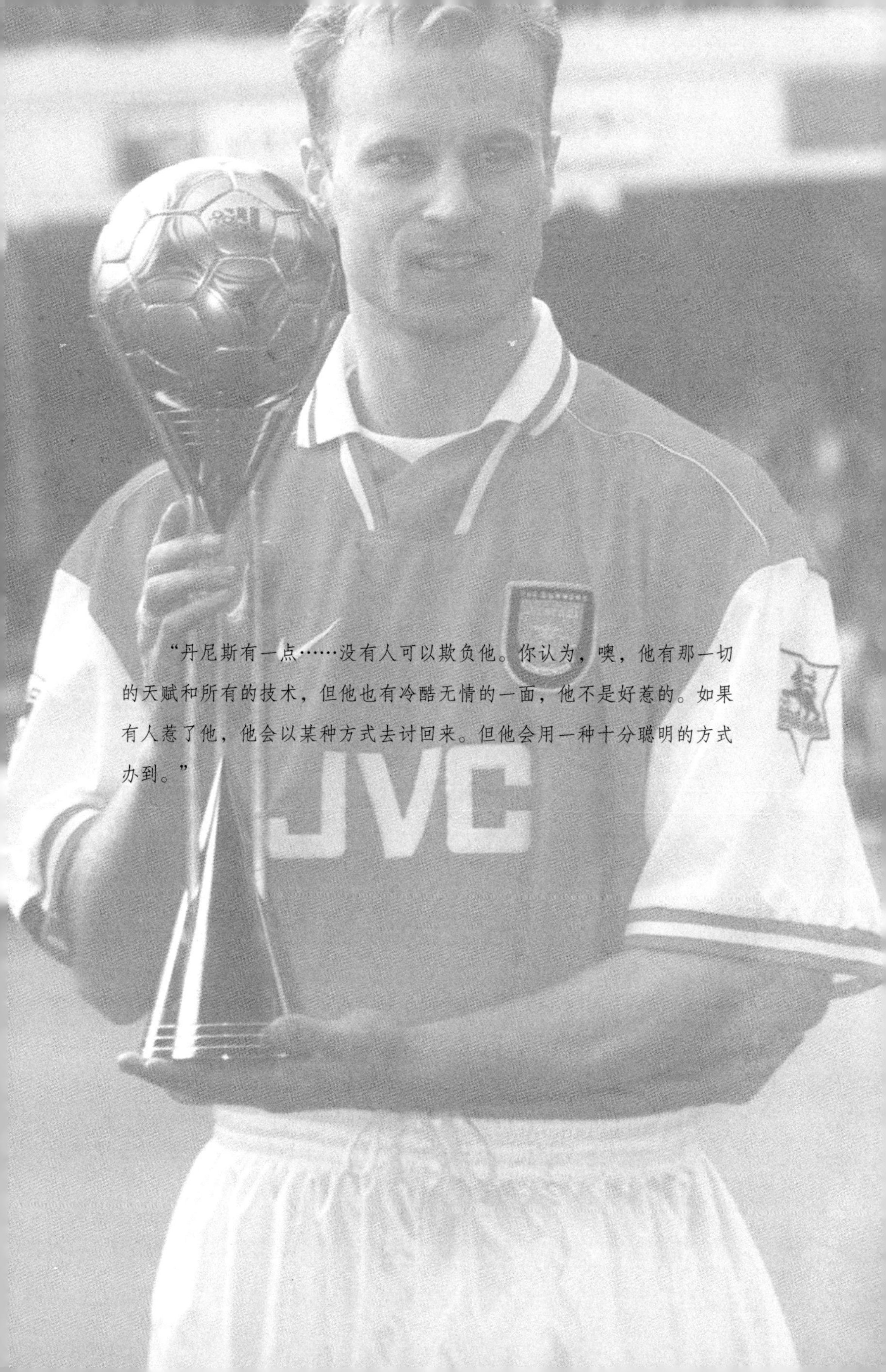

“丹尼斯有一点……没有人可以欺负他。你认为，噢，他有那一切的天赋和所有的技术，但他也有冷酷无情的一面，他不是好惹的。如果有人惹了他，他会以某种方式去讨回来。但他会用一种十分聪明的方式办到。”

第十四章　阴暗面

“有人说丹尼斯太好了。”帕特里克·维埃拉说，“我被这个想法逗乐了。我可不敢苟同。丹尼斯可不是个又好又甜的家伙！我要是个后卫的话，可不想去防他。因为他真的太聪明了。他在场上看起来像‘好女婿’，但他可不是只为了美妙的比赛和踢足球而在那里的。他也有恶劣的一面，当他需要的时候便会将其从某处挖掘出来。他吃过好多张红牌，你知道的。但不像我那么多！人们了解我，但他们不了解丹尼斯。他能比我更糟。即便是训练时他也不喜欢输球。他不喜欢别人取笑他。他不喜欢无缘无故被人踢。他是一个好人，一个可爱的家伙。但是如果你需要去打仗，丹尼斯是你可以带着一起去的人，因为他具有好胜与强硬的一面。”

帕洛尔说：“丹尼斯有一点……没有人可以欺负他。你认为，噢，他有那一切的天赋和所有的技术，但他也有冷酷无情的一面，他不是好惹的。如果有人惹了他，他会以某种方式去讨回来。但他会用一种十分聪明的方式办到。”蒂埃里·亨利说：“丹尼斯干一切事都很聪明。他可以在场上用一种妥善的方式表现出邪恶。他非常智慧，很完美。我的意思是，他踢球的方式，没有什么笨拙的东西夹杂其中。完全没有！即便是他想去对某人犯规的时候……也会用聪明的方式！即使当他得到红牌，他也会摆出一副‘无辜的博格坎普脸’：‘谁？我，但我是丹尼斯！’我爱看他表演这一套。如果那是我，恐怕我会被罚两张红牌！”

索尔·坎贝尔回忆，在他们成为队友之前，丹尼斯对于给他点苦头吃非常在行。坎贝尔说：“他有时挺淘气的。我的意思是，如果他想淘气，他可以很淘气。比如把脚放在……恰当的时间！当他想出脚的时候，他就会去做，他那么强壮，有很好的上肢力量，他能很轻易就把我给抵住。”

但托尼·亚当斯记得丹尼斯刚到英国时所面临的问题，他说道：“当丹尼斯刚来的时候，他发现自己需要变得更硬朗一些。当时他并没有后来那么健壮，但英格兰联赛的身体接触是很剧烈的。当时外国球员来到英国基本上有一个选择，你可以说：‘我不喜欢这个，对我来说太粗野了。’我觉得弗拉迪·佩特洛维奇在阿森纳时就是那样的球员。他是一个伟大的天才，但是……有相当多的外国球员从北方来，刚来不久就回家了。他们不能承受肢体方面的对抗，但丹尼斯绝对可以。他能承受得住并说：‘我在这里也能斗牛。’实事求是地说，他有恶劣的一面。我觉得他真的从我们之中有所受益。“在他的第一个赛季，他会很恶意地对事情做出反应。因为当时没有这么多电视摄像机能拍到，他就能逃过惩罚。他当时不是非常强壮。但后来变得强壮了，而当他与更好的后卫或球员一起踢球时，我认为那让他更强壮了。我谈的不是在训练中给他苦头吃，但我们让他在压力下踢球并提前做了一些事情。你应该还记得，到90年代中期，背后铲球依然是合法的，我很喜欢这么做，而前锋必须想办法处理这个问题。回到我当年与肯尼·达格利什交锋时，我想从他身下穿过去铲球，我正等待着时机，但当球过来的时候，他绕到了我背后！嗖！我还在铲球而他已经走了。阿兰·巴拉兹尔以前经常在伊普斯威奇做这个动作。这就是当时的情况。一个好的前锋会知道后卫要从背后铲他，所以他们能先一步到那里，然后，嘭！他们已经走了。丹尼斯有这种能力。后来规则改变了，而你不能那么做了，你必须变得更聪明。作为一个典型的10号球员，你朝着后卫跑一阵，然后抄近道。但如果你是个后卫，你必须读懂这一点。他是会往这里跑还是那里？这就成了一个思考题，而丹尼斯当然可能用多种方式来解决。”

* * *

当意识到你在阿森纳得过多少张牌后有点让人惊讶。4张红牌，46张黄牌。有一段时间你几乎因假摔而小有名气，虽然伊恩·赖特认为那是由于不适应一个新的国家而造成的。在意大利你会选择摔倒，因为你能因此得到一个任意球。有些英国球员不喜欢这样。

丹尼斯：在意大利我们只有2个前锋，对付5个后卫，所以我必须得想一些办法来保护自己，同时也要找到一些办法来保住球权。所以当我要对付5个后卫的时候，拿到球，遇到一点身体接触后，就得倒地。这算是某种欺诈吗？

在英格兰这算是。在意大利，这只是比赛的一部分。所以在意大利时，这很正常，然后我来到了英格兰，我发现，等一下，在这里不能这么做。可我不认为这是某种欺诈动作。我见过通过装模作样来欺骗裁判的球员。总之这很难说，有时我也会用那些招数，不过大多数的时间我还是挺诚实的。

用哪些招数？解释一下。

丹尼斯：很多时候，我被推了一下，感觉到了那一点点的身体接触，而刚好又阻止了我去碰到皮球，如果我继续跑，将不会得到一个任意球，因为没人注意到那个推人的动作。所以我不得不表现得略明显一点。于是我便得到了一个任意球。（要夸张一些，以引起裁判的注意。）但前提是必须有身体接触存在，我才会倒地。对我而言，真正的欺诈动作是指跑过后卫时，在没有任何接触的情况下，开始倒地翻滚之类的事情。就像德国人说的“SCHWALBE”（泛指足球场上为制造被犯规假象而假摔的动作）。我不会那么做，但如果有身体接触，那就是关于如何表现夸张度的问题了。如果我不那么做，就不会得到一个任意球，如果稍微夸张一点，就可能得到一个任意球或点球或其他什么。”

但如果做得太过分肯定是欺诈，是吗?

丹尼斯：是的，那真的是个复杂的范围。如果没有身体接触就只是因为想博得任意球而摔倒的话，那么它是不可接受的，我对这样做真的不赞同。但如果你一直都在和后卫对抗而他确实触碰到了你，你却继续跑，你不会得到一个任意球。我认为你必须稍微表演一下，摆出一副“拜托！快吹吧！裁判员”的表情。有很多时候，当有一个犯规动作发生时，你得不到一个任意球。对此你会怎么说？那是另一个问题了，你被推了，而裁判没有看到，那算不算后卫的欺诈或作弊？但那种判罚定罪并不存在，不是吗？那也是欺诈，是作弊，裁判没有看到，但后卫确实拉了你的衣服，我认为那就是所谓欺诈与作弊的另一面。在某人背后做某事，这些事情一直在发生，我在阿森纳的第一个赛季在这方面非常失败。我不是个欺诈者或作弊者，但我不认为当时人们那样看待我。

但你也逃过了很多处罚，比如你在1998年世界杯上踩米哈伊洛维奇的那一下。因为你给别人的“好人”印象，你逃过了处罚，但你确实应该被红牌罚下的。

丹尼斯：是的，确实。不过也有另一种情况，有一次在对考文垂的比赛中，当我过了一个球员后，他在后面绊了我，我已经过了他，1对1直面守门员了，我已经挣脱了他们布下的越位陷阱，而那个家伙，我记得他的名字是保罗·威廉姆斯，他把我放倒了！可能是一个意外或别的什么，但确实绊倒了我，我想继续向前，因为我已经同门将直面交锋了，我当时摔倒对我没有任何益处。之后发生了什么？裁判给了一个任意球并把后卫罚出场外。但之后在电视上有很多的评论，由于摄像机角度的关系，那看上去像是他没有碰到我。但我当时在场，那只是稍稍绊了一下，但当你在加速跑而且双脚离地的时候，一个小小的触碰便会把你带倒，那就是当时发生的情况。但你在电视上看不到这一切。而我很沮丧，因为每个人都说我是在假摔。我对此的回答是："你什么意思？我已经1对1面对门将了，我已经远离了后卫，我为什么要摔倒？为什么？"

你依然对此很在意？

丹尼斯：是的，是的，所以我们得到了一个禁区外的任意球，连个点球都不是。我为什么会为了那个去假摔？

是的，但那看上去……

丹尼斯：是的，我知道那看上去像什么，我看过了同样的录像，但我知道当时发生了什么。那是个艰难的时刻，因为我感觉到人们在说外国球员就爱假摔。那是我最不喜欢的事情。我喜爱英格兰的足球，我喜欢诚实并道德地踢比赛，我不会为了假摔去那里。

所以你像苏亚雷斯一样被指责？

丹尼斯：不，还没达到那个程度。不过我也会因为假摔而受到指责。但我现在要告诉你的是，那就是当时发生的事实，而我当时被说成是在假摔的事让我非常的心烦意乱。我不想被人称作一个欺诈的作弊者，我不会做那些事情。当时肯定有身体接触，而我稍微夸张了一点。

所以，从根本上来说，那是一个灰色的区域，但如果你有道德，你在没有身体接触的情况下就不应该摔倒是吧？

丹尼斯：一点不错，那就是我的观点。必须有真正的触碰存在才行。如果球员在没有任何接触的情况下就倒地，只是为了让别人被罚下，那就是欺诈和作弊。

你会在什么时候做决定？

丹尼斯：做什么样的决定不只取决于一种时刻。假设有身体接触后，是摔倒还是不摔倒？我是否有机会进球？那一下身体接触是否已经妨碍我去得分了？我是否失去了传球或自己进球的机会？然后我会决定如何充分利用这一点。

西蒙·库帕写到你经常在愤怒上浪费自己的能量。

丹尼斯：我妻子经常说："我希望在一开始的几分钟你就被踢了，因为之后你就会改变。"最好的例子是第三个赛季去客场踢南安普顿的比赛。那里有一个有意大利姓氏的英国后卫，但他确实表现得像一个意大利人。他喜欢拉衣服，在铲球后或在我传出球以后还要做一些附加动作。在某些方面，这类的事情持续发生。我心想："天呐，我现在受够了！"我当时真是被激怒了，我不记得我到底是在哪个动作之后被激怒的。通常如果是被拉了衣服、铲球或者只是被一个后卫断了球之后，我只会非常沮丧。但这次是肢体上的事，我真的很愤怒，然后在接下来的30秒，我拿到了球，我记得我用一只手抵靠着他，我太愤怒了，便转过身，面对球门方向，带着球然后将球轰入了球网之中。之后的庆祝过程棒极了，因为所有的球员都过来为我庆祝，而我们的球迷就在我摆脱后卫的地方附近，而我们就当着他的面在那里庆祝。所有的阿森纳球员都在他周围，他在中间，试着推开别人并逃走。

你变身成了绿巨人？

丹尼斯：大卫·恩德特（前阿贾克斯球队经理）称之为“沸腾的牛奶”，我理解他是什么意思。但回到作弊的话题，在前锋与后卫之间会发生很多你看不见的事情。那些事情我都能称之为作弊。我通常对裁判的话是：“看谁第一次犯规。”他们通常没看到第一次犯规，他们只看到我的犯规、我的反应。但可能是因为他们一直在注意着球，他们错过很多后卫对你的第一次犯规。有很多聪明的后卫存在。总体来说，我认为英国的后卫是挺实在的，他们直来直去。他们伸出脚来，但不会有肮脏的动作。我的意思是说，在球离开之后，你的脚是不是还留在那里有很大的不同。当然，有的球员比较龌龊，但实事求是地说，我职业生涯中遇到的大多数的英格兰后卫挺实在的。你会谈到索尔·坎贝尔和约翰·特里，他们在那里就是为了防守，让前锋们无法比赛，那是他们的职责所在。马丁、托尼、鲍尔迪，他们所有的人都没有肮脏的动作，完全没有。我必须承认他们是最难对付的后卫。他们也是诚实的后卫，他们会出脚，有速度，有力量，他们能阅读比赛的节奏。这对他们而言可不简单，因为他们必须在一条线上踢四后卫，这意味着他们必须防守背后的区域。在意大利，他们会有自由人，但在英格兰，只有2个中后卫对2个前锋，所以他们真的无法互相补位。作为一个前锋，我很喜欢这一点，因为我能在中间踢球。他们不能离开防守线。所以我能利用这一点。我认为那是我的长处，但从防守角度而言，那会让后卫很吃力。

事实上，我一直喜欢与意大利最好的后卫们对抗。我总是与他们有精彩的交锋。那种嘴巴很臭、喜欢说脏话的球员，那些会掐你、踩你脚趾、在没有人看见的时候给上你一脚的人，或许他们会在球还远离的情况下给上你一肘子，那让会你进入状态，让你试着好好跟他们斗一番。他们是那种会有“看看我，我多棒，一切都归结于我的存在”般感觉的后卫。我不能忍受那种事情。我更喜欢和马丁·基翁那样的后卫一起踢球，他们只做自己的分内事，或许他们在更衣室也有张大嘴，但是以一种有趣的方式。他们只是有趣的家伙，他们会为阻止别人进球而感到自豪。而他也是言语挑衅的能手："来呀！来呀！我们来斗斗！你觉得你能过我？哦？是吗？噢！你办不到。"而对他自己的前锋则说："你棒极了！"像这种能给予也能夺走一些什么的家伙。马丁·基翁如果被踢了一脚，他不会在地上打滚，他会记住这一下，下一次则回敬过去。这和那些时刻都为了让你被罚下而做这做那的后卫有太大的不同了，那些人会说"喂！裁判！整个世界都在针对我"诸如此类的话。

那是否就是你在1998年足总杯1/4决赛时，在西汉姆朝着斯蒂夫·洛马斯挥肘子以及在世界杯时踩米哈伊洛维奇的原因呢？

丹尼斯：对米哈伊洛维奇那一下，是我会立刻感觉自己真的有些过分的时刻之一。有些愚蠢，但我能淡然处之，对斯蒂夫·洛马斯那一下也一样。我当时很生气，他当时在角球区开始拉拽，他从背后拉了我的衣服，随后我就用肘子给了他一下。他流血了，我感到歉疚，那不是他应得的，完全不是。我当时的意思是："离我远点！滚开！"但当你用这样的方式伤到某人时，你立刻会觉得"这不好"，这对你的球队同样也是一种伤害，因为同伴们不得不在之后的70分钟里以10人应战。我没有被过多地指责，在英格兰我估计他们想知道我是否为此感到抱歉。我立刻说了我的想法，我感到很抱歉。有过很多类似的意外，不过对洛马斯是最糟糕的一次，我被禁赛三场。我当时想："那个人不是我。"但这类事情在足球中还是会发生。我认为每个人都会多少处于某个时刻会让你感觉"我真的真的想铲到那个球，如果我伤害到某人，那是在体育层面的"。对某些球员你会感到他们在想"我会不惜一切代价"。但你还是不希望自己有这样的想法。对我而言，事后总是有点尴尬，"我不应该那么做，我真愚蠢"。但如果有球员说："不！他活该。"那么我则认为有些不妥了。

“丹尼斯是我们的灵感源，他是领袖，我们知道亨利会进球，我们知道丹尼斯会创造些什么新的东西……”

第十五章　领袖

谁在足球场上领导队友，他们是如何做的？有时很难说清楚，要占据主导地位，由一系列因素所决定。体格、人格和嗓门的大小。有时在不同类型的领袖之间还有让人混淆的元素，球队也往往不只有一名领袖。除正式委任的队长以外，还会有技术领袖或专能球员。比方说，过去的英格兰中锋需要“带领锋线”，门将需要“统领后防”，有些与生俱来的领袖影响了博格坎普的职业生涯。比如托尼·亚当斯是一种斗士型的领袖，或者约翰·克鲁伊夫则经常喊叫、指挥，告诉队友如何跑位，这样的领袖级球员肯定无法忽略。另一些球员，比如丹尼斯自己，却更难被旁人察觉。

事实上，有些共事者就不曾发现丹尼斯的价值所在。在国际米兰期间，在里卡多·费里的眼中，丹尼斯过于安静了。而费里觉得领袖球员必须多说话多交流。费里说：“丹尼斯从未成为国际米兰的技术领袖，我不知道在阿森纳的休息室是怎样的，但在国际米兰，如果你不善于交流，你就无法成为领袖。就算你能踢得像马拉多纳一样，但如果你不与球员打成一片，你仍然无法成为领袖。在那不勒斯，马拉多纳也会这么做。他很大气，每次赛后的采访中，哪怕他进了3个球，他也会抬举队友说‘如果没有迪纳波利，我无法做到这一切’。即便他知道迪纳波利是个谦逊的球员。马拉多纳在场内外对整个球队也表现出足够的慷慨与大气，他会邀请每个队员一起出去玩，一起聚餐等。”

奥斯瓦尔多·巴格诺利也有类似的看法：“一支球队会自行发掘一名领袖，这是一个自然的不经意间发生的事情，甚至是下意识的，就自然地发生了，而当时的那支国际米兰没有选择丹尼斯，可能是因为他的性格，他的害羞，他的孤僻，他的自我封闭性。如果他有更长的时间，或许他能成为领袖，但他没有足够的时间。”

1995年丹尼斯刚去阿森纳时任守门员教练的鲍勃·威尔逊对丹尼斯有着不同的看法：“如果你是个天才，你很难不带一点自傲。有些人可能会误解丹尼斯这种超然的态度，我认为只是一种羞涩，他从不会自夸自己是多么伟大的球员，他很谦逊。要知道我已经71岁了，我自六七岁开始就喜爱并追随足球这项运动，他是我心目中为数不多的顶尖球员，他在我心目中的地位能与马特乌斯、普斯卡什、希代古提、爱德华兹、贝利、加林查、克鲁伊夫、马拉多纳、梅西、贝肯鲍尔、博比·摩尔等比肩，这些球员毫无疑问提升了这项运动。丹尼斯·博格坎普把比赛带到了一个新的层次，对于所有看他比赛的观众而言，从如何观赏比赛的层面来说，我认为丹尼斯带他们到达了一片几乎未知的领域。他对球完全掌控，仿佛在舞台上玩杂耍一般，不同的是，周围有人在不断地用脚踢他。他是不是领袖级的球员？他当然是，他是那种别人会跑过来对他说：‘丹尼斯，我们有麻烦了，我们遇到瓶颈了。’他会拿出一些与众不同的方法去解决问题。毫无疑问，丹尼斯对队友而言最大的意义是，他让他们感到如果他们犯了错，不必遮掩，不必胆怯，去做！你能做到！他不像托尼·亚当斯或弗兰克·麦克林托克，他更像是博比·摩尔。他所做的事情带有一种气魄与镇定感，让人们感觉‘我的上帝，我们也能试试那样做’。他是一个领袖，一个鼓舞人心的领袖。”

蒂埃里·亨利也认同这种说法：“人们有时混淆了自傲与自信的概念，所以他们会误解荷兰人。荷兰人非常非常自信，人们总会说他们有点自傲，其实不然，他们是自信。我最喜欢丹尼斯的一点是，他超级自信，但完全不自傲。有时我听见有人说，他为什么总要卖弄一番球技？他不是在卖弄球技，那是他踢球的风格。比如对纽卡斯尔的那个进球，人们想不通为什么丹尼斯会那么做，但对他来说问题不是‘为什么’，当时球从这边来了，于是‘好的，我要从另一边把球顺过去，绕过达比扎斯，确保这个旋转能让球回到脚下，然后，射门得分’。对于其他人而言，这是不可能的，对他而言，这是自然发生的。我曾经和齐达内、梅西、哈维、伊涅斯塔、罗纳尔迪尼奥、埃托奥一起踢球，那些人都让人佩服得五体投地。如果你想谈天赋，齐祖的天赋异禀，他能做到他想做的一切，我是说，那家伙仿佛带着球在跳舞，有时候我在看他踢球，就瞠目结舌了。梅西？他做的事让我认为可能会后无来者；马拉多纳？无与伦比；克鲁伊夫，举世无双；普拉蒂尼，也一样非凡。但我曾经和丹尼斯·博格坎普一起踢球，我每天在训练场上看他训练，而他对比赛的看法以及他在比赛中的踢球方式，就是为什么我总是说，丹尼斯才是我共事过的球员中最棒的，对我而言，丹尼斯永远都是一名大师。当我刚到阿森纳时，博格坎普就是队里的核心，后来也一直如此。当他离开后才发生了改变，但只要他在队里，那他就是核心。不要误会我的意思，丹尼斯的人品非常非常出众，这也使我更欣赏他。像他那个层次的球员多少会带有一定程度的自负，但是丹尼斯能很好地控制这一点。他在他的全盛时期能进很多的球，但当场上的形式需要他把球传给无人防守的球员时，他绝对会传球。无论过去还是将来丹尼斯在我心目中都有重要的地位。这并不是一种仰视的感觉，而更多的是一种兄长的感觉。他知道他自己不需要成为顶在最前面的人，他不对人大喊大叫，但当他看你一眼时……丹尼斯用球与你沟通，这也是沟通的最好方式。”

托尼·亚当斯曾经抱有怀疑：“别人能比我更声情并茂地描述他的

魔幻技术，但我将会告诉你的是更现实的东西——我自己的经历。我对丹尼斯很尊重，但是我并没有过分膜拜他，你得体会当丹尼斯来俱乐部时我的处境。在1995年，我都快不想活了。我当时可不在乎什么丹尼斯·博格坎普。由于酗酒的关系我终日醉生梦死，而当我回到清醒的世界时突然发现自己有了这么一个技术上令人难以置信的队友，但可别忘记，当时也有其他很多球员来到队里。所以我当时的看法与别人有所不同。我通常会出去交际，有一次遇到一个知道内幕的伙计，通过他，突然之间我得到了我将享受与丹尼斯一起踢球的消息。

“我依然是队长，但更像是个管理员，我当时必须扮演一个角色。我不能成为他的好伙伴。可能在另一种生活境遇中，另一个地方，另一种情形下，我们能有截然不同的关系。但我要传递教练的声音，我想要赢球，而丹尼斯是那个能帮助我达成这一目标的人，所以我得确保我能控制得住他。”

* * *

控制住？驾驭他？对他施压？

亚当斯：是的，但他并不需要很多，因为他极其职业，无需做得过度，只需一次，对我也好对他也好，那便足够了。我在30年中踢过上百场比赛，对抗过上百位球员，如马拉多纳、范·巴斯滕、达格利什、亨利……各种球员，但我把丹尼斯放在我心目中的前三，我不会告诉你另两位是谁，但丹尼斯，对我而言，比亨利强10倍。我是个职业球员，我不喜欢坐等一切发生，在某一点上我感觉他能控制一切，只需要一点小小的激励——丹尼斯，你是时候去赢得联赛冠军了，年度最佳球员也是你所应得的。于是在1998年初前后，我们走出了那段暗淡的时光，完成了布鲁斯的计划，我们的球队成型了。我们经济状况良好，下一步就是赢得一些什么。于是我们坐上了对米德尔斯堡队比赛后的大巴。他独自坐在那里。

独自一人？

亚当斯：……我们一群英格兰大男孩坐在大巴的后面，这里是我们的地盘，没有别人会过来，就好比没人能随便进入一个伦敦东区的家庭。我们曾一起成长，我和史蒂夫·鲍尔德一起喝酒，我们和李·迪克森、奈吉尔、大卫·希曼都认识至少10年了，一直患难与共。就好比在同一支军队中一样。于是我们坐在后面，好像不接受别人融入似的。但无论如何，我走到了丹尼斯那里，对他说：“丹尼斯，你在这里已经两年半了，你没有赢得任何东西，是时候赢得些什么了，你有多少欲望去赢得些什么？”当时他给了回应，看他脸上的表情，我想，他可能会给我一拳。

在这时候，你察觉到什么改变了吗？

亚当斯：几个月后，我们赢得了双冠王，丹尼斯成为了年度最佳球员，他完成了他职业生涯中最棒的一年。

他说过，你的那句话经常围绕在他耳边：“你有多少欲望去赢得些什么？”那仿佛是对他的一种启迪，这是一句他现在经常会说的话。

亚当斯：是的，我记得他说过，有的球员不需要这样激励，他完全可以简单地回答说：“噢，天呐，闭上你的嘴巴！”但他没有。这只是我在俱乐部时的风格：“你有多少欲望赢得些什么，伙计！”展现激情与傲气，激励他人，这是我工作的方式。这帮助我集中精力。埃曼努埃尔·佩蒂特是个安静的人，但我则是像这样（握紧双拳，面目狰狞，拍打额头），唔！啊！——我会如此这般打气。肾上腺素飙升，激励别人。马丁·基翁也如同这般，但他无法冷静下来，他需要冷静，噢！老天，看看马丁由于冲动送的点球数。丹尼斯很安静，我当时认为我应该把他调动起来，但可能他当时并不需要我这么做，无论如何他有极强的自我激励能力。我当时也试图了解我自己和他人，找到最合适的激励方法。

* * *

（对于帕特里克·维埃拉而言，丹尼斯的秘密隐藏在他的平静之中。维埃拉说："丹尼斯不是那种会叫喊会谈心的人，但在场上，你明白他是我们的技术领袖，那一位会施展小魔法帮助我们赢得些什么的人。你知道他会是那个助攻的人，那个会创造些什么的人。"）

你是队长但丹尼斯是领袖?

维埃拉：丹尼斯是我们的灵感源，他是领袖，我们知道亨利会进球，我们知道丹尼斯会创造些什么新的东西，我们知道索尔·坎贝尔会统领后防线，我们也知道在中场线我会吃红牌。

队里是如何看待他的?

维埃拉：他得到人们的尊重，这就是为什么每个人都喜欢丹尼斯，他有些荷兰人的傲慢，那是当然的。我一直这么说，我们是最优秀的，我们踢着最好的足球（笑）。每个人都喜欢他，因为他尊重每个人。他在更衣室很受欢迎，每个人都笑着和他交谈，我们都知道他是我们场上的技术领袖。我也认为能有一个享有同样哲学的教练也真的很棒，比如不可能在队里有丹尼斯·博格坎普的情况下，教练让你打长传冲吊。如果你没有博格坎普但有一个像邓肯·弗格森一样的球员，那么让你的球队去踢技术足球则变得不太恰当，事情就是这么简单。

* * *

丹尼斯说他对维埃拉这样一个领袖球员印象深刻。

“他是个法国人，所以他有时喜怒无常，有时很傲慢，我也时常这么对他说。（笑）球场下，他是个非常有礼貌的人，很有魅力。所有的女士都说‘帕特里克，他真有魅力’。他有这样的特质，当他进入房间时，所有目光自动聚焦。这样神奇的魅力也帮助他成为很棒的领袖。在托尼·亚当斯之后，有个问题是谁能接任。托尼是队长，托尼·‘队长’·亚当斯，这就仿佛是他的中间名。谁会是下一个？但维埃拉用自己的方式塑造了这个角色，少了一些握拳，多了一些与他人的联系。从衣柜管理员到大厨，从教练到队员。不是每一个人都能扮演这样的角色，但他能做到。他踢球时也能扮演好自己的角色。”这依然遗留下一些问题，如何在训练时扮演一个技术领袖的角色，具体地说，丹尼斯是如何做到的呢？在意大利并未能成功扮演一个技术领袖的前提下，他来到了英格兰，扛起了阿森纳的大旗。虽然并非在球场上的一瞬间完成，但却从无聊足球转化为全攻全守足球，究竟是通过什么途径达成的呢？温格给出了有趣而富有洞察力的解释：“丹尼斯花了一点时间来适应，因为在第一年他曾被多方质疑，但在此之后，他对球队越来越重要。是否与自信有关？或者是否与我的到来有关？或者是否与有更多技术化的球员在他身边出现有关？有些人是否还受他的影响而提高了自己的技术？其实，是一切的综合因素，你很难百分百地给出一个定论，但最重要的事是每个人都认同他的才能。

“当然，我非常喜爱荷兰人的足球理念，他们有一种积极的哲学理念，他们从后场开始构建进攻，那些技术天赋异禀、有想法、最聪明的球员，把球队的大脑放在中场，放在球队的心脏位置。没有人能比丹尼斯更能代表荷兰足球的哲学，因为那建立在技术之上、想象力之上、头脑之上。作为一个教练，只有你的球员在队中受到尊敬时，你才能提升比赛的质量，因为那意味着整个球队都承认某种踢法与球员的特质相匹配；他们能踢好，因为他们感觉这么踢很有趣。丹尼斯最大的优点在于他极受队友们的尊重。

“我发现在和自己的前队友谈话时，有很多相似之处，如同我与齐丹在国家队的前队友谈话一样。且不论谁踢得更好，我发现来自他们队友之间的共同之处就是对于这两个人的尊重与钦佩之情。一旦有了这一点，一切就变得简单了，因为当他们说一些什么的时候，别人就会听取，他们知道自己乐于被他人接受。”

因为球队有一种下意识的理解力，而在比赛中，球队就会水到渠成地以每个强大的支点为脉络自然地运转。这个支点从托尼·亚当斯到帕特里克·维埃拉再到丹尼斯·博格坎普，再由博格坎普传到亨利。球队理解他们想要做什么，有时这会起到副作用，因为有些球员过于强势而球队会一直围绕着他们运转，球队的多样化会受损。但在这里则不同，丹尼斯有足够的智慧，令人感觉非凡的是他是一个有着卓越人品的人。有人说，有时，当一个人走进屋子的时候，如果别人都看着他，他会告诉自己“我是最重要的角色”，这是一种下意识的感觉。我敢说丹尼斯则是恰恰相反。但他的举手投足之间却有着某种贵族般的高雅，他会通过某种姿态，某种自然而高雅的气质吸引别人的注意。

加里·勒温回忆起丹尼斯是如何训练的：“当丹尼斯来到俱乐部时，他已经意识到他周围即将发生什么，一些他会喜欢，一些他可能不会喜欢。他周围的人知道，他会在比赛前或比赛中告诉你‘试试这么做’，他会通过这种方式指导一些队员。但他不会指着你的脸说，也不会对你大喊大叫，更不会当着别人的面这么做，更多的时候他是一个轻声细语的人。有的人会认为是内向，但我不这么认为，他完全知道他在做什么。”

丹尼斯自己这么说：“是不是个领袖？这是个有趣的问题，克鲁伊夫曾经喜欢一脚踩着球，随后对着每个人做手势，告诉他们应该往哪里跑，他是个领袖。但在我的那个年代，我没有时间去踩住球，我会立刻被铲倒！在90年代，已经没有像克鲁伊夫那样的领袖了。在我的年代，每个人都是互相指点，我也会时常指点或引领队员们。我不会刻意隐身，总是主动要球，我只想扮演一个突出的角色，并做到最好。我从未满足，总是更努力地去尝试。作为一个教练，我也是如此，如果我的前锋错失了一次机会，我就开始思考，我应该做些什么让他下次不再错失良机。我想成为那种能让前锋不会与进球失之交臂的好教练。我想把事情做好，我想承担重责，但我并非追求名利。所以我不想成为总教练。”

* * *

好吧，有很多种的领袖级球员，你属于哪一种？

丹尼斯：你提到了帕特里克·维埃拉相对于托尼·亚当斯就是一个完全不同类型的领袖，但他们都极具领导力。帕特里克当然会有一种完全不同的风格，或许你在球场上不能全部看到，但他能引领球队和整个俱乐部。这很与众不同。我更希望成为用行动引领别人的人。教练也一样，有的教练嗓门很大，并总是在那里叫喊着。人们会说，看，他是个真正的教练。然而温格更像是个老师，他教授你正确的东西。我不喜欢那些纯粹作秀的人，比如有的人会不停地叫喊。在低级别的球赛中，你会看到很多教练和队长，那些所谓的领袖，由于袖标的存在而作秀。对我而言领袖是能影响别人的人，能做出变革的人，能让别人提高的人，这和那些做给摄像机看的人恰恰相反。

托尼·亚当斯很受摄像机青睐，但他也能起到你说的领袖作用，不是吗？

丹尼斯：是的，是的，当你看到他就仿佛看到了领袖的原型，就是那些喊叫与握拳的动作。但他做那些动作可不是为了给摄像机看，如果你不了解他，或许你会那样认为，但他在更衣室也是一个真正的领袖。贝尔戈米也很类似，事实上托尼更粗放一些。但在队中贝尔戈米也非常强势，他在队中和托尼一样接地气。不过当然，他是用一种意大利的方式实现的，更军事化的感觉："我是队长。"我挺喜欢他的，因为他有这样的意识和强烈的情感，我认为他是个不错的家伙，他很有风度，托尼也很有风度，有很多球员都很有风度。

维埃拉当然有着完全不同的风格，你在场上可看不到他做的一切。不过，在队里他真的能影响很多人并激励他们前进。他只需要找别人谈一次话就能提升他们，所以他能提升整个俱乐部。弗兰克·里杰卡尔德戴队长袖标吗？不怎么戴吧，但在幕后他总是与别人谈话交流，给出意见。周围没有摄像机，但他是个伟大的领袖。对于1995年的阿贾克斯而言，丹尼·布林德是队长，但一直有人告诉我，弗兰克·里杰卡尔德当时有多么重要。对于我个人而言，关键不在于当不当一个领袖，但有球员，哪怕是退役的球员或其他人，他们谈论我时如谈起弗兰克一样——在更衣室非常受人尊敬，能改变一些事情。好吧，有些人从某个角度仰视我，从某个角度模仿我，他们对我有信心，因为他们知道我是个坦诚的人。我是在寻找这种感觉，我认为这是一种领袖气质。鲍勃·威尔逊或许做到了这一点。还有一点是，如果你是个领袖，那么会由内而外自然流露领袖的感觉，我依然这样认为，所以巴格诺利和费里是对的，你不可能在当时说"这家伙，现在就是领袖了"。如果你给了别人时间，那会自然流露，会浮出水面，变得显而易见，并会以某种方式自然而然地显露出来。

我知道我们有真正优秀的球员，但是我们不能再向前更迈进一步了。这很让人失望，因为，在大赛后我们总是说："但是，我们只是个小国……"我们确实有极好的球员，但有时你觉得你需要一些与以往不同的东西，你理解吗？

第十六章　强大的球员

（“我过去很喜欢，现在很喜欢，未来也会很喜欢看一支荷兰的球队踢比赛。”蒂埃里·亨利说，“在我们所知的足球历史中像那样赢球并非易事，但对我来说，足球就应该这么去踢，踢荷兰式的足球。”）

有着博格坎普的荷兰队都没赢过奖杯，这是不是很让人奇怪？

亨利：没错，我对此有些沮丧，1998年法国队很怕荷兰队，但巴西在半决赛的点球中赢得了比赛，我们当时为此庆祝，我一直都记得这件事。

因为荷兰比巴西要强？

亨利：强得多，那支巴西队并不差，可我认为当时的荷兰队绝对是赛会最强球队。谁知道在决赛会发生什么，但那一刻我们都松了一口气。相信我，比松了一口气更庆幸。我当时还年轻，但我记得那些老队员们的谈话，他们真的不想和荷兰比赛。因为荷兰队强壮，速度快，技术优秀，有美妙的打法，每个人都想避免遇到荷兰队，这是实话。在2000年也是一样，我们又一次不想在决赛遇到他们，又一次在另一个半区，等待着。有丹尼斯的荷兰队没有赢得任何奖杯，对我而言，这简直疯了，令人难以置信。

你认为是什么造成的？

亨利：我完全搞不明白，真的挺失望。不过如果他们赢得了什么，那我们肯定什么都没赢到，所以这样也挺好。（笑）不过一支那么伟大的球队却没赢得奖杯，总让人感觉很怪，你会希望他们赢。

* * *

在海德先生版的荷兰队于1996年错失欧洲杯后，荷兰国家队的教练古斯·希丁克决定铁腕治军。铁腕且以一个很荷兰化的方式。他制定了一些规定，让所有的队员都去签字并保证彼此尊重，包括对工作人员、球迷、甚至记者们。每个人都签了字除了仍然放荡不羁的埃德加·戴维斯。代替冲突的是， 球队在预选赛中平稳地进军下一届世界杯，而荷兰又开始踢起了某种经典的、水银泻地般的攻势足球。丹尼斯，作为影子前锋，在6场比赛中进了7个球，他是那支球队的心脏。与此同时，幸运的是，他不坐飞机的习惯并没有毁了他在国家队生涯中的这最美妙之年，他不得不错过的预选赛只有对土耳其（荷兰在没有他的情况下输了比赛）以及对圣马力诺。接下来的两场赛事是在他家门口对法国与对比利时之战，在那之后，他原打算随即退役。

同时，阿森纳方面接受了丹尼斯永远不坐飞机的要求，他的工资也会相应减少。丹尼斯说："他们算了一下，如果我不能打多少多少场比赛，那么多少多少的工资将被扣除，但我并不在乎这些，关键是再也不用为此而烦恼了。我逐渐地感觉我每一步都跨得更远，当时有种不可阻挡的感觉。"

当1998年世界杯来临时，整个气氛变得非常积极，希丁克和戴维斯又成了朋友。荷兰队于是带着他们有史以来最强大的阵容进军法兰西，他们团结、自信、成熟、无私……他们有着巅峰状态的丹尼斯·博格坎普。球队的主要球员，来自过去或现役的阿贾克斯球员，包括7名赢得1995年冠军杯的俱乐部主力。来自PSV埃因霍温队的亚普·斯塔姆、菲利普·科库以及阿瑟·纽曼为球队添砖加瓦。维姆·琼克回忆说："队里的每个人都享受丹尼斯在训练场上展现的一切，我们都是优秀的队员，但他的超乎寻常让人感觉他已经达到了另一个境界。其他的队员感觉这十分美妙，他们真的都很欣赏他，而他会改变你，事实上，我们彼此影响着，改变着。当时那支球队是我所有踢过的球队中最棒的。"丹尼斯自己刚从伤病中恢复过来，伤病让他错过了令人筋疲力尽的阿森纳双冠王赛季的后程赛事。所以希丁克在第一场比赛的大部分时间把他留在了替补席上，那是一场与偏重防守的比利时的比赛，踢成了0：0的平局。大多数人对那场比赛的记忆或许是帕特里克·克鲁伊维特由于肘击对方后卫的胸部而被罚下并被判罚点球的一幕。然而在第二场比赛中，荷兰队摧枯拉朽地以5：1大胜韩国队。这支极具魅力的荷兰队总让人们把它与70年代那支克鲁伊夫与克罗尔的国家队相提并论。博格坎普——这名身着8号球衣的10号位球员，用他的优雅传球与跑位撕碎着韩国队的防线，带球过了三名防守队员，打入了第三粒进球。在小组赛的最后一场比赛，荷兰面对墨西哥取得了2：0的领先，随后便有些松懈（老毛病），最后在博格坎普下场的情况下，在伤停补时被追平。

与1996年的混乱不同的是，球队已成为一个灵活多变的统一体，这是独揽大权的教练做不到的。希丁克解释："整个团队已经不是像1996年那样自私自利了，小伙子们团结在一起，他们彼此传递热情，我当时应该给他们时不时降温而不是去鞭策他们，有时候我都无法从训练场上赶他们走，球队充满了活力。在球队中没有大佬，但有某种自然的等级，弗兰克和罗纳德·德波尔、西多夫、科库、琼克以及博格坎普自然地取得了领导权。他们不会排挤别人，而是带着大家一起前进。他们在比赛的前一天甚至会踢5对5对抗赛。作为一个教练，如果你的球队不是运转良好，你可不会同意那么做。你会非常担心某些球员会因此受伤。但在世界杯期间，球队如此紧密地联系在一起，球员们彼此宽容，所以队员们时不时去踢那样的对抗赛我还是挺高兴的。”

队员们对自己面对墨西哥时的松懈十分懊恼，因此他们都在对南斯拉夫队的比赛前慷慨陈词，激励彼此。埃德加·戴维斯的进球决定了比赛的形式，但那场比赛几乎给博格坎普带来灾难，在上半场他踢得很好，还攻入一球，但在下半场，他对米哈伊洛维奇那个疯狂的犯规动作险些让他被红牌罚下场。米哈伊诺维奇是他在意大利时便认识的对手，当时在角球区纠缠，他给米哈伊诺维奇的胸口来了一脚。丹尼斯说：“我真的不知道当时我为什么那么做，我完全不知道为什么。我确实不喜欢他，但对他做出那样的动作毫无道理，我对我自己当时的行为感到很吃惊……我的行为可谓无比愚蠢，那是片刻的冲动。”显然西班牙主裁何塞·马里亚·加西亚·阿兰达当时的视若无睹拯救了丹尼斯职业生涯中的某场关键比赛。

与强大的阿根廷队的1/4决赛在马赛城的心脏举行。比赛极富戏剧性，就如同阿根廷队4天前在圣埃蒂安迎战英格兰队的比赛一样激烈。但在足球层面，荷兰与阿根廷两队的表现则更精彩。比赛中，博格坎普的才能二度惊艳全场，二度？我们当然会说到博格坎普那个在最后一分钟的绝杀进球，但他在荷兰进第一球时的那一下触球也简直可以说是魔幻。罗纳德·德波尔飞舞般带球穿过了阿根廷的中场防守，然后将球传到丹尼斯胸部高度的地方，那里距离禁区线咫尺之遥，球正朝着他的膝下坠落，但他设法用头把球完美地垫传到了克鲁伊维特的行进路线上，克鲁伊维特也不负重望干净利落地将球打入球门。

* * *

很多人似乎都忘了这一幕，但我将它定为你最棒的助攻之一。

丹尼斯：我也这么认为！大家都忘了这一幕，我当时用额头，指导了球的运行路线。说真的，除了普通的头球摆渡之外，我可不是能经常那么做的，我为此骄傲，没人再提过这事，不过我也不太介意，对了，克鲁伊维特的那一下射门很棒。

最后一分钟的绝杀，如何？

丹尼斯：那是我最棒的进球，至少我是这么认为的，也是因为那个进球所意味的一切。是那个进球让我们打入了世界杯的半决赛，那是一个气势宏伟的球场，很多的观众看着比赛，很强烈的欢呼，我在进球后的情绪也表现得十分激烈。

你捂着你的脸，仿佛在说："我不能相信，我居然做到了那样的事情。"

丹尼斯：我不知道还能做什么别的动作，那很有趣。每个男孩都有个梦想：我要在世界杯上进球。在最后一刻打入制胜进球，是很自然的想法。在那样一个舞台，用自己的方式在这么关键的比赛中进球，对我来说也很重要。我热爱美妙的足球，漂亮的足球，但那必须能代表些什么，那必须带我前往某处，那就是这个球的意义所在。在那一刻我想起七八岁在自己家门前踢足球的场景，这就是那一刻给我的美妙感觉。

当球飞过来的时候，你已腾空而起，离地甚远，即便让美式足球的外接手用手去接球都会有些难度，但是你用脚卸下了球，你当时在想些

什么，有多少是计划之中的，有多少是即兴而出的？

丹尼斯：这是个关于如何制造那种细微空间的问题，我先为来球做准备，已经和队友有了眼神沟通，弗兰克·德波尔完全知道我要干什么。

是你要求的传球？

丹尼斯：是的，是的，我们先有了沟通，我看着他，他看了看我，我会懂他的肢体语言，他会传出这样的球。然后，全速跑出空位，我已经距离后卫五六码远，球过肩飞来，我知道它将飞向何处，也知道自己跑的是一条直线，会在这条线路上有机会进球，如果跑得稍微再远一点，就错过了，球会在这里落下；如果让它弹地后在地面上控制它，那会更容易一些，但之后就会处在角球区。所以我必须跳起来去迎接来球，与此同时，控制住它，再一次上演对莱切斯特时的那一刻，得把它控制到内侧，因为后卫正从另一侧急速奔驰而来，他是跟着我的方向跑来的，所以只要我改变一下球的方向，自己也改变下方向，他就被甩开了，于是便有一个大好机会，的确当时已经有点靠近底线了，但我依然得到一个射门的好机会。

那是令人诧异的停球能力，你是如何做到的？

丹尼斯：我先前谈到在地面上保持平衡，这也与平衡有关，如果当时不得不在空中完成停球，就必须尽可能保持相对静止与平稳，就像你站在地面上一样，不过是在空中停球。如果我动作太大，并且试着用内脚背停球，那么球就有可能朝着后卫飞去，所以我希望球停在我的脚尖，那才会给我一个最好的机会，一个最好的去控制住球的机会。我对自己脚的角度并不担心，因为那是我一直以来都在做的事，我知道我能控制住任何飞向我的来球。但是我当时希望能非常稳定地卸下球，我没意识到自己跳得有多高，但我希望在那个点，卸下来球，不是在别的点，就在那一点上，所以我必须跳起来，去触碰来球。

在球飞向你的过程中，你回头看了几次?

丹尼斯：当球飞过来时，我先看一眼球，但当时风不大，所以我朝前看，持续冲刺以便能接到球，我已经知道了来球线路，所以到最后一刻我知道："好了，现在我必须得跳起来了。"然后当我跳在空中的时候，球到了我的脚上。那一刻确实有一点点计算在里面，但更多的是经验。

那么当你卸完球以后呢?

丹尼斯：我只想，这是第一步，我想让动作一气呵成，当时触了三下球。期间每一步都可能出错，所以我专注于每一步，不过我不知道具体的步骤会是什么，我只有在正确地完成了第一步后才能完成第二步。如果球偏离了一点，那么我就得随即做出调整。

于是你成功卸下了球，将球踢向反方向，摆脱了后卫阿亚拉，制造出了更好的角度，但你没有用你的左脚射门而是用右脚的外脚背。

丹尼斯：是的，因为我当时感觉那样更有信心。球当时在我的两脚中间，我有信心，而且当时的角度用左脚去踢也不是最佳的，因为那会是另一种射门方式，所以我选择了用我的右脚，完美的右脚外侧，瞄准门柱，让它转进球门，而这需要划出弧度，那正是我想要的，足球远离门将，飞入球门。

你当时有没有想过那个球他会扑到？

丹尼斯：没有，你知道，有时候人会心想，这不会有错，不会。

那就是你当时的感觉？

丹尼斯：没错，怎么说呢？拿不同的运动来说，比如100米跑，当你知道会赢时，或者铅球运动员投出球的那一刻，就是那种感觉，在前两下触球之后，那一刻，你全情投入，仿佛你的一生就是为了被带到那一刻。

我认为，那场比赛是赛事最佳场次。

丹尼斯：是的，对我们而言也是，那可能是我们最巅峰的时期，后来坠落了，很可惜。

我没有发现你在进球后已经筋疲力尽。希丁克让你继续在场上再做些神奇的事情，而两天后，你们得在半决赛面对巴西队，你们对他们的战绩一直不错。

丹尼斯：比赛起初，我感觉不错，但当比赛继续时，我感觉双腿有些无力了，我觉得我有足够的力量支撑到一个机会出现在我眼前，但那没有发生。我当时已经筋疲力尽，但肾上腺素让我保持警惕，在互罚点球时我射进了点球，但我对点球结果非常沮丧。罗纳德·德波尔那一脚，太慢了，太慢了，那样不对，我真想自己去主罚。科库也射失了点球，但他是射向角落的，我认为那算是个神勇的扑救，不过我当时几乎发狂，情绪激动，不过你们不会察觉，我把它深深隐藏了起来。

但当范霍伊东克在伤停补时被巴亚诺拉拽球衣而摔倒，而阿里·莫哈默·布塞伊姆（来自阿联酋的裁判）没有给予点球时，你也狂怒了。

丹尼斯：范霍伊东克因为假摔而得到了一张黄牌，但那个球绝对应该被判点球的，而我当时会去罚那个点球。虽然我当时已经累得筋疲力尽。

* * *

丹尼斯当时已经决定在2000年欧锦赛后从国家队退役，但他没有告诉任何人。他说："我不想制造那种离别的气氛。那种，这将会是博格坎普最后做这个或做那个，他的最后一传、他身着橙衣的最后一步之类的。我愿尽全力避免这种事情。"

新教练弗兰克·里杰卡尔德有时会用新人路德·范尼斯特鲁伊和帕特里克·克鲁伊维特作为双前锋，而告诉丹尼斯那只是一种实验。"我可不是笨蛋。"丹尼斯记得，"我在足球圈的时间已经足够长了，能察觉到某些事情在发生变化，我可能会被放在次席。或许里杰卡尔德想把体系改为双前锋，而他打算把我作为第三选择。我当时在阿森纳有点不在状态，我为此有些担心。"但双中锋的特点过于相似，而范尼斯特鲁伊随后又撕裂了膝盖韧带，现在丹尼斯在队中的角色又变得毫无悬念了，他将会在克鲁伊维特背后充当一个略微拖后的影子前锋。

荷兰的媒体习惯于记得丹尼斯在阿贾克斯的日子，困惑于他已不能像以前一样进很多球了。

丹尼斯说："我在阿森纳已经变成了另一种球员，更像是一种创造机会的中场，一个助攻者，在阿森纳他们能接受我进球变少的情况，因为他们知道我的助攻数在不断增加。在英格兰我进了120多个球，并制造了120多次助攻，但在荷兰队，我还没有这样的声誉。"

丹尼斯与里杰卡尔德相处得不错。丹尼斯认为："作为一个教练，他给了我很好的感觉，我们有条不紊地集中精力工作，约翰·内斯肯斯作为助理教练也为此做了极大的贡献。让我惊讶的是里杰卡尔德的演说能力。他总是极具说服力，他告诉我们，我们能建立伟业，那些如同他自己所成功经历过的事情，但我们不得不把其他的一切放在一边，他确信我们将会成为欧洲冠军，只要我们百分之百地投入身心，为之而努力。赢得欧洲杯冠军成为了一项使命。”

在起初的两场小组赛，丹尼斯在他新的位置，更向后位置，引领荷兰队战胜了顽强的捷克队和丹麦队，然后他们战胜了以替补阵容出战的法国队，之后在1/4决赛，丹尼斯在南斯拉夫队身上制造了一个6：1的毁灭性的打击。荷兰的爱国主义通过足球狂热地传遍尼德兰，从小镇到城市都被各色各样的旗帜淹没，而荷兰队所驻扎的霍德鲁小镇则被染成了橙色，这让丹尼斯心神不安。

丹尼斯说：“当人们在背后支持你的时候，非常棒，他们的热情确实激励你前进，但这有些过头了，太多的橙色面具和假发令人感觉有些歇斯底里。当你在国外时，你很难意识到国内在发生什么，当你在法国打开电视，那很美妙，很放松，那会让你暂时忘记足球。但在2000年，每次打开电视，歇斯底里的橙色便突然溢出，布满了你的酒店房间，几乎所有的节目都是关于我们的，关于我们那个几乎唾手可得的冠军。你无法把这种狂热赶出你的房间。”

似乎在半决赛战胜意大利只是走一个程序，它似乎理所当然会发生一样。但最奇怪、最一边倒的比赛制造了一个离奇的结局，意大利在赞布罗塔被罚下只剩10人应战的局面下，全场只有过1次明显的机会，而荷兰则有超过20次机会却无法得分，甚至错过了2个在常规时间中的点球。在点球决战，他们错过了3个点球。在那样的舞台上，虽然说丹尼斯在点球方面的发挥会好过弗兰克·德波尔、亚普·斯塔姆或波斯维尔特，但他却早已经不在场上了。

在第77分钟，里杰卡尔德用32岁的、仅仅在费耶诺德踢了一个平庸赛季的彼得·范沃森换下了鲍德温·曾登。他被换上球场时，只是鼓动球迷制造更大的声浪，除此之外贡献寥寥。

他和里杰卡尔德关系很好，教练肯定不会在半决赛的时候感情用事吧。然后在第84分钟，西多夫上场，换下了丹尼斯。丹尼斯迷惑了，西多夫是挺全能，但他不是像博格坎普类型的关键先生，而西多夫也确实没能做什么。里杰卡尔德的第三个换人在第95分钟，是最奇怪的一次换人，换下科库，换上33岁的阿隆·温特，这个换人除了帮助温特打破了鲁德·克罗尔的出场纪录以外，再无贡献。

比赛显然会拖到点球决赛，但两位以点球技能著称的射手范霍伊东克和马凯都被留在了替补席上。里杰卡尔德后来说他的想法是为球队注入某种能量，但丹尼斯则不这么认为："我仍然认为这是些奇怪的换人，我当时心想：'我的天呐，老兄，你为什么不把我留在场上？记得范·巴斯滕在1988年对德国队的比赛、我在1998年对阿根廷的比赛吗？'我认为我有足够的能力再做出类似的事。我依然全身心处于比赛之中，我没有疲惫，我坚信我能做到：传出一脚决定性的传球或自己进球。但里杰卡尔德把我换下了，我对此非常非常不快。"

就像在世界杯时一样，法国队惊奇地发现他们最害怕的对手被击败了，然后他们在决赛中勉强战胜了意大利队。帕特里克·维埃拉评价说："我一直无法理解为什么荷兰队当时没有赢，他们那一代拥有一切，克鲁伊维特、博格坎普、奥维马斯……我记得我看他们对阿根廷的比赛时，其过程简直令人难以置信。那是一场完美的比赛。当时的法国与荷兰相比，或许技术略逊但身体更强一些。我们后防的4名球员，他们的身体无可挑剔，我们成为了赢家，我们把头放在了荷兰队脚的位置，但或许荷兰队不会把他们的头放在我们的脚所在的位置，那就是不同之处。"

丹尼斯对错失了世界杯和欧锦赛表现得非常难过："我始终不知道为什么我们没有战胜意大利，在点球赛中那样输球很耻辱。世界杯比欧洲杯要重要得多，你能体会这一点。当一切结束后，我们感谢了观众，然后我知道：'好吧，是时候了，现在我要做一个声明并说再见了。'"

* * *

但1998年世界杯依然时常萦绕你的心头?

丹尼斯：我们不应该输给巴西，毫无疑问我们比他们更好。在1996年，我不敢说我们本应该赢，但我们本可以进入决赛，但在1998年，一切都很契合，一切都很顺利，我们本应该赢的，我们本应该能战胜巴西，然后我们能给法国队点颜色瞧瞧，他们不想和我们比，我知道为什么。2000年欧锦赛也一样，我们应该轻松地击败意大利后参加决赛。我们的踢法法国队并不能适应，他们习惯在技术上优于他们的对手，但我们在技术上则优于他们，所以最后我知道我们有真正优秀的球员，但是我们不能再向前更迈进一步了。这很让人失望，因为，在大赛后我们总是说："但是，我们只是个小国……"我们确实有极好的球员，但有时你觉得你需要一些与以往不同的东西，你理解吗?

我们都是技术类的球员，我们都思考，不断传球，用好的方式踢球，但有时你只需要个后卫当自己的前锋，不进球时能拿他开开涮。在前场也是一样，有时候我们需要更简单一些，有时需要在思路上有所不同，但我很失望，我确实应该能赢得其中一项锦标。

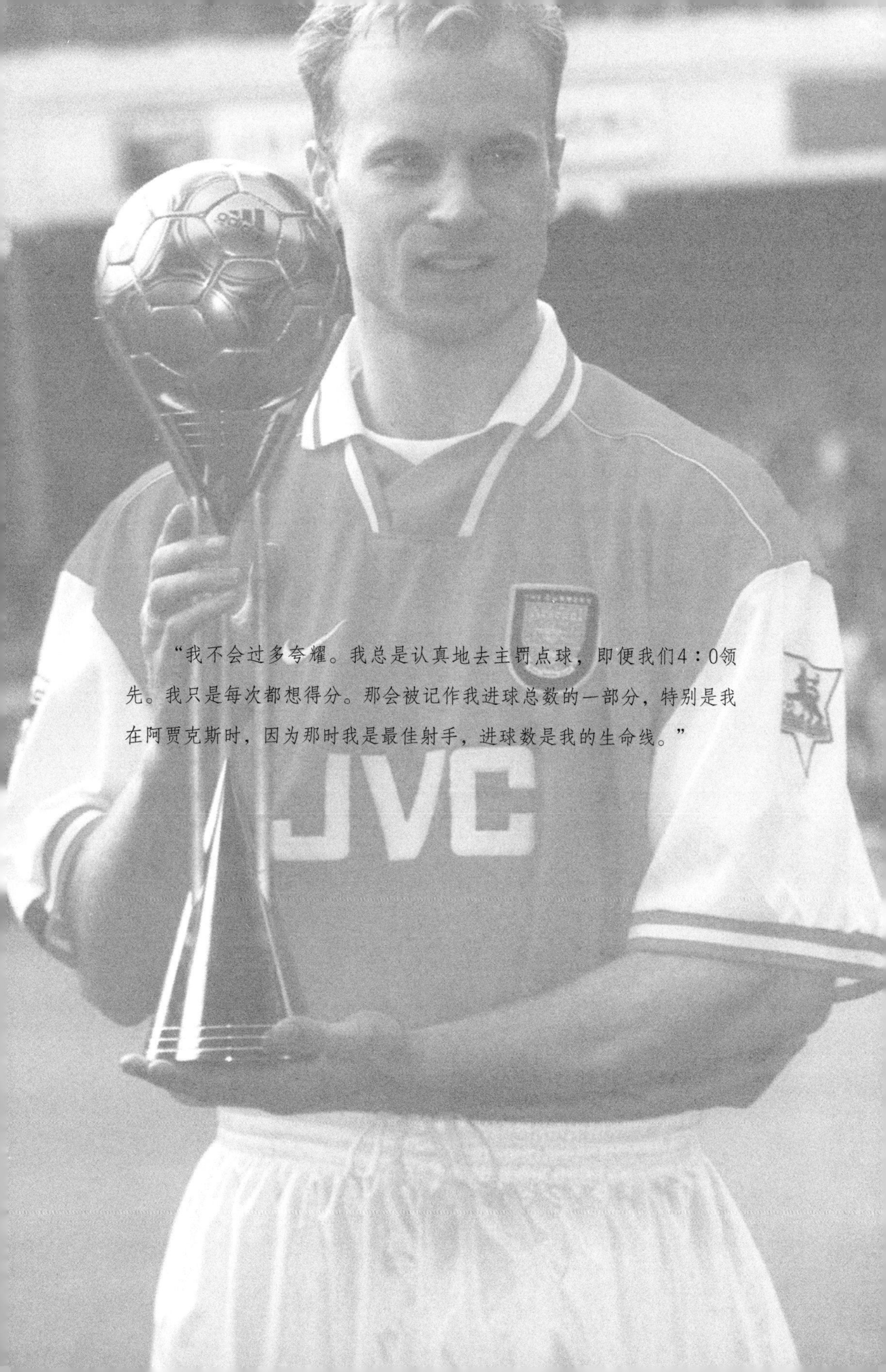

“我不会过多夸耀。我总是认真地去主罚点球，即便我们4：0领先。我只是每次都想得分。那会被记作我进球总数的一部分，特别是我在阿贾克斯时，因为那时我是最佳射手，进球数是我的生命线。”

第十七章　点球

“这难道不是每个小男孩的梦想吗？”丹尼斯问道，“你在世界杯的决赛场上踢球。这只是一对一，在最后哨响之前，你得到一个点球。在梦中，你能一蹴而就。但在现实中，大多数的孩子在这种压力下会被压垮，因为害怕接受失败的结果。但对我而言则相反，当然，踢点球可能会挺吓人的，但听上去可能有些奇怪：我喜欢这种恐惧感，我享受这种紧张感。”

1999年的4月14日，仿佛那个小男孩的梦想时刻即将到来。那是在维拉公园举办的足总杯半决赛，两支英格兰的伟大球队——双冠王卫冕者阿森纳和过去6年中4次的冠军得主曼联把比赛踢成了1∶1的平局。曼联少了一人，因为罗伊·基恩已被罚下场。在终场哨响起之前，菲尔·内维尔对帕洛尔犯规，送给阿森纳一个点球机会。这就像是每个男孩的梦想。丹尼斯·博格坎普主罚这个点球，把球放在点球点上，助跑，这也将会把他的球队送上他们连续两年的第二个足总杯决赛赛场，有机会成就一个前所未有的双·双冠王。

丹尼斯说："我打入了比赛中本队的第一球，点球是射偏了但之前的球进了。但最后这一切都过去了。先前我踢得不错，感觉很有信心。我很想去罚这个点球。当然，那是面对彼得·舒梅切尔。他是个伟大的守门员，他能扑到很多射向角落的球。所以我必须一心一意地踢那个球。那就是我所做的，我一如既往地从点球点退后几步，然后选择了我习惯的角度。那是我的固定动作，放下球，往后走几步，然后决定。我打算把球踢往右下角。先别让门将看出来，然后着实踢向那里，应该没问题。但在那时，舒梅切尔扑到了，像一只猫一样。他的反应能力超过了我的预期。可能他看到了什么，或许他猜对了方向。当我射门的一瞬间，我抬头看，我看到他已经启动。然后我就知道我踢得不好，我在他扑到球之前已经知道了。我抬头看，虽没看到细节，但我看到……这就像一个阴影、一道小闪电，然后……我发现我射失了。那是个糟糕的时刻。"

曼联逃过一劫，这让所有人大吃一惊，包括他们自己，之后莱恩·吉格斯在维埃拉的一次失误后单刀进球帮助曼联赢得了比赛。另一个失误搞砸了阿森纳的联赛冠军，那是在4周后的利兹。替补上场的内尔森·维瓦斯使得吉米·弗洛依德·哈塞尔巴因克无人防守地打入了一个决定性的进球。曼彻斯特联队之后赢得了联赛冠军、足总杯冠军还有冠军联赛冠军。雷·帕洛尔也记得很清楚："在那些日子里，只有两个队，曼彻斯特联队和阿森纳，我们如此接近。我的意思是，丹尼斯如果射进了那个点球，我们就可能赢得双冠王，因为曼联被淘汰了。如果我们赢得了半决赛，他们就会有些抬不起头，他们在联赛中就可能会失分。真是难以想象当时我们距离再次赢得双冠王有多近——一个点球的距离。然后，那场在利兹的比赛，当时是0：0，而我们只需要这一分，但在最后一分钟，我们被进了一球！之后同吉米·哈塞尔巴因克在米德尔斯堡一起踢球时对他说：'你当时干了什么啊！吉米？你为什么那样对我们啊？'他露齿而笑。甚至连利兹球迷也希望阿森纳赢，因为那样曼联就不会赢得联赛冠军。但吉米显然是一个荷兰人，他没有意识到这一点。”是丹尼斯踢得糟糕还是舒梅切尔扑得漂亮？帕洛尔说：“你看，如果你把球踢飞过球门横梁，或踢向球门范围之外，那算是糟糕的点球，但丹尼斯射中了目标，那就是门将扑对了方向不是吗？不过，丹尼斯之后有好几天没说话。我们都对他说：‘丹尼斯，这种事经常发生，起起伏伏。足球就是这样，你总会遇到这样的坏日子，也会遇到些好日子。这次是我们大家的坏日子，不只是你的，命中注定而已。’然后到了2003/2004赛季，在老特拉福德，曼彻斯特联队对我们时也获得了一个点球，也是在最后一分钟，他们也射中了横梁。你敢赌上你的房子说范尼斯特鲁伊会射进。如果他射进了那个球，我们在11月就输了。取而代之的是我们整个赛季不败，这就是足球中不时会发生的转折，有点像是命运，而曼联，那一年就是多了那么一点（好的）命运。”

托尼·亚当斯记得丹尼斯当时有多难过：“这是他最后一次去罚点球不是吗？我记得他再也没有罚过点球了。我们不怪他，从不，永不。但对他而言，那次是创伤。我能看得出来，他比以往更安静了。我也总是试着不去打扰他，因为他看起来像是能自己处理好。他像贝克汉姆，有情绪管理的智慧。在对阿根廷的那场比赛后（贝克汉姆在1998年世界杯负于阿根廷队的比赛中被罚下场）我让他笑，我说：‘对你而言这没关系的，你会得到下一次机会的，但这是我的最后一次世界杯，而你把它搞砸了！’而我这么说似乎帮助他从阴影中走了出来。他会有点钻牛角尖，那太正常了。丹尼斯的反应也是十分丹尼斯式的。”

* * *

那没成为你最后的点球是吧？

丹尼斯：没有，我依然还是主罚了其他点球，没有问题，没有犹豫，没有射偏。但那次射失确实困扰了我一段时间。之后的那个赛季，蒂埃里·亨利成为了我们的点球主罚者。这并不会使我困扰。如果有人在某些方面比我更出色，那么他们就应该去做，这对团队有益处。无论如何，那时我已经变成一个助攻者而非一个进球者了。我没必要去进那些额外的进球了。

你当时的第一反应是什么?

丹尼斯：怎么说呢，我不是一个受挫一下就会一蹶不振的人，我当时确实很生气，但必须让它过去，然后想办法去弥补。依然是一对一，我们依然多一个人。但之后，吉格斯进球了。有时候，胜利是一种习惯。曼联有这种胜利的习惯，他们接受这种习惯，这就是足球。那不是属于我们的日子，不是属于我的日子。那是属于他们的日子，属于他们的赛季。你不知道这为什么会发生。那就是运气吗?什么形式的?你能为之努力，但真的，什么是运势?你不会默认接受它，你会设法与之抗争。然后就意识到，就是那种冥冥中的事情。

我应该在罚点球时做得更好。但那个赛季，一切都偏向他们似的。如果你看看不败一代，我能肯定，一个赛季中会有40到50次机会，事情会恰恰走向相反的方向。在第15场联赛中我们对曼联的比赛也是一样，可能造就另一个结果，如果打平，那么我们的不败纪录会持续20到30场。这种事情在足球世界中真的很奇怪。

这无法被分析出来?

丹尼斯：我想不能，因为球队的实力相差无几。它不像是测量三个角的角度。球队之间的水平很接近，有时你的球队更棒一些，或者有更好的球员，亦或是更在状态。而有时，则恰恰相反。“为什么球没有进?我做对了一切。”那也是我对点球的第一反应。“我一切都做得不错，但舒梅切尔是一个伟大的守门员。”接下来开始自欺欺人了，因为球没有进，所以就是不够好。我太失望了。然后是对利兹的比赛，真是太失望了，特别是在1998年夺得过双冠王之后。

人们都说那是个决定性的时刻，你本能打垮曼联队。不仅是因为错过了点球，而且那是阿森纳的第二次双冠王，那可能会建立某种支配式的优势。

丹尼斯：怎么说呢，我不确定能通过一个点球决定这一切！我不是很肯定会造成如此大的影响。从内部来说，错失让我们球队感到很受伤。但这不像是那种："噢，我们不得不重头再来了。"我们曾经真切地感觉到离胜利那么近。在之后的几年里，我们总是第一或第二。至少1999年证明了1998年并非昙花一现，不是侥幸。我们足够好，能与他们竞争，而在我的前两个赛季，我们相差甚远。所以说我们有了进步，那是贯穿整个俱乐部的进步。当时的想法是：我们现在已经相差不远了。

回头看，奇怪的是，即使是在阿森纳最好的几年，我指的是1998到2004年，曼联总是领先那么一点。帕特里克·维埃拉说："我认为首先你不得不称赞曼联。每次我们赢得联赛，他们就能更强势地回归。但真正难做到的是不仅仅赢得一次，而是一下连续赢得两三次冠军。我们不知道如何能持续保持不败金身。我们失去了某些东西，我们输掉了一些不应该输掉的比赛，还有一些细节的区别在于，作为一个俱乐部，曼联已经多年习惯于此。我们想要建立某种统治，但曼联早就拥有了它，所以我们落后几步。"

蒂埃里·亨利指出了经济不济的问题："当时，在俱乐部的每个人都知道我们必须保持我们的球队配置，以便能拥有一个新的球场。基本上，一切都是为了那个新球场。我们当时虽说不差，但曼联每个赛季都增加两三个队员，而我们则每个赛季失去两三个队员。奥维马斯和佩蒂特去了巴塞罗那；罗贝尔（皮雷）去了比利亚雷亚尔；维埃里去了尤文图斯；大卫·希曼去了曼城并退役，李·狄克逊退役，奈吉尔·温特伯恩去了西汉姆并退役；弗雷迪去了西汉姆、美国大联盟，然后才回来。我不想谈论我不知道的东西，我不知道高层发生了些什么。但我想说，温格在过去几年做得已经非常好了。如果和曼联相比，或许你会说：‘噢，可能不够好。’但在被给予有限资源的情况下，温格做得不差。”

帕洛尔也说曼联真的是一支顶级球队：“他们的中场有基恩、斯科尔斯、贝克汉姆，巅峰的吉格斯，然后加上前锋科尔、约克、谢林汉姆还有范尼斯特鲁伊，在后面的斯塔姆等等，这样的质量，真是一支地狱军团。我们自己有一支很好的球队，也很看重和他们的比赛。一旦赛程出来，我们会首先去找‘我们什么时候和他们打，在什么地方和他们打’，我们先找的就是曼联。1997/1998赛季是令人惊奇的，因为我们曾经落后12分，但我们知道如果我们在老特拉福德打败了他们，我们就能跑得很好。奥维马斯打进一球，我们击败了他们，我记得我们连赢了10场。我们在剩余3轮比赛的前提下提前赢得了联赛冠军。我们知道我们有一支优秀的团队。我们知道我们可以在未来很多年变得有竞争力，因为我们有一个相当好的年龄结构。现在我们知道曼联会朝他们肩膀以上的方向上看了。因为过去很轻松就能赢得冠军，而现在，弗格森会像这样说：‘哇……这支球队挺强大，这支球队值得一战。’因为我们每个赛季都紧逼着他们。”

* * *

（丹尼斯说：“在足球世界中，赢球有时候是一种习惯。我们与他们贴身抗争。但如何改变这一习惯？这就是历史。不仅在我的时代，而是在整个曼联的历史中。”）

我不敢苟同。

丹尼斯：你不认为曼联是一个比阿森纳更大的俱乐部？

取决于你如何看待它。在20世纪30年代，阿森纳是巨人而曼联还什么都不是。在20世纪50年代曼联有巴斯比爵士，人很好，然后去世了。10年后他们的球队复活，查尔顿、贝斯特、劳携手赢得了欧洲冠军，那也是巴斯比爵士在去世时想要获得的冠军。这便是俱乐部奥秘的源头。但后来他们进入一个长期的衰退，25年没有赢得联赛冠军。

丹尼斯：但平均来说呢？我的意思是，他们不是经常第二吗？

我不这么认为。让我们查查看。好吧。1968到1992年之间曼联第二，只有4次，并获得了一些杯赛冠军。有一年降级，有几年里利兹是巨人。之后的20年，利物浦是巨人。而当你到达的时候，卫冕冠军是布莱克本队。诚然，曼联开始抢眼了。他们在1993年成了联赛冠军，1994年成了双料冠军。在你到来的第一赛季他们再次得了双冠。但这种他们是一支“一直赢球的大俱乐部”的感觉是近期形成的。

丹尼斯：这很奇怪，因为我有不同的印象。当我第一次来到这里时，感觉他们是一个很强大的竞争对手，不仅仅对阵他们，对其他的球队也一样。在我的第一个赛季，我们进军到欧洲优胜者杯。每个人都很高兴。曼联很多年都拥有取得成功的一切条件，我在阿森纳没有这样的感觉，我们当初没认为自己能去竞争冠军。在我来的第一个赛季，我们会像这样：“优胜者杯呀！耶！”而我们赛季结束时排名第几？第5？但之后我们有了进步。在我看来，在那七年之间我们与曼联已经几乎持平了，有一些赛季我们甚至优于他们。在不败的赛季显然是优于了他们，还有在那个赛季之前或者之后的一两个赛季。那些对俱乐部而言都是长足的进步，长足的。

我们能回到点球的话题吗？如果只谈在维拉公园的那次是不公平的。长久以来你的点球都是很过硬的。你几乎没有在阿森纳、国际米

兰、阿贾克斯或荷兰国家队射失过点球。你的点球技术似乎没有多余的装饰，没有风险，不是吗？在一个没有多余动作的助跑后，坚实地直窜死角，助跑不太长也不太短。

丹尼斯：我不会过多夸耀。我总是认真地去主罚点球，即便我们4：0领先。我只是每次都想得分。那会被记作我进球总数的一部分，特别是我在阿贾克斯时，因为那时我是最佳射手，进球数是我的生命线。

你考虑过"勺子"或改变下助跑吗？

丹尼斯：在训练中会，只是为了好玩，但不会太认真。帕内卡当时真是个天才，在点球的那一刻想出用勺子的办法可谓是个惊人的解决方案。帕内卡知道他最好的机会就是往中路吊一个高球，因为塞普马耶尔总是会扑向一侧的角落。从那时起"勺子"点球成为一个危险的命题，如果门将留在原地怎么办？就像克鲁伊夫与奥尔森的点球，当克鲁伊夫把球（从点球点）横传时，奥尔森进了禁区，每个人都站着惊呆了，没人知道发生了什么事情。奥尔森引出了门将然后又把球传回给克鲁伊夫，然后射入了球门。但现在的话你的对手会很快做出反应。有一段时间，通过漫步般的助跑诱骗门将先做动作成了一种时髦。我也做过几回，但我感觉不太舒服。因为我在助跑时会有犹豫，我会开始质疑自己。所以我立刻改回了我屡试不爽并信赖的方式：直线助跑与直线射门，实际上是一气呵成完成的高能动作。

为什么荷兰国家队对点球大战有这么严重的问题？

丹尼斯：我踢过5次大赛，而其中4次我们因为点球而被淘汰。这太令人沮丧了……更令人沮丧的是当你自己射入后，你能做的就只是期待，但点球永远不受你的掌控。

作为旁观者，我感觉这事似乎非常离谱。是不是因为你们的技术都太好了，所以不把点球视作德国人认为的某种特殊的必须要训练的一部分？是不是态度问题？荷兰是不是对点球不够认真？

丹尼斯：你怎么会对点球不认真呢？

我不知道。为什么西多夫总是去踢点球但总是踢飞？

丹尼斯：你认为这是关于练习多少的问题吗？

你们训练得足够多吗？

丹尼斯：永远不会足够多。什么是足够多？你不能每次都模拟出一样的压力。你可以练习再练习，但当你真正进入一场点球决战还是不同的。所以，你必须首先准备得足够好才能去罚点球，然后你要处理压力，当然，这是精神上的事情。这不仅对西多夫而言，对其他去罚点球的人也是："我要去罚这个点球，我会以某种方式罚。"也许这是一个荷兰式的问题也许是关于傲慢的问题。

你的意思是有时候这太复杂了，像罗纳德·德波尔对巴西时？他的假动作造成了灾难？

丹尼斯：这是你说的。

你自己说："那不是我会采用的方式。"

丹尼斯：你可以尝试些什么，但你如果想玩它，你就低估了压力。这不是说你没有认真对待那件事。他（罗纳德·德波尔）是认真的。他认为：“这是最好的方式。”也许他的方式在训练中奏效了，但当有压力环绕时……我不会这么做，因为它不是最好的选择。但我很难去说“你应该这样做的”或者“你应该那样做的”，当然，你总应该能做得更好。你还是罚丢点球。但我不认为自己瞄准角落后被别人扑出来或别人踢飞有什么不同。你做了一个决定，这个决定是基于“这是我最好的办法”。但险些就进了还是等于没有进。

人们对于点球和互射点球有很多的学术研究。博弈论者有他们自己的理论。对数字在行的人有一些关于球员个人模式和门将习惯的数据。

好的，但在90年代，我们得到了众多大赛中点球的案例。在几乎25年后的今天，我们肯定应该有了海量的调研，但没有人能得出任何结论。我还从未听说过“这就是为什么你没有赢得点球的原因”这样的话。

好吧，我们知道一些事情，就像掷硬币那样重要，因为先踢的球队有60%：40%的优势。

丹尼斯：你能影响掷硬币吗？我同意这个数据，但它依然是个赌博。无论你做什么，它仍然是一个赌博。你可以有足够的练习，你可以赢得硬币，你可以握住彼此的手，但接下来仍然是去罚点球，而这样的压力是无法在训练中模拟的。

但我们肯定知道好的点球主罚是什么样子的。荷兰错失的点球真是太可怕了。斯塔姆对意大利：疯狂地高过了横梁。保罗·博斯维尔特的点球太轻、太靠近守门员。罗纳德·德波尔对巴西……西多夫对法国……这都是些不好的例子。那在技术上或心理上发生了什么？是恐慌？大家都说“清楚你要做什么”和“改变你的模式”这一类的话。

丹尼斯：那么你认为荷兰人从未想过吗？

好的，想的是什么呢？为什么范·巴斯滕在1992年也射失了？

丹尼斯：你认为马尔科·范·巴斯滕没把丹麦当回事是吗？没有足够的休假？或者说那是他的一种傲慢因为他是个荷兰人？

我不知道。你怎么看？

丹尼斯：他射失了点球。

他向后倾斜了。

丹尼斯：你在想他是不是故意那样做的？大多数时候，人们想有一个原因来解释为什么他们射失了点球。噢，我倾斜了，我一生中有300万次射门，而这一次我向后倾斜了，但为什么呢？因为是点球？因为是舒梅切尔？因为我很紧张？这都很难说。有时候也有那么一点点概率的关系。你不会知道的。我认为马尔科在米兰的那个赛季也罚了很多点球。他总是有同样的节奏，他总用相同的方式……这是很难的。对此人们有大量的研究，很多人都有自己的意见和主张，但你不会懂，除非你身临其境。我能告诉你的是，马尔科确实练习过。他在比赛前完成了10次点球练习。你能说什么？“好吧，但是10次还是不够的，他应该练习50次。”什么算是足够了？什么是好的？什么是坏的？我觉得这真的很难说。

但你也不能像英国人多年来那么说的，这是“彩票”。

丹尼斯：你不能责怪别人说：“你的点球踢得不好，你应该做得更好。”当然，我对舒梅切尔时应该做得更好。但有人会指责我当时没把它当回事吗？我没把舒梅切尔当回事吗？我应该做更多练习吗？拜托！

但当弗兰克·德波尔朝着托尔多使了眼色后射了一个糟糕的点球，那是心理状态吗？那是一个关于不应该做什么的教科书案例。

丹尼斯：你现在是在审判别人？在尊重的前提下我想说，你从来没有处在那个情境之中，而你现在却在审判一个曾置身于那个情境的人？

是的。

丹尼斯：你是在说，他罚点球的方法错了吗？

他确实罚错了。那很糟糕。

丹尼斯：不，那只是一次射失。

那是个糟糕的点球。

丹尼斯：他射失了点球，因此它确实不够好。你不可能说一个被扑出的点球是好球，我一直试图解释这一点。

不过可以肯定的是，一个被神奇扑救扑出的点球同一个飞向蓝天、飞出球场的点球不能相提并论。

丹尼斯：我不清楚。

但荷兰无论如何得想办法在点球大战中做得更好。

丹尼斯：当然是的。

* * *

荷兰已经试图改变策略，但丹尼斯并不确定足协的方法是否会奏效。在对意大利的惨败之后，荷兰足协制定了一项新条例：为了提高国家队的点球能力，自那以后所有的青年队比赛由点球决胜。丹尼斯认为："但你不能只让低级别的青年球队罚点球！荷兰足协想做出改变，那是不错的，但必须更全面地实施——跨越全年龄和所有梯队。你看德国，他们在2000年欧锦赛之后也慌乱过，因为他们在小组中垫底。德国足协在1998年之后就已经准备重新改善他们的体系。在2000年欧锦赛以后，他们做了激进、彻底的改变。他们把训练的重点从力量与体格的能力转到了技术能力上，更接近荷兰的方式了。现在你能看到成效了，德国现在有一批你在15年前看不到的球员：马里奥·格策、马尔科·罗伊斯、托马斯·穆勒、托尼·克洛斯。他们都是优秀的球员，而多特蒙德、拜仁慕尼黑以及德国国家队都踢着极具吸引力的足球。他们有系统地工作，做出整体的改变，产生了不可思议的结果。在荷兰，最低级别的青年队仍然练习罚点球。但其他没有改变！我们获得过一次点球大战的胜利（2004年欧锦赛对瑞典的1/4决赛），于是就没有人再担心了，但那不是应有的解决之道。当你确定问题产生了，你就得从你的内部开始解决这个问题。而不能就这么停止了。如果荷兰足协认为需要让荷兰的足球运动员都学会如何踢点球，那么就必须认真严肃地去实施，这就是我们现在尝试在阿贾克斯做的。我们不只是在谈论点球，我们谈论所有的一切。德国人观察荷兰人然后学习荷兰。现在我们去看看他们，试试做同样的事，系统而集中地工作，实施变革来训练我们的天才们让他们有所不同，我们会成功的。"

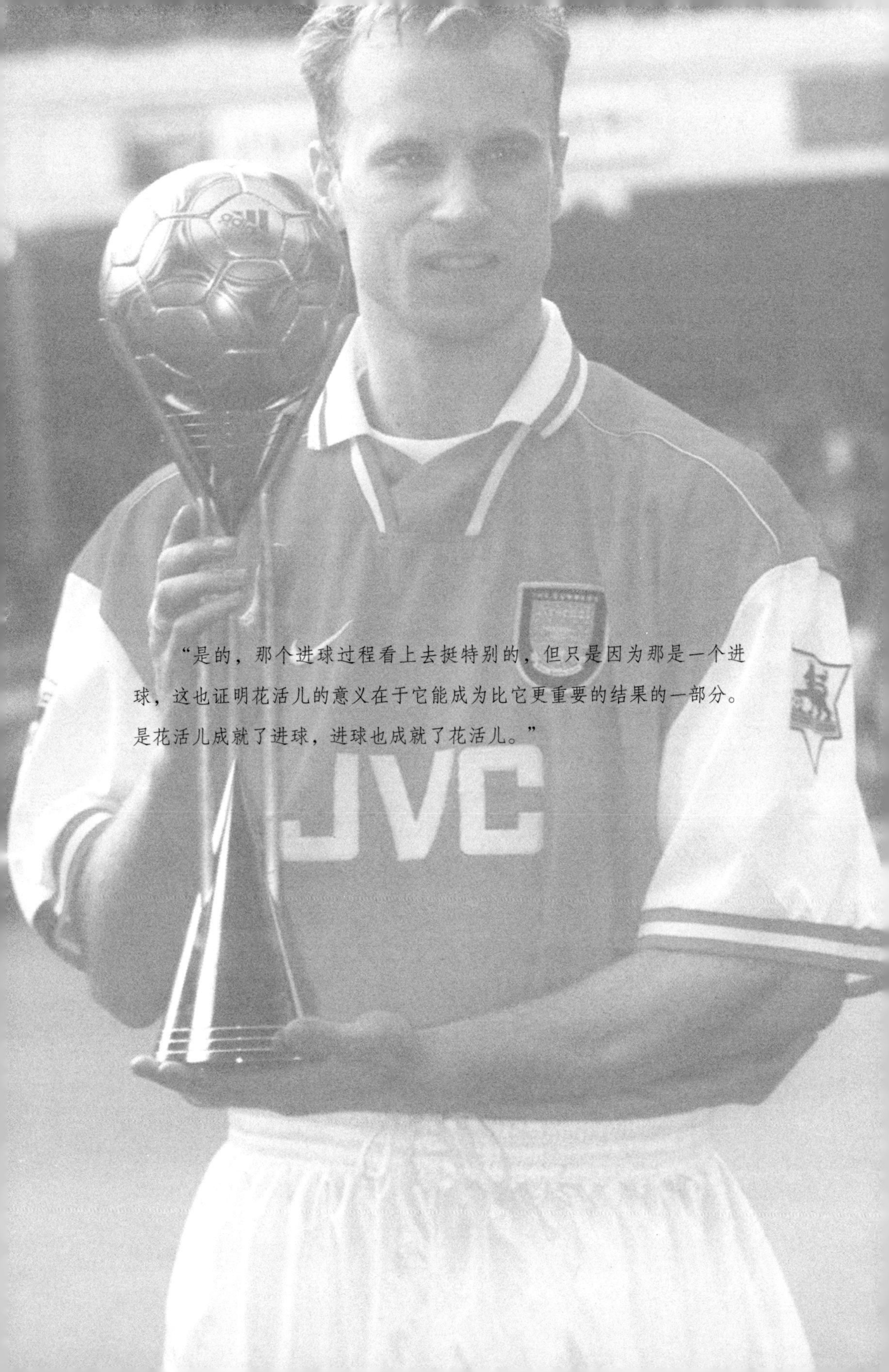

“是的，那个进球过程看上去挺特别的，但只是因为那是一个进球，这也证明花活儿的意义在于它能成为比它更重要的结果的一部分。是花活儿成就了进球，进球也成就了花活儿。”

第十八章　意义的意义

伊恩·赖特："那触球，那转身，他们应该把这些做成慢动作，配上古典音乐，随后放在博物馆里。没错，让人们看看，那就是真正的运动的诗词。"

蒂埃里·亨利："你正在谈论一个伟大的进球，但谈论毫无意义，去看看那个进球吧。"

这两位阿森纳历史上最高产的射手正在谈论球迷们评选出的俱乐部最伟大进球。那发生在2002年3月对阵纽卡斯尔的比赛之中，让我们回忆一下：背对球门，接到一个地面来球，丹尼斯·博格坎普施展出一项从未被人预想到的转身动作，击溃了后卫达比扎斯，把球挑往右侧，自己转向左侧，再次与球相遇，镇定自若地展开身体，将球绕过了出击的门将谢伊·吉文。阿森纳官方希望将丹尼斯的这一时刻以青铜雕像的形式展现在酋长球场之外。可惜，这在技术上无法实现，就如同导演保罗·提克尔所说："如果要雕塑出这样的进球瞬间，你需要让波丘尼

（雕塑家）起死回生才能做到。”

“对纽卡斯尔的这一进球是天才之作，所以不免有人会心生质疑。”伊恩·莱特说，“但是我曾经在训练场上看到丹尼斯做过类似的动作，所以当有人问‘他是不是有意为之’时，我会说：‘他当然是有意为之的！’他有了建筑的空间，他规划了蓝图，测量了一切，所以在那一瞬间他建造了一切。如果有人说：‘但他不可能是蓄意做出那个挑球的啊。’我说那没有什么区别，正由于他有那般机敏的思维速度，他才能迅速调整动作并沉着地完成了射门。”

蒂埃里·亨利面对质疑者则用另一种稍微不同的风格回答：“当有人问我关于那个球的事情的时候，我只是说一句：‘丹尼斯·博格坎普。’然后他们会说：‘是的，但我想问的是他是否有意为之？’‘你是否认为……’我则会再说一遍‘丹尼斯·博格坎普’。那就是我的答案。那一场球我没有上场。我是在家里看的转播，当时我的第一反应是‘什么？！’但你在历史中能找到这样的球员。坎通纳就是坎通纳，齐祖就是齐祖，马拉多纳就是马拉多纳。所以你不必说太多。有时候你只需要去见证。只有丹尼斯自己能告诉你当时发生了什么，而我相信他所说的。他大多数的进球，在拿到球之前就已经想好了，这就是丹尼斯·博格坎普。”

* * *

但你是如何做到的？为什么人们还总是想问你是否“有意为之”？

丹尼斯：这个问题很奇怪，他们问我是否有意为之，这是什么意思？他们认为哪个部分不是有意为之的呢？我是否全然预测到了过程？我是否想到了：“我要往那里踢，然后往这里转动，然后拽一下后卫？”当然没有，是当时的形势造成我的动作。几年前，我曾经问过自己：“你会如何描述一个优秀的足球运动员？”而我的答案是：“最优秀的足球运动员应该能随机应变。”随后的问题就是：“你如何随机应变？”我当时希望皮雷的传球能传到我的脚下，但它从我的身后传来，那不是我所预想的，所以我就考虑：“我现在需要另一个思路。”这就好比梅西启动时，第一个后卫往那里走了，所以他便会往这里走。他是否早就“有意为之”？他是否早就计划好了？不，他是随机的反应，然后再创造。“这里有后卫，所以我往那里走，噢，那里又有一个，所以我放低我的肩膀……”如果有人问：“你是否有意去进那个球？”我会说：“不，当我坐上去纽卡斯尔的大巴时，我没打算进一个那样的球。”

当你的左脚朝着球去的时候，明显是打算轻轻挑起那个球而自己转向另一侧的。你的脚把球往右踢，但你身体的其他部分早就开始往左转了。

丹尼斯：当然，球是这样来的，而我想往那里去，所以我脑中的想象力说：“好的，我打算试试这个……”这是我的风格中某种“不成功便成仁”的部分。我完全可以选择一个更保险的方式，把球控下来，扣回来，或者再转身。但我知道后卫正在逼近，而球速能帮到我。小小的触碰不会改变球速，所以我能旋转来球，使它回到控制范围之内。

托尼·亚当斯认为你肯定以前已经试过类似的转身了。这个动作是不是早已存在于你之前的某种想象或练习之中，然后等待有机会时付诸行动？

丹尼斯：不，不，没有。如果我第一个想法是“我要控住球”，那么我就不会去做那个转身。但是我当时的第一想法是：“我想射门，我会想尽一切办法去射门，无论球以何种方法来到我的面前。”在球距离我10码时，我决定了：“我要绕过它！”

你是否预测过达比扎斯的反应?

丹尼斯：不，没有。不过我知道后卫会往哪里跑，他的膝盖会有一点弯曲，他站得会有一点歪，这就意味着他无法转身，他不会料到这一切，所以我当时的想法是：我只要把球轻挑过去，随后看看会发生什么。可能后卫会中途拦截到球，也可能球挑得不够远，或者他已经提前预判并提前2码封堵，又或者他会有些措手不及，而我比他快上1到2码。而当时的情况是，我依然没有抢在他身前多远，所以我必须推他一下，所以有时候也需要一些运气。

所以，那是个犯规?

丹尼斯：不，在中途必须做出决定，可能我会选择安全的方式，向我右侧，然后自己射门，也可能朝左面，用我的非主力脚，可是不能完全控制住，但用右脚时，在最后一刻我能射低或射高，（指着球门的4个角落）然后就拉开，射向角落。

所以你是在迅速地计算着?

丹尼斯：那更多是直觉，在训练课和其他的比赛中得到的直觉：知道球是如何弹跳的以及后卫会如何转身。我知道当我推他一把的时候球会往哪里走，以及门将会在哪里。这和我第一次去尝试不同，那脚射门和那一下推挤，我是从过去的经验中得到的。

（蒂埃里·亨利说："你知道我最喜欢那个球的点是什么吗？就是丹尼斯用身体挡在达比扎斯前的那一下，丹尼斯转身并挡住了后卫，那便是他为自己赢得了射门时间和空间的关键。通常当你做了某些惊人的动作后，你就激动了，你看过多少次别的球员在做了一套美妙的带球后就着急地完成射门？丹尼斯则是在做了一件美妙的事情后依然保持镇静，这就是伟大球员与平凡球员的不同了。一个普通的前锋会为自己做出了这样的转身而兴奋不已然后重炮轰门，不！冷静！冷静！你已经做了最难得的事，现在放松，看丹尼斯！他将身体置于达比扎斯与球之间的方式简直令人惊叹。”）

丹尼斯，那肯定是你最喜欢的进球吧？

丹尼斯：不！

为什么不？

丹尼斯：那个球有太多的运气成分，如果后卫后退一步，那么，那个球就没有了，所以那个球不够完美。人们如此津津乐道这个进球，我就决定在电视上看一看，很有趣，因为它看上去和我脑子里想的有所不同。在电视上你能看到后卫，我仿佛知道他在那里，但我当时没看到他，我只有稍微感觉到一点他的存在，他出现了，我知道他在这个方位，事实是球在这里，而我想往那里跑，然后……嘭！一般来说，我不喜欢花哨的动作，我能享受看别人做或者让他们做给我看，但那真不是我脑子里琢磨的事情。我不会去找机会玩个花活儿什么的，那不是我的风格。我的风格是关于触球、停球、传球的。通过一脚传球或者一个停球控球动作，我是否能让自己或者别人直面门将？我是否能制造出空间来传一脚威胁球，那是我的热情所在，我的特长。对我而言，花活儿……怎么说呢？每一件事必须蕴含一种想法，它的背后必须附带某种意义。一个花活儿能贡献些什么？它必须是有其功效的，艺术也要有艺术存在的价值。

但那个进球离不开这个花活儿般的动作。

丹尼斯：是的，那个进球过程看上去挺特别的，但只是因为那是一个进球，这也证明花活儿的意义在于它能成为比它更重要的结果的一部分。是花活儿成就了进球，进球也成就了花活儿。

伊恩·赖特说你对纽卡斯尔的进球，每一毫秒都是有意为之的，因为他曾经在训练中看到你进过一个类似的球，可能有过之而无不及。

丹尼斯：是吗？我不记得了。

他说马丁·基翁负责紧密盯防你，他当时正是数一数二的后卫，你当时据说也是背对球门。球从边路传来，而你用某种方式挑起了球，并非绕过马丁，而是从他的内侧。伊恩说，那是他见过最令人惊叹的场景，因为马丁即便在训练时也总是全力以赴。

丹尼斯：是的，他一直全力以赴。

显然每个人都停了下来并开始鼓掌，甚至包括马丁。

丹尼斯：我不太确定，让我想想……啊，是的，我知道是指哪个球了。那是在训练场上，不过是在海布里时，有时候得去青年梯队的训练课，我想应该就是在那种比赛时发生的。

所以有很多的人看到了是吗？

丹尼斯：可能有88人，或许是77人，总之马丁当时是4名后卫之一，左中卫，这点我能确定。他当时正盯防我，我正从左路跑向中路，他在距离我稍微右侧一点的地方，有点难以描述。但我认为球是从边线处过来的，这就意味着球将会从左侧穿过我的身子，马丁预判我会停球后再过他，从他的视角来看，那不构成威胁。但是我没有选择用右脚的内侧停球，在最后一刻我用脚掠过皮球用外脚背将球搓了起来。

什么？！你在奔跑中急停并扭转了脚腕？

丹尼斯：不，球穿过了我，我绕过了球，然后！咔嚓一下！现在我要去往另一侧，我必须保持平衡，我保证不伤到自己，就好像是："脚跨过球，把它反向挑起，但在一步内完成。通常你会在不改变来球方向的情况下停控球，这次你把脚往右侧迈开就好比带着球一起移动一样，脚再掠过球，别触碰它，现在你的脚已经在球的另一侧了，你便能用内脚背触球了，是对球的不同触碰点让一切变得不同。

然后你停了下来？

丹尼斯：不，我跨过了球完成了转身动作，那是一个犀利的转身，没有停顿。我知道我打算转身，但后卫不知道，所以我转了过来而他却失位了，于是我多了两码的空间，我便射了门，球进了。我曾经试过几次，事实上是个挺简单的动作，又是一件有创造性的事情。我知道要干什么，也知道球要去往哪里。很遗憾没有视频录像，马丁应该会很享受回看的过程的。

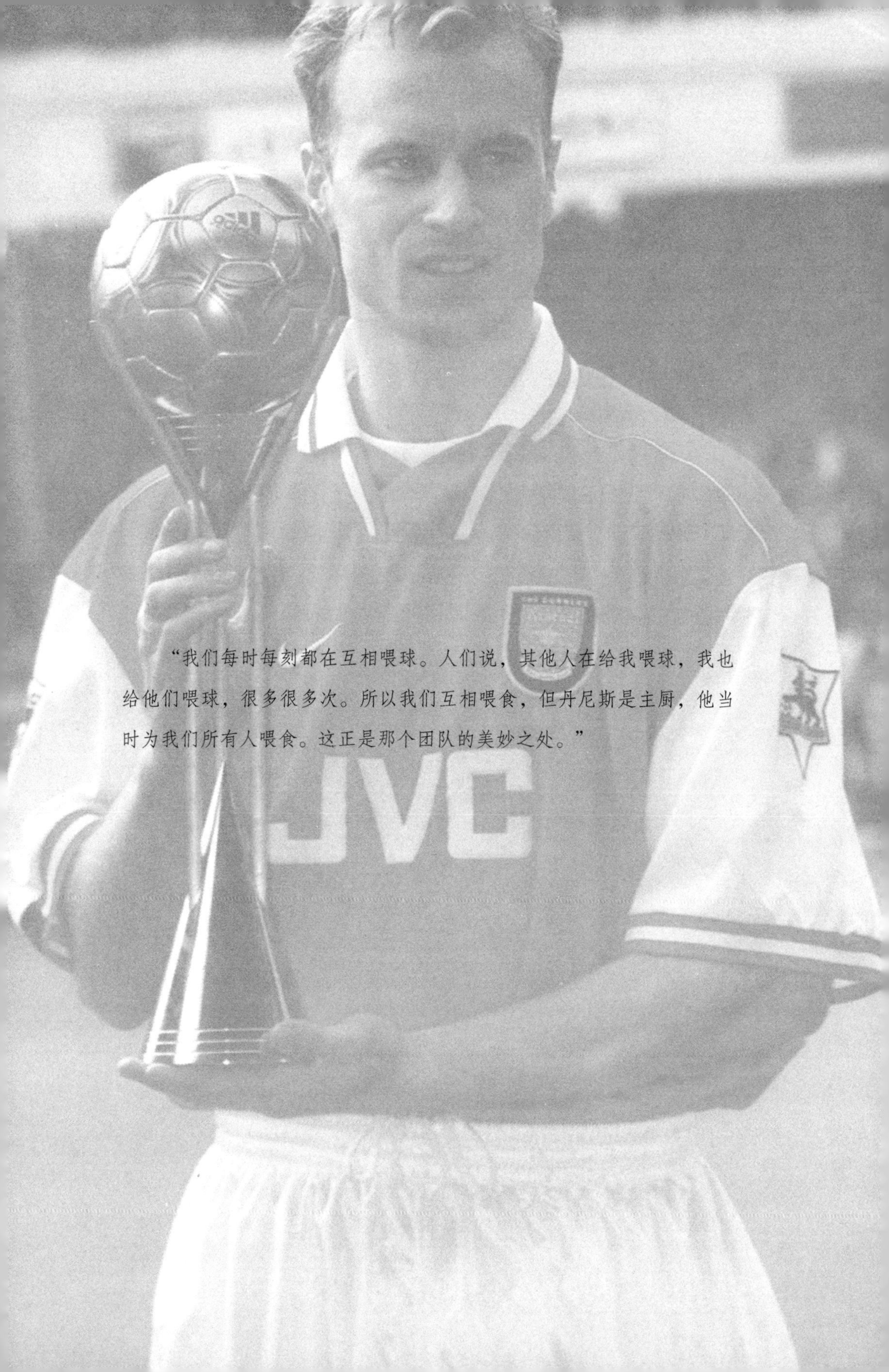

“我们每时每刻都在互相喂球。人们说，其他人在给我喂球，我也给他们喂球，很多很多次。所以我们互相喂食，但丹尼斯是主厨，他当时为我们所有人喂食。这正是那个团队的美妙之处。”

第十九章 主厨

2002年12月28日，在埃兰路球场丢掉冠军后的3年半后，一个完全不同的阿森纳队在利兹联球迷的掌声中走下了同一片场地。来自约克郡的支持者们和别人一样能理解，这场以强大的独具创新的技术足球将他们家乡的球队以4：1横扫的踢法是令人吃惊的。当主队的球迷列队索要阿森纳球员的签名时，利兹联的主教练特里·维纳布尔斯则断言这支新的阿森纳队比过往10年的曼联都要强大，甚至能与20世纪70年代伟大的阿贾克斯相提并论。

这发生在人们把阿森纳称作“不败一代”的两年之前，但他们每周都在重新改写足球的记录。对利兹联的胜利意味着这支卫冕双冠王球队已经在联赛中连续47场进球，在22场客场比赛中得到积分并保持不败，改写了切斯特菲尔德与诺丁汉森林的记录。大多数的观察家预测失败了，而且最后阿森纳带着联赛冠军离开了。BBC网站所设置的问题也早就变成了陈词滥调：“阿森纳是不是英格兰有史以来最强的球队？”

温格不曾刻意留意他的计划是否已接近完成，但在这场比赛后他注意到他的球队正在场地上频繁地换位，四处形成威胁，踢着“伟大的足球，全攻全守的足球”。回顾往事，在对利兹联的比赛中最迷人的瞬间是那个博格坎普式的助攻带来的第4个进球。一脚30码远的传球到了卡努脚下，如同镶嵌珍珠的弯刀一般刺入了主队的防线。但丹尼斯并不在场上，33岁的他和皮雷、永贝里一起在场边休息，3天前他们刚用一场宏伟的4：0的胜利摧毁了PSV埃因霍温队。然而，对利兹联的那脚传球来自一名19岁的小将杰梅恩・彭南特，他只为阿森纳踢了12场球。另一位前途光明的小将帕斯卡尔・西冈把后防线把守得固若金汤，而阿森纳在场上的支配力也持续到了最后。两名替补弗兰西斯・杰夫斯（于32岁在艾宁顿队结束职业生涯）和奥尔格・卢日尼（替补右后卫，本场踢左中场）正在利兹联的禁区深处彼此传着球。这4名球员都没能在俱乐部长久地待下去或跻身于阿森纳的名宿之列，但他们依然在这里踢着极佳的足球，这是如何做到的?

根据顺势疗法的原理，水会随着任何物质的特性而摇摆，即使原来的物质不再存在，它将依然保留这些特征。蒂埃里・亨利有一个更简单的解释：“整个球队受到了丹尼斯・博格坎普的影响。他是我们所有人的模范。如果你自以为聪明，但不知道如何从丹尼斯那里学点什么，那你就是一个白痴！他不用说话。你只需要看。他没必要来教你。你只需要去看他如何踢球就可以了！”

2003年，阿森纳在圣西罗球场以5：1大胜国际米兰，帕洛尔对于自己同埃杜一起携手击败国米的中场球员记忆深刻。帕洛尔说：“他们有一些非常值得尊重的球员，但是我们主导了比赛。他们与我们相差太远。比赛结束后意大利人说：‘我们没想到你们会控制了整场比赛！’我从那时开始越踢越好。”

* * *

是因为温格还是因为丹尼斯？

帕洛尔：两者皆有。丹尼斯一直是一个重要因素。他总是看到他周围的一切，他是非常聪明的球员。俱乐部所有球员都受到了他的影响。温格总是让你思考，和他在一起一直会有高质量、高强度的训练。他总是希望能看到更多的跑位，他喜爱在比赛中看到球员移动换位。你会自觉去填补缺漏，不是吗？如果攻击受阻，你不会只去想："噢，他得快回到自己的位置上来。"你会去帮忙填补。这是有机的一部分，我与左后卫和左边锋的交集不多，但当他们拉往边线时，我会知道去禁区里或去往后门柱。球队中分工明确，你就知道你需要做什么。一个好的球队理论上总是需要不同类型的球员：技术好的球员，他们可以打开局面，像丹尼斯或皮雷，像我和帕特里克·维埃拉这样的工兵球员能控制或尝试把传回来的球送往更好的区域，当然，还需要有好的后卫。

你是否觉察到你们在英格兰已经制造了某种新的打法？

帕洛尔：我不这样认为。我们只是踢球并享受其中。每个人都会去要球，这很重要。球队中没有人会选择隐身而避免拿球。你有时会在这儿或在那儿经历几场不好的比赛，但大多数的比赛都很棒。

蒂埃里·亨利是一个顶级射手，也是球队中越来越具支配地位的球员，他是一个欣赏荷兰式风格的球员。他很清楚阿森纳当时正在追寻的脚步。他1999年从尤文图斯转会到阿森纳时，曾希望穿上12号球衣，为的是纪念他心目中的英雄范·巴斯滕，因为范·巴斯滕在1988年夺得欧洲杯时的球衣号码就是12号。可是由于那个号码已有主人了，他转而接受了14号球衣，而这个号码起初也是因为克鲁伊夫而首次在足球界闻名。他并不是想向克鲁伊夫致敬，但亨利有时会展现出与他一样的速度、技巧以及从左边路内切的特点。他也意识到了这个老一辈全攻全守球员在新阿森纳的影响。

亨利：克鲁伊夫在巴塞罗那成为教练后，把荷兰足球的风格带到了那里，而温格也用他的方式做了一样的事。阿森纳经常使用4–4–2阵型，你可能会说“这不够荷兰化”，有时候阵型则变成3–4–3或别的什么。但阵型并不重要。无论温格排出什么样的阵容，他战术的核心是全攻全守。无论是4–3–3还是没有前锋的6–4–0，我都不在乎，他依然是全攻全守足球。随时发起进攻，每个人都参与进攻，每个人都去防守，这就是荷兰的理念。但在这过程中，你会形成自己的风格。

而他最终形成了一个多么美妙的风格啊。

亨利：我和丹尼斯、罗贝尔（皮雷）、维尔托德和卡努都在同一水平上。我们每时每刻都在互相喂球。人们说，其他人在给我喂球，我也给他们喂球，很多很多次。所以我们互相喂食，但丹尼斯是主厨，他当时为我们所有人喂食。这正是那个团队的美妙之处。我不知道那两三年我们通过传入对方禁区进了多少球。进球！进球！进球！太多的进球。没有人想过多地粘球，如果一个人带得太长……咻……（模仿坠落的飞机）灾难！每一次传球：一二！走！不仅在球门前，也在任何地方。“他没人防守，给他，他没人防守，给他！”一切都是如此快速！当你有一队聪明的队友而教练又对你们有某种特定要求时，一切都打开了，我们就是那种打开了的团队。记住，海布里可不是一个大球场，在那样的球场里这样踢可不简单。有人说：“这很容易，他们没有在防守。”我会摆出一副讽刺的表情回应：“是的，我知道，但我们是在移动中。”

* * *

温格说：“我喜欢的足球是在高技术水平上完成的，自后场开始组织的，建立在移动与团队合作上的足球，我为什么喜欢这样踢？因为我认为，比赛是为了给每个人机会表达自己的内在，而不只是为他人服务。”对温格而言，那在道义上和以防守为理念的足球是不同的。“比赛带给你的是踢球的快乐。你是专业运动员但这不意味着你应该抛弃踢球的快乐。这基于某种积极的哲学理念，那就是人们有权利表达自己。”

温格喜欢用音乐来隐喻：“对我来说，足球是交响乐，他们越是受到同样的音乐的熏陶，就越有机会演奏出一首好的曲子。球员是职业的，他们知道如何演奏莫扎特，他们知道如何演奏威尔第。而外在的智慧、感受力与指导也非常重要，因为我更像是一个指挥家。”

球队的黄金时代大约从2001持续到2004年。鲍勃·威尔逊仍然惊叹于这个奇迹：能拥有丹尼斯·博格坎普和蒂埃里·亨利在同一球队。威尔逊说：“我仍然认为我们一生都不会再看到那种一个赛季不败的事情了，而且认为那支球队得到的远比他们应得的要少。那几乎是一支完美的俱乐部，一个完美的拼图。丹尼斯和蒂埃里都是非凡的球员，同时，你的队中还拥有好的防守球员。球队里不只是一个队员能改变全局，而是好几个。你有维埃拉，你有博格坎普，你有亨利，你有皮雷……换别的任何普通时代，皮雷都能成为一个超级巨星，当时那一切真是完完全全地令人惊叹。球队在2002年赢得了联赛冠军，在2003年赢得了杯赛冠军，2004年在未输一场比赛的情况下再一次赢得了冠军。同时在2004年的10月将他们的不败纪录扩展至49场比赛。欧冠并不青睐他们。球队那种著名的致命反击节奏是在伦敦科尼训练基地练就的。通过用一些假人充当后卫，球队练习了在7到8秒钟内从后场推进到前场的能力。就像2004年在白鹿巷球场对托特纳姆热刺的决定冠军归属的比赛中，从后场角球到亨利与博格坎普迅速突破带来的维埃拉的进球一样简短迅速。比赛结果常常是壮观的。虽然阿森纳大多数时候做的事情只是进攻和即兴发挥而已。”

蒂埃里·亨利说：“那时候，如果你去海布里迟到了10分钟或30分钟，那么你就有麻烦了，因为我们已经3：0了。在你踏上球场之前，你有预感你会在10分钟内2：0领先。你会在比赛前谈论你打算如何进球，然后你就会进球得分。即便和曼联的比赛，你依然有预感你会进球。有那种你会赢得两三个球的感觉，这很奇怪。你当时甚至不会一直喜欢这种感觉，但我真的记得我们彼此说：'希望人们意识到我们正在做的事情。'我们知道我们在做一些特别的事情，之后我在巴塞罗那也有过同样的感觉。你会看看裁判说：'请不要吹终场哨！不能再多给1分钟吗？我们就不能再多踢20分钟吗？'能如此掌控一些事情真是太美妙了。在对手的眼睛里你能看到他们正在接受这个事实。你并不是在为了一个结果而磨磨蹭蹭地踢比赛，你在用一种正确的方式来踢球并让对手放弃。你不是逼迫别人放弃，你没有欺负任何人，只是你的球队踢得很好，你做了你应该做的事情。你看到其他球队在想：'好吧，你赢了，不管怎样，请停下来。'我们没有赢得联赛冠军，冠军是曼联，但我们赢了一些别的，而对我们来说最大的战利品是当我在意大利、法国或西班牙，人们在街上拦下我，说：'我不喜欢阿森纳，但是你们这些家伙足球玩得不错！'我是一个竞争者，通常对我来说唯一重要的事就是去赢。但这是个例外。"

温格倾向于启用30岁以下的年轻球员，特别是进攻球员："在某个阶段，我怀疑过球员。"

他解释说："我总是尊重和钦佩丹尼斯，他从没让状态下降，他很专注。当然，当你的年纪增长到三十五六岁，越年长就越难保持状态，赢得决定性对抗的可能性会减少，但他能适应这种角色的变化。在身体训练方面，他没有放松。由于他有杰出的视野，他依然能为球队贡献他传球的价值。"

在丹尼斯35岁前后，每年夏天都有传言说他即将退休了。但他依然挑战某种可能性并继续踢球，签订为期一年的年度合同。直至2006年，他的纪念赛成为了阿森纳全新主场酋长球场的开幕赛，丹尼斯已经37岁了，他差点就在2003/2004赛季前离开了。也就是说阿森纳的那个被称作无往不胜的赛季可能因此无法实现。阿森纳在2003年夏天给出的合同工资连他提出续约合同的一半都不到。丹尼斯感觉受到了侮辱。于是他委托经纪人罗布·扬森在媒体上刊登了一则关于续约降薪的消息，这是他职业生涯中唯一一次在媒体面前这么高调。尴尬的大卫·邓恩在一天内改正了合同，而丹尼斯也前往季前训练报到了。

球队那一年也惊险保住不败战绩。亨利说："我记得我们在白鹿巷就已经提前赢得了联赛冠军，老板说我们能赛季不败，但我们对此并不感兴趣。我认为我们有四五场比赛要踢，老板已经在这一行很久了，他明白。他说：'加油伙计们！成为赛季不败的球队！那是史无前例的！"我们的感觉是：'随便吧，少来啦，我们刚赢了冠军啊！'赢得不败赛季听上去不错，但感觉那更像是：'随它去就好，如果能成，那最好。'当我们在2002年赢得双冠王时，我们没有输任何一场客场比赛，那也已经很不错了，但人们早把它忘了。然后接下来的赛季，温格想出了主意，说：'这个球队能够保持不败。'为什么你要这么说，想激励大家？但，这就是温格。他不是想激励任何人。他只是在说他的想法。

"我们在2004年赢得冠军后，我们不是想松懈。我用拳击手来举例，一个拳击手不会没事找人打架来找乐子。你的下一场比赛已经没什么可担心的了，因为你已经是冠军了。所以你会想：'如果那家伙开始跑了，我不必去补位了，因为即便我们输球，那都无所谓，因为我们是冠军，就连球迷们也不会在意的。'我们的下一场比赛是主场对伯明翰。那是我们在海布里踢过的最差的比赛之一。没有人跑动了，没有。朴茨茅斯甚至没有一次机会。然后我们去了朴茨茅斯，我们在下半场一球落后，我们都对彼此说：'好吧，让我们开踢吧。'最后我们成就了赛季不败，而人们至今对当时那支球队津津乐道。但我觉得我当时没有去在意那些事。我也有机会能同伟大的巴塞罗那队一起踢球，也同伟大的法国队一起，而我们当时都没有去想这一点。你不会认为你在制造历史。好吧，当你赢了世界杯，然后举起奖杯，那是很明显的，但在阿森纳，我们从来没谈过这个事情。我们从来不会说：'噢，你能相信我们仍然在保持不败吗？'而我会永远记得在接下来的赛季，我们迈过了诺丁汉森林的42场不败纪录。但我们险些在对米德尔斯堡的比赛时失利了：在海布里27分钟后我们就3：1落后，但最终我们5：3赢了比赛。”

* * *

丹尼斯对不败赛季有多重要？

亨利：非常重要。他在场上的方式，他在场上引导的方式，他接近比赛的方式，他的方式非常聪明。他的视野，他比在任何人都早三四秒洞察场上情况。我认为即使在更衣室，他都能判断出比赛的走向。我们团队中有他这样一个人真是非常幸运。我说的不是年龄而是勇气。在那段时间（职业生涯晚期），我最喜欢的是他的态度。无论什么时候他从替补席走出来时，都能让比赛有所改变，他制造了那一切改变。他可以说：“我不想多踢，我上场就只要进球，其他的我不管。”但你知道有多少场比赛我们是让他控制中场或右中场吗？那伙计还去防守，去铲球，还尝试着得分。35岁的博格坎普。这就是为什么丹尼斯在阿森纳是核心人物的原因。他在比赛最后10分钟上场，去做些什么，然后你看到他以某种正确的态度出现。这就是我为什么说：“是的！他是如此的重要，对不败战绩，也对其他一切而言。当我看到丹尼斯·博格坎普在场上，去铲球的时候……”

在90年代初期，你是主要得分手，你起到很大的作用，但你依然由丹尼斯所引导？

亨利：当你看着他的眼睛时，你能感觉到更多。他仿佛是想要杀死对手，但是以一种好的方式！那就是丹尼斯，这就是为什么我爱他。他会在只有10分钟时上场，但你能看到他非常努力地比赛。你看到他的承诺、他的欲望以及对比赛的热爱。即便他只剩下最后一秒，他都会尝试做些什么，去赢下比赛。真的，他是我们的榜样。他不需要说话。他在那支球队是一个巨大的因子。接受事实：你会踢得更少。理解这一点，拥抱它，然后做得比之前更多更好！做得比年轻球员还拼命实在太伟大了。对我而言能和他一起并肩作战就是一种荣誉和特权。

* * *

（许多人喜欢不败一代，但是当布鲁斯·里奥奇提到这是他的足球理想时，那特别感人。）

布鲁斯对不败的一代显得很动情，他说："那真是太美了，如同芭蕾！艺术！真美！这是芭蕾！艺术！他们任意玩弄对手。作为一个球员，你会不喜欢在这队踢球吗？作为一个球队经理，你会不享受看球员这般踢球吗？作为任何一个球队支持者，你会不喜欢看他们踢球吗？当然喜欢！当然！你认为呢？"

丹尼斯：嗯，没错。很高兴听到布鲁斯这么说。他是个好人，他没有遗憾，也不怨天尤人。他是对的。我看见过一句自己当时说的话，说是我们当时正在重新书写足球的历史。我也认为那句话是对的。温格说我当时正努力去接近完美，其实这对整个球队都是适用的。我们真的很接近完美。当然你也会经历一些愚蠢的比赛，你仿佛不会踢球了，但是大部分时间我们的表现都很接近我理想的踢球方式。

蒂埃里提到，感觉在场上时就知道你会赢下比赛。

丹尼斯：是的，就是那样。你不知道会进几个球，你不知道什么时候你会得分，但是你知道你会赢的。你得理解我和蒂埃里，不过那是一种像在跑100米比赛的感觉，而你是博尔特。这作为运动员是令人难以置信的感受，努力去瞄准目标、追求完美，这就是我们在那些年经历的。你知道你是联赛中最好的球队，每个人都在笑，每个人都很开心，每个人都做出贡献了……真是太棒了。你知道把球踢到哪里。你完全知道其他球员会如何为你跑位，因为你知道他们在想什么。在球队里有这样的感觉真的很有趣。当时你只是经历着。当你回头看……真是一个了不起的时期，有着了不起的表现。有趣的是亨利居然记得所有的细节。我回头看时，感觉我加盟阿森纳后没多久球队就开始成功了。事实上，那经历了两年半或者三年的时间。但在我心里就像是半个赛季，然后我们就成功了，然后又减慢了一点，然后你就到达了某种境界，并由此开始为自己制定了某种不同的标准。

你能把“不败一代”和你踢过或看到过的其他球队相比吗？

丹尼斯：每个人都说1998年和2000年的荷兰队踢出了真正美妙的足球。如果你看看其他球队，然后当然，会有（90年代初的）AC米兰。不过在我看来，或许会想到瓜迪奥拉的巴塞罗那队。打败曼联的那一支队伍（在2009年冠军联赛决赛）……我的意思是，就是那种来自外星的感觉，所有的那些移动，一次或二次触球，还有梅西，能把握住每一次机会去创造出不同……那才是每一个球队都应该去追求的足球。所有其他球队不得不做到他们制定的标准，其他球队开始头脑风暴，思考他们应该如何应对。

所有的这些队都有荷兰足球的魂或者只是我想的太多了吗？

丹尼斯：我不这么认为。很多人真的爱荷兰足球。你看看萨基的米兰和瓜迪奥拉的巴塞罗那。这是一个巧合吗？证据？你问问法国队长帕特里克·维埃拉他最喜欢的球员是谁，他会说里杰卡尔德，蒂埃里·亨利说范·巴斯滕；温格说：“我喜欢荷兰足球。”所有这些与众不同、受人钦佩的球队都有荷兰足球的魂。同时，有趣的是，看看荷兰的影响力消失后呢？在阿森纳，当荷兰元素消失了一点法国元素增加了一点后呢？在米兰，当荷兰的特点消失而意大利化开始后呢？还有西班牙……对我来说，有很多伟大的球队，但他们并没有重新改写足球的理念。当然，曼彻斯特联队是个伟大的球队，但他们到底做过什么与之前其他的球队有所不同？我所记得的利物浦是80年代后期约翰·巴恩斯的那支球队。其他时期的利物浦队赢得过更多的奖杯，但是，约翰·巴恩斯的球队踢出了最精彩的足球，他们能传一整天的球。其他时期的阿森纳队踢出了一些好的足球，并赢得冠军。但有哪些球队踢的足球总能留在你的记忆中？然后你便会想到（90年代初的）AC米兰，你会想："等等，他们真的改变了足球比赛。"

阿森纳球迷中有一种争论，关于你和亨利，你们俩之中谁更好。亨利非常慷慨，称赞你是大师，并说过"这一直以来都是博格坎普的球队"之类的话。你如何看这种争论？

丹尼斯：当然会淡然看待这种争论，我会说亨利是个更重要的球员。我们彼此尊重，我们会互相称赞对方。看看亨利在阿森纳的成就。在很短的时间内，他就成为最主要的得分手并赢得了奖杯。他的速度和进球能力非常出色。他总是很有干劲。人们总是谈论我的干劲，但看看他。在训练中，他让别人看上去都很傻，我一直觉得亨利在每场比赛中都想证明些什么，在每一次的训练课中也一样，这与我很相似，虽然我是用不同的方式……

像你一样，他也是在意大利未能得到赞同的情况下来到阿森纳。当他听到尤文图斯计划将他作为别的球员转会的添头租借到乌迪内斯时，亨利告诉卢西亚诺莫吉（尤文图斯总经理，后来因腐败被判刑）说："我不是一块肉。"然后当他离开房间时他转身说："顺便说一下，我

将不再为球队踢比赛了，等我离开后，我想去阿森纳。”那天晚上他飞去了巴黎，在飞机上与温格不期而遇，并告诉温格他想来阿森纳。

丹尼斯：在飞机上遇到温格，这不像是能发生在我身上的事情！但是，没错，这有点像亨利在阿森纳起步的那段时间。你起初没能发现他的潜力，然后他在对南安普顿的比赛中打入了第一个球。当他换了位置后，在球队中有了舒适感，并开始变得快乐……哇！他真的开始改变了。

我记得你说帕特里克·维埃拉非常像他心目中的英雄里杰卡尔德，作为一名球员和一个人都很像。你会如何比较亨利和范·巴斯滕？

丹尼斯：完全不同。亨利有更快的速度和更多的技巧，还有更多的热情，他更有爆发力。范·巴斯滕更多的是一个完全的纯正的前锋，他能终结别的球队，终结比赛，终结对方后卫，他能毁了他们的职业生涯。他在球场的某个区域内活动，而亨利需要更多的空间，也能从任何角落突然出现。这只是在足球领域。他们的性格也是完全不同的。亨利在足球以外非常接地气。亨利说我是阿森纳最重要的球员，我想的则相反。你知道在某个阶段，人们曾把我和范·巴斯滕相比吗？这真是一种不公平的比较，因为每个球员都是独特的，但如果你看看过去30年来最好的球员，他们确实都接近最顶级水平，都有得分能力和射门能力，都在伟大的俱乐部效力，在重要的时刻有所发挥。

亨利描述了他的所谓冻结技术。

亨利：大多数的前锋停球后便射门。伟大的前锋则知道如何停顿一下。你停下球后，停顿一下，然后射门。有时你看到我很快地射门因为我必须这么做。但当我有足够的时间时，我会延长些时间，我看看守门员，然后我再射门。我不看球，我知道球在哪里，通常我有两种做法。你能像罗马里奥那样射门，他总是等到门将开始起跳时射门。所以用罗马里奥的办法，你总能看到门将在半空中腾跃。这是一种办法。或者你能选择我的办法同样也是丹尼斯的办法，停下球后，然后等门将开始向你的方向出击时，这就是你稍作停顿的时机，然后他就仿佛冻住一般不动了，你必须让他如此般冻住一瞬。不需要太久，但你得能做到这一点。让我们这样理解，他是想冲向你，如果你向下看球，那么他冲向你的同时，你就看不到他。那就是你为什么必须时刻看着他。所以，停下球，抬起头，以眼冻之。

你知道那种场景吗？你怎么描述？老奶奶步伐？当你在别人背后匍匐前进，但那个人看你的时候，你不得不停下来，这就是给门将的感觉。带球过人时也是一样。罗贝尔·皮雷是这方面的大师。停下球，看看对方，然后过人。但你知道这么做有多难吗？如果你让后卫有时间和你一起跑，他就会紧紧相随。于是你停下，就像克里斯·瓦德尔！然后，启动，停下再启动。你知道当你停下后再启动那有多难，但你必须冻住门将或后卫。冻住他！丹尼斯明白这一点，他也有这个技能。丹尼斯知道他必须和他们稍微玩玩。他以前经常喜欢玩一下门将。对我来说这很重要。当你不去看着门将时，他们有时能判断出你会往哪里跑并射门。但如果你打断他的势头，那么有时，连你的射门都无需太费周折了。冻住他！不管门将是谁，这对谁都奏效。从丹尼斯身上，你可以看出他做的每个动作都是他刻意为之的。如果他需要触3次球，那么他就触3次。我很喜欢这种前锋，当他得分后，你能去推敲他起初的一系列动作。丹尼斯的很多进球都如此。

亨利说你也能冻结对手。

丹尼斯：说的太棒了，因为我有同样的感觉，我曾试图给别的球员解释过。我试图教他们，但是效果不佳。我以后会参照这种比喻的。我们会说“在球门前，稳住自己，保持冷静，只犹豫一瞬间”。但亨利这么比喻，冻住门将！赞！我喜欢这种说法！

你们过去没有谈论过类似的事情吗？

丹尼斯：不会去谈这些，每天都在球场上拼搏。当完成自己的职业生涯之后，才谈论其他的球员，他们如何如何，他们现在在干些什么之类的。或许有的球员会在接受采访时，说到一些这个或者那个，但大多数的时间都只是忙于自己的分内事。不会坐下来对彼此说“我是如何看待你的”之类的。

那是球员法则的一部分吗？

丹尼斯：不止如此，足球发展得如此迅速。每个人都专注于比赛或者下一堂训练课，所以没有那么多的时间。你不可能坐下来用一个小时互相称赞一番什么的，这不会发生。

我想你们恰恰相反？彼此互相开开玩笑什么的？

丹尼斯：这会发生，但一些点头和微笑就足以表达彼此对对方的看法了。如果我给弗雷迪或别的谁传出一脚绝佳的传球，亨利会在一瞬间看看我，然后我就知道他承认那个球有多棒。你不会真的需要说些什么，也许只需要点头、微笑或者一点眼神的交流。

鲍勃·威尔逊说，在另一个时代，罗贝尔·皮雷会是一个超级巨星。

丹尼斯：罗贝尔是个重要的球员、一个伟大的球员，他的角色适合他。但我觉得事实上有其他技术与智慧兼备的球员在他身边帮助他激发了全部的能量，他真的能用他的跑位摧毁其他的队伍，还有他的传球，他的足球智慧，他的进球。是的，他是一个出色的球员。

球队为什么能踢得那么好，就像在利兹联的那场比赛那样？

丹尼斯：我总觉得，任何英超俱乐部都可以排出一个好的11人首发阵容。但球队需要好的第12人至16人。在欧洲的赛制，甚至需要21人。这关系到所有人在训练中得到了怎样的鞭策。如果首发11人在训练中是超高水准的，那么替补席也会相应达到一个高水准。如果有人不得不被替换，球队是否还能在高水准上运行？这总是困扰教练员的问题。但我觉得在那些年里，像卢日尼、杰弗斯并未达到首发11人的标准，但他们能在球队踢球，因为每天的训练他们都被逼着在高水准下踢球。这很重要，要达到这一点，主教练任何时候都必须全神贯注。温格说的没错，球队总是取决于5到6名主要球员，然后就得取决于你的最薄弱环节。如果他能跟上那5或6名球员，那么好的，你会很高兴。但如果你担心某一个球员会拖所有人的后腿，那么你就会有麻烦了。你有越多能改变比赛的球员，你就越有可能把其他的球员带到一个更高的层次。

不过温格说的关于尊重比赛的观点也很重要。你不需要一两个重要球员鹤立鸡群，那种所有的目光聚焦在他们身上的球员，因为他们只能决定漫漫赛季中的10到15场比赛。他们不会为你赢得联赛冠军。联赛冠军是由一个团队赢下的，如果那个团队中“能造就不同”的球员们能同时尊重其他球员，那么别人也会因此尊重他们。这太重要了。

回想起来，似乎当时你们那批人从未赢得冠军联赛变得更奇怪了。人们现在会把原因归于在开始两年总是把主场放在温布利球场。

丹尼斯：我们中的一些人讨厌温布利球场，因为那是一个更大的球场，所以他们不得不防守更大的区域。但作为一个前锋，我会得到更多的空间，所以我一直很喜欢它，那还有每场比赛拥有7万人观战的热烈气氛。但作为一个球队，我觉得我们当时还没有准备好。如果我们在那里已经踢过几年球，我们会有能力毁灭来访的球队。你能想象，亨利用他的速度或弗雷迪，或罗贝尔在温布利球场能做的事情。

亨利抱怨了2004年的赛程。你们不得不连续在联赛对阵利物浦，在足总杯半决赛对付曼联，还有在冠军联赛中第二回合对切尔西，所有这些都在8天内发生。这注定会导致一些事情的发生，就如同对切尔西第二回合下半场发生的事那样。他说，英足总应该延期对曼联的那场比赛。

丹尼斯：那个赛季我们想："好的，现在我们已经准备好去赢下欧洲冠军杯了。"我觉得我们有一支伟大的球队，如果我们可以通过1/4决赛，我们会一路过关斩将。但是，我们有很多次如此：你到了某一段时间，你有一两周需要踢这个的1/4决赛，又要踢那个的半决赛，还有一场在联赛中的重头戏。你必须用你最好的球员。如果那些球员由于之前联赛的关系已经累了，或者因为国家队赛事的关系累了，球队将会踢得很挣扎，这不是借口。到那样水平的球队，这种事都会发生。

有一些小小的争论，是关于你缺席了一些冠军杯比赛的。索尔（坎贝尔），帕特里克（维埃拉）和蒂埃里（亨利）都强调过，他们尊重你不坐飞机的习惯，但也认为如果你每场比赛都能上场，或许阿森纳已经赢下了冠军杯。

丹尼斯：怎么说呢，你永远不会知道将发生什么，但我不相信所谓的一人球队论。

可你是球队的重要一部分。

丹尼斯：是的。但是，在一开始，当我在我的巅峰期的时候，我有些比赛也自己开车去，比如对佛罗伦萨和巴塞罗那的比赛，只是不知道会发生什么。我不认为我能在那些困难的客场做出太大的贡献。我意思是说，打个比方，在亨利的巅峰时期，他在对皇马和国米的比赛中踢得很好，在国米的客场我们5：1赢了。但先前有我出场的主场比赛时，我们输了个0：3。

所以你想说你上场的比赛阿森纳输过0：3，而你错过的比赛阿森纳赢过5：1。

丹尼斯：是啊。所以你永远不知道会发生什么。我真的不好说。

但你看起来很难过。

丹尼斯：怎么说呢，那是关于足球的悲哀，如果你错过了比赛。我已经说了很多次。你可以因为伤病错过比赛，你可以因为禁赛错过比赛，但因为其他原因的话，确实是令人沮丧的。另一方面，我的年龄正步入那种一周中踢三场比赛有些力不从心的阶段，我参加的毕竟是最高水平的赛事。俱乐部对此还算可以接受。我也觉得可以接受。我能在周末比赛，然后再打下一周的比赛。

这是从2002开始的模式？

丹尼斯：我想是吧。

你在第二次双冠王的赛季踢了大多数的比赛？

丹尼斯：我想是的。只有当我32或33岁后……开始减少了一些出场时间，我开始……不能完全说是挑选自己的比赛吧，但像是……

你不再是球队的常规首发？

丹尼斯：那是第一次。之后卡努会经常踢我的位置。但我记得不是很清楚了。卡努或者维尔托德那种类型的球员代替我。同时，这也被人说成是我作为一个前锋转变为一个助攻者角色的转变期。但其实在同伊恩・赖特配合时，就已经开始了，当然和尼古拉斯・阿内尔卡时期也一样。有时，我会往后拖一点，然后他们就会成为进球者。我总是这么踢，我记得我一开始来英格兰时是那种高产射手，然后随着我的职业生涯步入晚期，我的位置有了些变化，而助攻也非常适合我。我的速度在那个角色里不是很重要，尽管我偶尔还是会展现一下，然后人们就会变得很惊讶。比如我在对莱切斯特队的比赛中，我从中场开始跑，我记得是加速过了厄普森，然后我挑过门将得分。“瞧瞧他的速度！”但我通常不会在那个位置，看上去我的速度是下降了，不过那更多是因为我在用不同的方式踢球，而不是因为我年纪大了，好吧，这两点都有些关系。

到2005年杯赛决赛，你的速度似乎是下降了，那场比赛亨利受伤所以你独自在前，那场比赛对阿森纳而言挺奇怪的，因为阿森纳整场比赛都在防守，而赢下比赛是靠的最后的点球。

丹尼斯：那是一场非常奇怪的比赛。但我当时当然还有速度，只是更多体现在短距离的冲刺而不是整场比赛的奔跑。是亨利太快了，让我显得有些慢。但我停控球速度、传球和其他的一切，都会比我跑得更快。

我问过温格，有关你如何适应你最后的几年，他说你从不让自己的集中力下降，但你认为这变得越来越难。

丹尼斯：我认为俱乐部是在寻找下一步应该干什么。他们想："我们拥有一支伟大的球队，但丹尼斯已经到了某个年龄，而亨利已经成为一个主要的球员，而温格的哲学是不应该有核心球员，因为如果一切都需要通过一个核心球员来达成，你反而会变得脆弱。"所以他们有了个问题，那时候很多年长的英国本土的球员已经不在了，我也足够年长去引导新球员了。所以他们认为，我自然应该在更衣室起到更大的作用。但他们也担心，如果让我踢得少了，我会作何反应。我认为那些都是他们思考的问题。

他们没有同你讨论这一切吗？

丹尼斯：你觉得温格应该坐下来和你谈："你如何看待的？"那在足球圈会很搞笑，我意思是说，没人会那么做。我当然不会自负地说："让我踢20场比赛，我会很满意。"我不可能这么做。所以那时就有了冲突。我自然每场比赛都想踢，但如果不让我踢，我就会生气（对温格），直到他再让我上场踢球，那又好了。有时我们真的互相争吵。他在我身上用统计学数字，而我有一次对他说："你的统计学数字中哪里能告诉你，我用一个犀利的传球决定比赛了吗？"而他会说："你在最后30分钟跑得越来越少了，你越来越可能受伤，你的速度在下降。"那就是他想说的："你的速度在下降。"我的速度确实下降了些，没问题。但再说一次，我是那个能为你改变比赛结果的人。所以有时我们在争吵时他会说："你就只想着你自己。"于是我便成了坏人。（笑）

声调会提高吗?

丹尼斯：并非经常，但确实发生过。但以彼此尊重为前提，没有脏话，没有直呼其名。有时这会发生在球场上，他会告诉我说我没在好好踢球。甚至之后，当我三十五六岁时，他会说："你还想来参加比赛吗？你想去替补席吗？"他会把问题留给我。而大多数的时间，我会说："我想待在替补席上。"我不知道他在想什么。到底是"我宁愿你根本就不在那里"还是"我就这么尊重你"？我当然知道我在三十五六岁时无法参与每场比赛的事实，但我发自内心地认为我可以。

你不想只上场踢个20分钟比赛?

丹尼斯：怎么说呢，在最后，我已经不介意了，如果我无论如何都在替补席上，我希望能上场。但公平地说，如果他的决定不够明确，他会明确告诉我他会怎么做。所以我们依然彼此尊敬。我们之间的争吵只是限于足球上的事情。到底让我踢还是不让我踢，那真的是挺孩子气的（笑），但却来自内心，对我们俩而言都是。

所以那时候，何塞·安东尼奥·雷耶斯会排在你前面?

丹尼斯：是啊。

现在来看似乎有点怪。

丹尼斯：是啊。

还有谁会代替你参加比赛?

丹尼斯：当我们有了卡努、维尔托德、亨利和我，那就是四前锋为两个位置而竞争，那就是关于足球比赛中的轮换机制的事了。还有“你不能踢每一场的比赛”之类的废话。后来是阿德巴约和雷耶斯等来替我。是的，那是一段奇怪的时光，但对我来说，就像是：“好的，我理解。我尊重你的决定，老板。但是，少来了，是我啊！我能为你做些什么的，我能创造出不同的东西。”有时候，如果比赛太混乱了，他会在最后20分钟把我换上场来控制比赛的节奏，控住球，让传球再次富有节奏了。是那种感觉：“把球传给丹尼斯，我们可以放松一点，然后进入自己的位置，因为很多球员都会丢球太快。”我不会介意因为我依然重要，只是作为不同的角色罢了。我想这会是我在阿森纳最后的两三年了。温格当时说：“我认为你不再是一个首发球员了，当然你对球队依然重要，你打算做什么？”然后我说起我想再续约一年，在海布里结束职业生涯，那里在过去的11年之中都一直理所当然地成为了我的家。基本上，我接受了我的角色。没有什么问题。

没有为不受重用而大发脾气？

丹尼斯：没有，那是可以接受的，虽然最后在冠军杯的结局令人失望。

2006年在巴黎，冠军联赛决赛对巴塞罗那。那本可以成为最华丽的绝唱。然后莱曼被红牌罚下了场，阿森纳只有10人应战。索尔·坎贝尔进了球，你们几乎将优势保持到最后。但最后，他们进了两个球，你们再也没有机会了。

丹尼斯：温格也很失望。我想他脑子里本有别的剧本，比方说你们3：0领先，还剩10分钟的时候，你上场接受一点荣耀。

类似这样的事情，哪怕落后两球，你知道的，只要给我那最后几分钟，我与最后几分钟有某种奇妙的联系。那是某种……你不断地积累，

不断地积累，得到了如此多的奖杯，得到个人的成就，在最后，你终于到了冠军杯的决赛。“天呐，只要让我再年轻5岁！”那可能是我们最希望得到的东西，球队正如两年前一样的强大。我们不是最被看好的，但我们有机会赢。我真希望那时能发生更多美好的事情，当时我们很高兴，我也很高兴。

“我享受那一杆切球。我想打出一杆完美的近距离切球。”

第二十章　高尔夫球手

雷·帕洛尔还记得第一次在英格兰带丹尼斯去打球的事。

“我们经常在每个星期三打球。丹尼斯说：‘你们介意我来吗？’我们说：‘不，丹尼斯！你当然可以来！一点问题都没有。’当时我们自己打得也没多好。所以我们有一点担心。我们想，他肯定什么都很在行。无论如何，我们都坐在了球座旁，大约1点55分的时候，丹尼斯开着他的车来了，然后下了车，他看上去很完美，他有全套的装备，我们都像是这样：‘噢！我的上帝，他肯定打得非常好。’他来到球座旁，我们说：‘丹尼斯，你先打，今天你是我们的客人。’于是我们就到球道处去看。那是大概一英里远的地方。丹尼斯被一群人围观，然后他就挥杆了，我们像这样（朝着太阳遮住眼睛，凝视着远处）……‘打哪儿去了？’……‘我不知道’……‘你看到了吗？’突然之间，丹尼斯说：‘你看，在灌木丛那里。’然后我们开始寻找他的球。接下来等他打入果岭时已经打了13杆。然后他还记下来！‘13。’下一个洞，

9杆。再下一个洞，12杆。天都快黑了！天呐，他打得烂极了！他打了180杆。我们问他：‘你感觉如何，丹尼斯？’他握着我们的手说：‘我真的玩得很开心，伙计们。’我们可玩得不开心！他把球打得到处都是！

“接下来的一周，他又来了，打得越来越好。他就是这样的人，逐渐进步，每周他都有几乎8杆的进步。我想他的妻子也打一些高尔夫，他开始上一些培训课。他没告诉我们他上课。不过突然之间，他掌握了窍门。他开始变得拿手。他开始把他的杆数从刚刚过百变成一百以下。你可以看出他的挥杆动作越来越好了。这只是一个游戏，和足球类似，他努力去学习。他有了手眼协调感。他热爱高尔夫，知道可以破解它。我们每个星期都会在训练之后去打球，你可以看出他的改善。我真是不想去思考他还有什么缺点。对于丹尼斯而言我认为他无论从事哪项运动，有一点是不变的：如果他喜欢这项运动，他将确保自己擅长它，就像他在足球上一样，他会确保自己成为一个顶级球员。”

维克·阿克尔斯说，他见到过一次丹尼斯少有的紧张表情。他回忆道：“我们经常一起去打高尔夫球，有一次我们偶然去沃本，发现伊恩·保尔特也在那儿。他是阿森纳的狂热球迷。于是那里有丹尼斯、雷、我和我的儿子保罗。我们是最后一组走出去的，保尔特说：‘我会和你一起打。我会和你打一个洞。’保尔特和他所有的那些专业人士都待在开球处，就在我们后面。丹尼斯说：‘我从来没有这么紧张过。这比在七八万人前比赛还糟。’这是因为他想做好所有的事情。他不想成为一个笨蛋，你知道吗？而这个职业高尔夫球手正看着他。幸运的是，我们打得都不错，球从底座上飞出，我们大大地舒了一口气，但我从未见过丹尼斯之前有过那种状态。每次我们去打球他都穿着很到位，他和高尔夫球也立刻都变得很合拍了，他所做的一切都会成为专业级的，像训练一样。从他走进大楼的那一刻起，到当他开始穿着球衣，再到他换回自己的衣服回家，一切都是井然有序。他知道每天他要达到什么目标。在所有事上都注重细节。这不是一种强迫症的感觉，而是由于他想成为最好的，这永远都没有改变。他想达到最佳，而他的这一点感染了其他人。”

* * *

（丹尼斯回忆说：“在我哈德利伍德的房子旁边有一个高尔夫俱乐部，但我刚搬去那里的时候却不允许入内。我说：‘好吧，酷，但我真的很喜欢高尔夫，我想成为一名会员。’然后我问了阿森纳，我记得他们写了一封信去，但直到我在英国的最后几年才得以入会。”）

肯·弗莱尔说他们可能不喜欢足球运动员出现在高尔夫俱乐部中。他们认为足球运动员是吵闹且醉醺醺的家伙，会在果岭上小便或怎么样。他说他牵线搭桥，才能让你入会。

丹尼斯：我搞不明白。我的意思是，我能理解他们有预约制，但那像一场噩梦。你必须是俱乐部中9名会员指定的人才行，然后你还要去参加面试，这真的是有些过分。我只是想打高尔夫球！然后恰巧在我隔壁就有一家很棒的俱乐部而已！最后，我开始和一些从学校送孩子回来的父亲们打球，他们中有些人是那里的会员，在那之后，我成为会员就变得容易得多了。

雷和维克的故事准确吗？

丹尼斯：哈哈。我不太记得是不是像雷说的那样了。不过我的版本更好。我一开始真的想表现出“看上去不错”的样子，但在一开始我都无法好好击球。我的意思是，能打到球，但不能像他们那样好。但我还是积极的。我真的很喜欢这个游戏，然后我到了英国。我记得有一年是去苏格兰的季前赛，大多数的人是坐飞机去的，我是和保罗·梅森一起坐大巴去的。那辆大巴装满了其他球员的高尔夫球袋。这是怎么回事？他们都喜欢打高尔夫球啊！每当他们早上有空，他们就会去打上一两个回合。这只是一个关于迈出第一步的问题。但这很难，因为我听见过他们的谈话：有的人的差点为2个，有的人的差点为4个，而我则是36个。而他认识伊恩·保尔特。我们有时也去沃本，我喜欢那里的球场，因为每一个洞都是新的挑战，特别是那些大球场你总会远离果岭。你来到了下一洞，发现情况是截然不同的，而且他们每周都会改变旗杆的位置，我就是很喜欢这一切。我也不知道这是本性还是挑战，或是那种永远无法完美完成比赛的感觉。你在与你自己对抗。你在同一些因素对抗，但这一切又有它的奥秘在其中。

这似乎是一个很精神层面的游戏。小说家安妮·金斯曼·费舍尔写了一本书叫《精神世界的大师》，那本书里有高尔夫球冠军教导你一些人生的课题。这是一个让你始终与自己竞争，并追求完美的游戏。

丹尼斯：是呀！我当时的水平还很差，但你有时候会发现有五六个洞，你会处于某种一切都很顺利的区域，你能集中精力打好每一个球。随后就会认为："我能打好高尔夫！"然后突然又"嘭"，那种感觉又没了。完全没了！我有一次在一轮中遇到这样的问题，我当时完全没有碰到球。在这么多场高尔夫球比赛后，至少应该能擦到一点球的边，但我只是刮到了球的顶部，滑稽的是，你也会看到专业人士发生同样的"事故"，即便是泰格·伍兹。有一次我看到他完全搞砸了。我真的很喜欢这项运动，这是一种挑战。在我职业生涯结束后的两年，我还住在英格兰，我在哈德利伍德自己打了很多轮。没有球童，只是自己带着包，全天候，无论什么天气。我曾经在雨中打过，我就是喜欢待在那里。

这里没有传球，没有队友。

丹尼斯：是的，只是在想办法把球打到想要去的地方。去做这一切的过程真的非常有趣，所以我会在星空台看很多高尔夫球的节目。有时他们会非常近距离地分析一个球员的挥杆。他们对此非常在行。他们有影像，技术性的分析也很透彻，所以我会去看并听取他们的看法，然后与我自己的感受相结合。我想通过这种方式来提高，它也确实奏效了，当然，当你一直持续做某件事之后，你肯定会有所提高。

所以这里有一种比赛，没有人给你钱，没有人在看你，没有人知道，这纯粹是你自己的热情所在，对吗？

丹尼斯：是的，这就是我为什么喜爱自己去那里，在那块球场上，自学自悟。我们在荷兰这里也有一些球场，我也在这里上了一些课。而雷总是很有趣，有一天他说："我知道在拜德福德有一个球场，是个新球场，我会在那里为慈善募捐打一轮。"我说："好的，我不介意，但是什么样的慈善募捐？"而他说："噢，别担心，那是我朋友筹备的。"于是我们到了那里，结果却有200到250个人等着我们。我说："等等！我打得还没那么好呢！"维克早就到了，雷早已经在一旁大笑了。我想："有这么多人在看，我得用铁杆，打得保险一些。"我当时挺紧张的，不过那一杆打得还不错。"一切都过去了，我真高兴。"我这么想到。然后那一堆观众开始跟着我们到球场的每个角落。雷一路都在笑，说着："抱歉，丹尼斯！"幸运的是，过了一阵子观众群变得越来越小了，因为如果你们热爱高尔夫，我们的水平绝对没什么可看的。最后他们都走了，但我真的很紧张。

这倒是挺奇怪的，你平时在10万人的体育场上踢足球，还有无数的人在通过电视看比赛，你没什么问题。但有几百人看你做别的事，你却

快垮了。

丹尼斯：这太奇怪了，你走进别人的竞技场，还打算表现优异。那就是我的感觉。我希望他们回家告诉其他人："那个博格坎普，他还能打高尔夫呢。"所以我变得紧张。我并不是怕失败，我只是想把事情做好。我想给人们留下个好的印象，所以可能会给自己过多的压力："你知道吗，我和泰格·伍兹打过球，但丹尼斯·博格坎普能打得更好。"这种想法真的有点蠢，不过这不算某种自恋情节。我只是想做好，成为一个能把事做好的人。

所以你不会随便套上一件破旧的运动服。

丹尼斯：是的，不会。我必须装备齐全，必须完美。每一件事必须做到位。正确的裤子，正确的鞋子……

我猜，那种动作与控制球的感觉吸引着你，就像足球中吸引你的东西一样？

丹尼斯：让我恼怒的事情就是现在能击打到球，并能做出一定的变化，但那不是真正的控制感。我几乎知道如何去做了，不过还不是真正的领悟。比如我能让球从右向左拐，但还不够精确。我有时候也能打出回旋球，但我不知道我是如何做到的。这真让人沮丧，在足球上，我知道我每一次射门，每一件事，所以我持续来高尔夫球场，持续尝试……

那么网球呢？

丹尼斯：也一样，我的经纪人每年都会举办一项赛事，其中包含了高尔夫、网球、扑克和其他一些什么，有一次是网球而我打到了双打决赛。马克·奥维马斯和我搭档，对阵另外两个球员。当时有前职业网球运动员坐在边线看我们打，比如像亚柯·艾尔汀和保罗·哈休斯，他们都是赢得过大满贯的球员。于是我又有了那种感觉："好的，我要给他们留下深刻的印象。"不过当然，网球要比高尔夫简单得多。

为什么呢?

丹尼斯：打网球，你可以把足球那里的一些东西搬过去。你在用你的身体和姿态打球，你能用到步伐和速度，你能用一点你的小技术。而高尔夫则如此地由内而外，一次挥杆，就会……嘭！必须做到完美，因为1毫米的误差就会导致球场上50码的偏差，那很有趣。

你脑海中有理想的挥杆吗？你梦想过一杆进洞吗?

丹尼斯：不，不是那样的。我也不想着推杆进洞的事。那是一些更深度的问题。你看看你的目标，然后你挥杆，球飞了出去，就像你想要的那样，然后它便落在了那个地点。那不像是那种："噢，我需要一杆老鹰球或一杆小鸟球。"完全不是，这更像是："我享受那一杆切球。我想打出一杆完美的近距离切球。"

这听起来像你想在足球比赛中完成的某种完美的传球和助攻。

丹尼斯：可能是。

因为在你灵魂深处的某个地方，你一直在寻找一些同样的事情是吗?

丹尼斯：看起来是这样，不是吗?

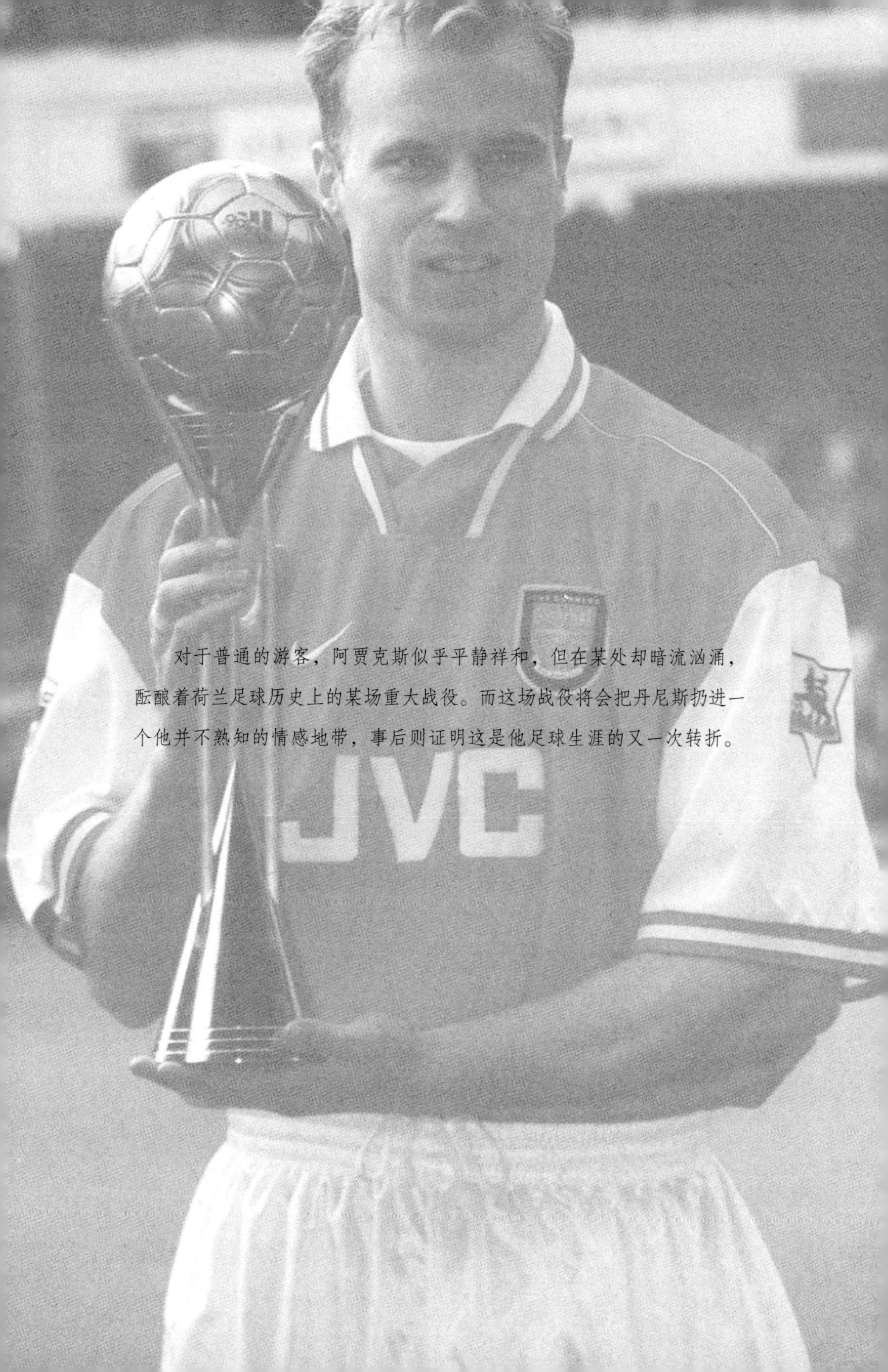

对于普通的游客，阿贾克斯似乎平静祥和，但在某处却暗流汹涌，酝酿着荷兰足球历史上的某场重大战役。而这场战役将会把丹尼斯扔进一个他并不熟知的情感地带，事后则证明这是他足球生涯的又一次转折。

第二十一章　未来的未来

2006年的夏天从阿森纳退役之后，丹尼斯去打了高尔夫，放松了一下，花时间陪伴了家人。

那是一段令人愉快的时光，过了一段时间，到了2007年的下半年，这个受到完美主义驱动的男人，开始感觉到了无聊。几个月过后，他和赫丽塔决定带着全家回荷兰的家，随后他登记了荷兰足协为顶级球员所特别设置的教练资格快捷课程。有一部分课程的时间是与当时还在阿贾克斯执教的马克·范·巴斯滕共事的。

阿贾克斯自从1995年赢得了冠军杯以后，已经衰落了很久，不再是欧洲的豪强球队。当丹尼斯回到俱乐部担任12岁以下青年队教练并首获成功时，事实上，他如同是加入了一个落后的部落。对于普通的游客，阿贾克斯似乎平静祥和，但在某处却暗流汹涌，酝酿着荷兰足球历史上的某场重大战役。而这场战役将会把丹尼斯扔进一个他并不熟知的情感地带，事后则证明这是他足球生涯的又一次转折。

关键人物一如既往是克鲁伊夫，通常是通过他在荷兰最具人气的《周刊电信报》的个人专栏评论着阿贾克斯的种种。克鲁伊夫主要的言论都是指责，甚至对于90年代中期的阿贾克斯也一样，他认为俱乐部的青训系统已经走了很长一段的歧途。当初在路易·范加尔的年轻近卫军横扫整个欧洲时，他的话更像是酸葡萄言论。他当时认为，虽然看上去很美，但由于他看过了青年队的情况，他认为几年后拔尖球员的涌现会逐步减少。如同他之后不厌其烦说的一样，帕特里克·克鲁伊维特是阿贾克斯自家培养出的最后一个本土前锋。很少人在90年代后期注意到，但10年后，克鲁伊夫的评论文章得到了更多人的认同。

一个旁观者或许会被人往更轻松的视角上误导，把阿贾克斯的坠落看成不可避免的。整个世界的足球经济环境早已发生了巨大而快速的转变，抱怨球队不能制造出下一个新范·巴斯滕和博格坎普，就像抱怨为什么伦勃朗生活的城市如今却只有这么多的涂鸦艺术家。由于任何人都无法掌握的某种力量，阿贾克斯足球的黄金一代已经过去了。无论如何，依然有隐藏在背后的荣誉可供津津乐道。在约翰内斯堡对阵西班牙队的阵容中的14人有7人的职业生涯始于阿贾克斯，大多数的俱乐部都会为制造了一半世界杯决赛队伍的球员而感到自豪。

但阿贾克斯不是大多数的俱乐部。就连总监也对球队长期的下滑而开展了一项调查，名为科罗内尔（CORONEL）报告。报告在2008年2月的会员大会上呈现出来，主要聚焦于结构问题。没多少人看了这份报告，因为约翰·克鲁伊夫擅自入场打断了会议并胜利完成了一次令人震惊的政变。和他在1980年做的事还是一样的风格。当时他已经与俱乐部没有任何正式的关联，仅仅作为一个人群中的旁观者看着阿贾克斯在一场对特温特的杯赛中主场3：1落后心有不甘。他对阿贾克斯当时的表现十分生气和不满，他居然离开了看台，从队员通道走进了球场，沿着边线走到护栏旁坐了下来，彻底抢了当值教练莱奥·本哈克的角色。克鲁伊夫示意做一些改变，然后阿贾克斯迅速将比分追回并最终以5：3赢得了比赛。电视机镜头记录下了他介入事件的每一个瞬间，比赛也成了一个典故，彰显他有近乎超人般的足球能力。

在2008年的2月，克鲁伊夫又在另一事件中力挽狂澜：他在没通知别人的情况下出现在会员大会上。当霍梅尼在1979年从巴黎回到德黑兰时，都没有感受到像那一晚阿贾克斯会员们给予克鲁伊夫的那般狂热的欢迎。他们对克鲁伊夫的出现表现出狂喜，他们请他出手拯救俱乐部，他优雅地答应了。这是一场顺利的革命，不久后主席便辞职了，而克鲁伊夫的爱徒马尔科·范·巴斯滕被任命为主教练。然而17天后，革命瞬间停止了，就像其瞬间爆发时一样。范·巴斯滕拒绝接受他的导师克鲁伊夫提出的解雇大多数当时青训系统员工的做法。于是克鲁伊夫直接扭头，回到了巴塞罗那的家中说："那么我与阿贾克斯就没什么关系了。"这次离开被解读为克鲁伊夫的耻辱。事实上，他和范·巴斯滕保持着良好的关系而事件背后的重要意义并未被发掘——克鲁伊夫显示了他作为俱乐部标志以及球迷的最爱所能对俱乐部产生的巨大影响。就如同新主席科罗内尔之后曾苦涩地说的那样："克鲁伊夫不是别人，他在这里是半神的存在，或者就是神。"直到这个老英雄准备于2010年重装上阵时，一切条件已经彻底改变了。范·巴斯滕的统治失败了，他不到一个赛季后离开，承认说："我无法达到阿贾克斯的标准。"克鲁伊夫现在能自由地向另一个由董事会任命的教练马丁·约尔肆意开火了。

与此同时，丹尼斯·博格坎普，站在青年队教练的有利地位上，对于俱乐部现状不情愿地给出了一个自己的结论："俱乐部的青训系统发展入了歧途。"他对某些现状表示失望。"很多事情在走下坡路，但很多人没有看见或选择视而不见。"2008年，丹尼斯说，"每个人似乎都在说：'嘿，我们是阿贾克斯，我们是最棒的，看1995年我们赢得了冠军杯。'我想：'这都是些什么话！？1995年那可是13年前了。'"

俱乐部的青训队依然足够强大，能赢得冠军，他知道这一点，但未来球场（De Toekoms青训基地的主球场）已经变成了一个奇怪的足球版的“复制娇妻（Stepford）[①]”。丹尼斯说：“就好像每个孩子都是从一样的工厂中生产出来一样，这让人感觉很奇怪。他们都很棒，很整洁，甚至都是很技术化的球员，但他们没有特点，没有灵性和创造力。他们只做要求做的事。他们知道他们的位置，他们的角色，甚至在一队的球员，他们的创造力都很匮乏。当他们需要即兴创作时，他们会很无助地朝边线看，仿佛在说：‘我们现在应该做什么？’所有的梯队都在踢4–3–3，也就是你在阿贾克斯就应该踢的阵容，但这些都完全地无想象力，完全使人昏昏欲睡。右边锋只是美妙地在右边路做一些所谓右边锋应该做的小事，比如下底后传中。左后卫踢得就像一个所谓的左后卫，防守中场就踢得像阿贾克斯的防守中场。这一切都是照本宣科，核心的东西不见了。我没有看到任何一个典型的老阿贾克斯球员所有的态度，那种‘把球传给我，让我好好用它干一番事’的感觉。”

与此同时，对克鲁伊夫而言，阿贾克斯在2010年12月对阵皇家马德里的比赛中丢人的败局是他能忍受的最后一根稻草。比分只是0：2，但阿贾克斯在比赛中只设法取得了一次球门范围内的射门机会，而马德里则本有机会轻松地打进10球。在阿贾克斯的光辉岁月，阿贾克斯曾用他们在伯纳乌压倒性的优势展现他们的伟大。在1973年，格里·穆赫伦曾在那里颠着球通往阿贾克斯的欧洲冠军三连冠。在1992年，丹尼斯·博格坎普在那个球场打入了他最伟大的进球之一，而当范加尔的球队在1995年制造着轰动性的表现时，皇家马德里的诗人教练豪尔赫·巴尔达诺慷慨陈词：“阿贾克斯不仅是90年代的最佳球队，他们的足球哲学直逼足球的乌托邦。”

阿贾克斯在2010年12月令人同情的表现显示出情况已不妙。克鲁伊夫已经花了几个月嘲笑约尔的反击打法，以及约尔持续签一些又贵又平庸的外国球员的做法，还说看到埃及国脚米多过于超重的体型穿着阿

---

① 译者注：《复制娇妻》是一部由妮可·基德曼主演的电影，电影中有很多邻居的妻子是看似完美但又没有特点的重复个体。

贾克斯球衣时让他身体感到很不适。现在他不再友好，让约尔胡乱调配的阿贾克斯队是他前所未见的。阿贾克斯已不再是阿贾克斯，教练和董事会必须得离开了。克鲁伊夫有一个可供选择的方案。

大约这时，丹尼斯接到了他导师的一个电话。丹尼斯回忆道："约翰认为是时候让我们迎头接上了，所以他邀请了赫丽塔和我一同去吃晚餐。他想知道我对自己在阿贾克斯的未来如何展望。我告诉他我有很多想法，关于我对未来发展的看法。当时我只是个刚出道的年轻教练，但约翰从另一个视角看这一切。他在思考的是更远的一些事，他开始谈论一些关于在俱乐部管理经营上的角色。有些类似总监的角色和一些在球场上训练的角色。我听到他讲到了我，讲到了阿贾克斯，我认为：'嘿，有事要发生，约翰在谋划一些事情。'这让我很兴奋，克鲁伊夫也和另一个球员谈了很多，准备了一套以前阿贾克斯巨星为基础的前所未有的变革蓝图。他认为，与总监们、董事长们、主席们以及其他白领打了多年交道后，前巨星们比他们更懂得如何运营好足球。伟大的前球员们因此应该掌权，像丹尼斯这样的伟大球员。"

克鲁伊夫的计划已经比2008年的即兴介入时长进了不少。在他的媒体界支持者的驱动下，阿贾克斯球迷开始在球场中高唱他的名字，约尔的地位变得岌岌可危。2010年12月的一个中午，丹尼斯在停车场偶然碰见了主席科内尔，他无望地表示："球队教练被解职了。"丹尼斯耸耸肩："我只是说'好吧'。但我在想：'现在让我们看看接下来会发生什么。'约尔的离开让球队的车轮再次滚动起来，但我不知道下个月会变得像噩梦一般。"

经过克鲁伊夫的批准，弗兰克·德波尔被任命为主教练，克鲁伊夫现在在俱乐部的头衔是"顾问"，但只要克鲁伊夫涉及其中，那么这就仅仅是许多步中的第一步，他打算完全改变俱乐部的DNA。在2011年4月，阿贾克斯董事会辞职了，说他们无法与克鲁伊夫共事。由一名律师兼心理学家史蒂文·滕哈夫领衔的新的临时董事会暂行其责。但克鲁伊夫的战役仍在继续。他希望计划中每一个细枝末节都能落实。

计划由克鲁伊夫的一众亲信以书面报告的形式呈现出来，并反映出了他的想法与意见。撰写者是维姆·琼克、鲁本·琼坎德，后者是一位体育训练师，专攻如何提高球员表现，并与琼克一起着手于一项实验性训练项目，还有托德·比恩——克鲁伊夫的女婿、一名美国教练，他花了8年时间发展克鲁伊夫足球学院的国际事务。克鲁伊夫学院帮助并教育一批想在体育方面有所发展的年轻人，同时也为他们未来的人生做准备。这份报告展望了俱乐部通过改变青训而彻底转型的前景。而原有的范加尔式的注重战术的系统以及团队化的理念将被扫地出门，取而代之的是崭新的以加强个人卓越能力为主的训练理念。在未来球场青训系统将不再只是一个机械化的足球工厂，而是更像一个鼓励和教育具备天赋的球员们的球星制造车间：不再像一种职业学徒制，更像是牛津或者剑桥大学或法国的高等专业学院。阿贾克斯的那些伟大的前球员们会成为导师，向那些优秀的年轻才俊传授他们的知识、智慧和经验，而这些年轻人将不仅仅成为引人注目的优秀足球运动员，更会拥有超越他们年龄的智慧。技术总监与训练总长的职位将会废除，取代他们的将会是某种革命性的委员会成员，他们的名字叫作“技术核心”，将由主教练弗兰克·德波尔、维姆·琼克和丹尼斯·博格坎普所组成，一项精明而经济的策略也被加入计划之中。克鲁伊夫、范·巴斯滕和博格坎普的职业历程现在会被当成一种足球业内的典范，用来教育自己的年轻球员，从而达到一队的标准。阿贾克斯既能省钱，又能确保一个稳定的一队球员供应链，这些球员会比平庸的外援管用得多。能在一队立足并踢上充足比赛的前提下，几年之后当欧洲其他的俱乐部购买这些青年才俊时，这些年轻运动员和阿贾克斯都能获得收益。

在2011年的变革期中，被克鲁伊夫称为“西装男”的人们刻意回避了他的激进理念，取而代之的是提供了一些小的变革与让步方案，他们的立论是新的改变会导致混乱，更会让员工们失业。克鲁伊夫没有动摇，坚持自己的“革命”计划。现在“内战”爆发了，尖锐的指控、侮辱和谣言在俱乐部与媒体中飞舞。甚至连爱吵嘴的荷兰人也不曾见过像这样的事情。

丹尼斯回忆那个可怕的拉锯战时说："那是一段糟糕的日子。我晚上回家对我的妻子说：'赫丽塔，你不想知道那里发生了什么事。那里紧张又可怕。'当时维姆和我在阿贾克斯被视作为敌人。我们想做出改变但阿贾克斯内部的很多人不愿意这么做。他们当时在自己的位置上很舒适，他们唯一想的就是维持这种舒适。那就是为什么他们拼命地反对我们的根本原因。未来球场的气氛充满着敌意。维姆和我走近的时候，他们会停止说话。那时你就会知道，他们是在谈论你们。各种各样的事情都在我们的背后展开，但我们竭尽所能坚持迎着困难干了下去。"

在某一段时间中，革命者与守旧者之间取得了一定的、不易的平衡。然后事情一瞬间向意料之外的方向发展。临时首席执行官马丁・斯特肯博姆是一个在克鲁伊夫不知情下受雇的人，他向维姆・琼克发出警告，维姆收到了两次警告，差点被解雇。然后丹尼・布林德（虽然两人在20年前走得很近，现在却是反克鲁伊夫阵营的人）被任命为技术总监，接着便是反政变举措。阿贾克斯的最高首脑是一个五人管理董事会组成的，包括了克鲁伊夫。但其中4名成员，包括滕哈夫和埃德加・戴维斯，在克鲁伊夫缺席的情况下挡住了克鲁伊夫成为首席执行官这一关键岗位的路，而将这个岗位给了他的死敌路易・范加尔。当他听到这个消息时，惊讶的克鲁伊夫喊道："他们在想什么？！"

丹尼斯说："抵抗与挑衅是如此强烈，因此我们不得不采取有力行动。约翰觉得有必要聘请一位律师，最终我们没有别的选择，不得不去法院解决。克鲁伊夫本不想将自己的俱乐部诉诸公堂，但那真的是别无选择的决定了。在这一刻，前球员们紧密团结在约翰身边，我们说：'我们在一起。'首先，法官直接宣告了范加尔职务无效。不明智的俱乐部提出了上诉，无意中自己找来了具有决定性的一击。在2012年2月，阿姆斯特丹上诉法院裁定，该委员会5名成员中的4名在克鲁伊夫不知情的情况下密谋和非法招募范加尔，董事会落败，'内战'结束了。"

在冲突中，大多数的荷兰媒体把克鲁伊夫描述成一个坏人，"缺乏责任心”“渴望复仇者”“匪徒”等，而他寻找前球员的举动被指责为一种愚蠢的行为，还认为他没有能力运营整个俱乐部。丹尼斯着重驳斥了这一切，并公开了一些未被记录和令人瞠目结舌的细节。这些肮脏的伎俩都是用来对付他和克鲁伊夫及其支持者的。他不愿公开谈论这些事情，但他认为，克鲁伊夫一方以及他的支持者们在此期间遭遇了许多不公正甚至是违法的行为。在写这一切的时候，为阿贾克斯的改革下定论还为时尚早。但这个俱乐部重新充电，重新启用了更多本土球员，还有教练组的新方法，已经为他们在3年中赢下了3座联赛冠军奖杯。这是这支伟大球队在20世纪60年代和90年代所能达到的功绩。就如同在国际米兰、阿森纳一样，丹尼斯的谦虚，耐心、刚毅，追求卓越足球的品质是定义他整个足球生涯的关键，这让他成为了一个激进的变革代理人。

* * *

守旧者把你们看成侵略者。

丹尼斯：我是这样描述现在的阿贾克斯的：“阿贾克斯已经成为了1995年时的那支球队。”他们会说：“1995年我们赢了冠军联赛，1996年我们打入了决赛。”好吧。干得好！但现在是2013年[①]，而你必须得进化，你必须继续前进。他们会说：“你看，我们正在做一两个小的变化，所以我们是在不断发展提高的。”我会说：“不，你们没有。你们真的没有。你们把每周只训练一小时改为了每周训练一个半小时，仅此而已，那不是改变。你每年都必须有彻底的改变才能不断地持续进化。”这是他们所不理解的。

---

① 译者注：原版书著于2013年。

你把你现在所做的事，看作是在原有阿贾克斯系统上进行升级，从而变得像巴萨的拉玛西亚，他们就是建立在阿贾克斯原有系统上的是吗?

丹尼斯：我希望结果会变得更好，因为我们在韦斯利·斯奈德和拉斐尔·范德法特之后，升上一队的球员中再也没有类似出类拔萃的球员了。没有一个球员能在阿贾克斯一队中花了三四年后就足以前往皇马、米兰或者曼联的。虽然青训还不错，但水准有所降低了。他们现在只能去小球队，有时他们甚至连一个一队的首发位置都没有。所以我们不得不做一些事情，因为我们想做出改变。我们想要变得独特。现在的想法是我们正在努力创建出色的球员。

我们会碰壁。维姆·琼克已经开始为球员做个人训练。他与鲁本·琼坎德一起开展工作，这是可以接受的，但这也只是一个非常有限的方式，只有三四名球员参与。维姆将与这些小伙子们强化训练，比如，射门、停球或传球，他感到很兴奋。他说："这是正确的方向！"他想更进一步。但俱乐部会说："我们不这样做是因为这是一项团队运动，那不是我们的思维方式。也许以后再这么练吧。那些在1995年前就在阿贾克斯青训的人，他们肯定不会轻易改变。约翰在做了一些声明后，起到了一定的帮助作用，球迷也开始为此感到不高兴了。因为他们在球场上看到很多不好的现象。阿贾克斯已经不是以前的阿贾克斯了，那种我们踢球的方式，不在了。"

人们抱怨约翰只是住在巴塞罗那，把俱乐部丢给你和弗兰克·德波尔以及琼克。他们说，约翰不承担责任。

丹尼斯：但他确实承担了责任。他一直对阿贾克斯有兴趣，总是谈论着它。我不认为这是不负责任。他把他的意见一次又一次地说了出来，那就是一种承担责任的表现。有人为此攻击他。但他真的只是在以他的视角说出他对事情的看法。在世界上有多少人有胆量说"这是不对的，你要做得不同，我知道如何做才是不同的”？荷兰是一个小国家，我们如何才能成功？我们过去如何成功的？我们成功是因为我们带来了特殊的才能，把特殊的足球给了世界。就像你说的，它几乎成为一种信仰。做荷兰最好的，这是我们的哲学。

我相信我们正在做的这一切。我相信我们在荷兰应该不再崇拜某种系统。多年来我们谈了太多只限于策略和战术的东西。我去意大利踢了2年，在英国待了13年，其中有11年在踢球。我经历了其他的思考方式和踢足球的方式。我当时会想：“这真有趣。”所以现在我想把那些东西也带到这里，带到阿贾克斯。

所以你有点变成了一个“异教徒”？

丹尼斯：哈哈。好吧，老的思维太狭窄了。我喜欢那些事物是因为他们是新事物，他们加入了新的东西在其中。而我们现在正在对阿贾克斯做的是新的事情，全新的。我们相信与克鲁伊夫一同再次起航，在未来，别的球队、别的俱乐部、别的国家队也将再次复制我们的模式。我们将再一次走在前头。

当托德·比恩第一次来到我们面前，他谈到了背越式跳高运动员迪克。在他之前，所有的运动员总是向前跳过横杆，他采用了背越式跳高，跳向后方。他们说他疯了。可是他在做一些全新的东西。“他脑子坏了吗？”而现在已经没有人往前跳了。这有点像我们的哲学。大家都说：“你在做什么？这是不可能的事。”我们的理念是：不要再想团队，想想个人。这是一项团队运动，但你要让个人更好才行。这是关于发展个人的问题。

唯一需要去赢得奖杯的球队是成年一队。青年队不必一定要赢，他们只需要让他们的球员变得更好。那么在某个年龄的球员个体需要哪些训练？你有必要在球员14岁之前教他战术吗？在那个年龄，一切战术都如同耳边风。所以我们在球员过14岁以后，再谈战术。14岁之前，训练只要贯彻有趣的技能和其他一切。我们已经有了测量和发展这些技能的新方法，也养成了良好的习惯，像停球、传球和位置感，并且我们也在思考很多关于心理层面的东西。所以最后你已经不仅仅是一个完整的足球运动员，也是一个很好的人，对别人也有益，对世界也能意味着一些什么。他不只是一个只懂得踢球的足球运动员，不是一个只对女孩和汽车感兴趣的人，也会是一个开朗的友好的人；一个真正有兴趣帮助或改变世界的人，然后大家会说“是的，这是一个阿贾克斯的球员”！这才是哲学。

* * *

（约翰·克鲁伊夫和丹尼斯一样对未来表示乐观。约翰·克鲁伊夫基金会在阿姆斯特丹翻修的奥林匹克体育场中的一个拥挤的塞满纸的办公室里，他放了两把相对的椅子。基金会帮助年轻人和残疾人，让他们能有机会参与体育运动。克鲁伊夫很主动，就像他作为一名球员和教练的时候一样，回答某些问题的时候打了擦边球，还回答了某些没有问到的问题。他的回答时而绕弯，时而连贯，时而回避，时而直接。采访过程很棒，内容归结如下：（1）丹尼斯·博格坎普是非常正派的人，无论是作为一个人还是作为一个足球运动员而言都如此；（2）克鲁伊夫非常自豪，他的俱乐部现在正在由一组前足球运动员运营，这甚至使他动情；（3）阿贾克斯正走在正确的道路上，但这条道路将会非常漫长。）

你同丹尼斯现在是什么工作关系？你告诉他做些什么吗？他，是不是所谓“革命的受害者”论调中，所称的“你指派的‘刽子手’”？

克鲁伊夫：不，丹尼斯、琼克和技术核心组的人打电话找我商议。我告诫过他们不要盲目做我说的事，他们应该听我的话，然后自己做出决定。

如果那些决定不是你想要的呢?

克鲁伊夫：那不会发生。我们的想法太相似了。他们的决定将永远不会与我的思考方式有多大的不同，因为我们在原则问题上完全用同样的方式思考。

但他们要听你的?

克鲁伊夫：是的，当然。他们要听取俱乐部里其他希望表达自己意见的人的意见。在足球中，你要处理民主与执行权的关系。最初，每个人都会给出自己的意见，但随后，决定则是由掌权者做出。那才是发号施令的人。但那并不是我，我没有任何责任，没有一个官方的职位。在阿贾克斯，技术核心和执行董事会在掌管着我们的一切。他们是发号施令的人，他们能听听我的建议就行了。

"革命"将会把阿贾克斯带往哪里?

克鲁伊夫：一路通向高峰。

高峰如何衡量?

克鲁伊夫：经常出现在欧冠的八强之内。

这可能吗?在现在足球世界中全然不平等的财务状况之下?不需要经济上先达到平等才行吗?

克鲁伊夫：不，不一定，因为如果有11个受到欧洲最良好训练的足球运动员在你的队里时，你的队伍将自然达到欧洲顶级。

阿贾克斯比其他球队训练出更好的球员？

克鲁伊夫：是的，当然，世界上没有比阿贾克斯更好的地方更适合一个年轻球员了。你还能从丹尼斯·博格坎普、弗兰克和德波尔、雅普·斯塔姆、维姆·琼克、理查德·维茨格等以外的人那里学到更多吗？我很为这些人骄傲，他们曾被写成无知的笨蛋，我们被认为是蠢货，但我们最后赢得了胜利。在全世界足球的历史上，在阿贾克斯发生的事是独一无二的，作为一批足球运动员，我们站起来反对董事会，而我们赢了，我太自豪了，甚至有些为之动情。我们所有的人做这一切，是因为他们希望这样做，不是因为他们绝望地需要什么工作或之类的事情。他们那么做不是为了他们自己。而是为了足球，他们都是这样想的。现在有庞大的足球技能体系贯穿着俱乐部的所有梯队，包括最高级别的一队，这将会促成进步。

那么丹尼斯呢？

克鲁伊夫：丹尼斯能看到一切，他能联接并驱动每一个人。我不会叫他万事通，但我更喜欢叫他“技术核心中的发动机”。

* * *

克鲁伊夫不会说得太直接，但丹尼斯现在显然是阿贾克斯的重要一员了，至少是他手中的重要一员。克鲁伊夫表示：“丹尼斯能把一切平衡好，因为他自己就很平衡。你无法对丹尼斯施压，无论周围的人对他多么大声喊叫，他总是能保持平静并思考；而且丹尼斯能广泛地思考，所以他能看到事物的连接之处。他总是在顶端俯览全局，而当他不得不去做某事时，他能给其他人施压。然后他会给别人大声而明确的指示：‘首先这样，然后那样。’丹尼斯是个温和友好的人，如果他被激怒，你会看到真正的愤怒，但依然带着智慧。他的评论非常尖锐，甚至很伤人，但总是考虑得很周到。所以即使是平时低调的博格坎普一旦有机会像金子一样发光时便会十分耀眼。这符合逻辑，也是自然发生的。”

* * *

（现在，丹尼斯是未来足球的一个重要组成部分。他怎么看待自己？在阿森纳，很多人会乐意看到他回到俱乐部。有一些高管视其为未来的总教练。丹尼斯说：“我想把我所做的事情做好，我也想变得重要，但我不追求名利，那不是我想要的，那就是为什么我无意去成为一个主教练。”）

是不是因为那本来就不太可能发生，因为你不坐飞机，而主教练必须坐飞机？这无论如何都无法实现，因为你不坐飞机。

丹尼斯：无论如何，我喜欢和小团队一起工作。让我去训练前锋什么的，那是我最擅长的。

当然了，我对球队作为一个整体会有自己的看法，关于如何运作之类的，但我对战术的总体理解没有像德波尔和亨尼·斯派克曼（阿贾克斯助理教练）那样深刻。弗兰克曾是一名后卫，亨尼曾是个门将，这一背景不仅赋予他们战术上的洞察力，也给了他们大局观。我只有洞察力，大局观还需磨练。我在前锋线或几乎在前锋线上踢球，因为总是站在斜线的位置上，所以我无法看到整个球场。他们知道如何在比赛需要的时刻出面干预策略层面的东西，而我不是。我需要先在图板上看清楚，看清每一个人的站位，以及现在什么是需要改变的，怎么去改变，我在学习并提高。但我的志向不是在战术领域的，对我而言最大的挑战是提高足球运动员的水平，尤其是前锋。

这意味着在别人的阴影中工作。

丹尼斯：这样更好。我不喜欢出风头，我当然不想成为乐队主唱。我不这样去定位自己。作为一名球员，我也从不觉得自己是阿森纳的招牌或者像那一类的人物。当然，作为一名球员，我想成为球队重要的一员，但最好是不明显的一员。我需要一个前锋在附近能把某些事从我身边带走，具体来说：就像阿贾克斯的彼得森，阿森纳的赖特和亨利。我需要一个人让我去给他喂球，或一个需要别人传球才能得分的人。我有洞察力，这是我最棒的才能。接球并传球是我的专业，而且我能射门得分。我不是梅西或马拉多纳，他们能自己完成一切。我没有那样的志向去唱一出独角戏。我不想被太多地注意或要求太多的功劳。在足球比赛中有些人希望得到所有关注和所有的功劳，甚至有些教练员也是这样的。但我是一个团队球员，这也是我作为教练的志向。我想要为集体增加更多的才能。在球场上，最大的才能是能发现哪里有空间，知道可以在哪里创造空间，这是我时刻关注的，现在作为一个教练也一样。对方的防线哪里有空间，是在后防线后面，在中后卫与边后卫之间还是在后卫线之前的区域？我会做些演练，比如跑到空间中：如何跑、往哪里跑、什么时候跑？这些都基于我自己的经验以及我身边所看到的一切。我的特长是优化前锋与埋伏队员的跑动路线，我知道这是在幕后工作，但对我来说已经足够了。相比之下我也更喜欢在俱乐部的组织工作，我参与了一些非常重要的决策，如今也是俱乐部管理层的一员，但是我不会为此过度伸张。

你不打算做一个首席执行官之类的？

丹尼斯：不！

为什么不呢？你有智慧也善于言辞，而且你很适合穿正装。

丹尼斯：就让我以自己的方式在幕后负责管理便是最好的了。一个典型的首席执行官最好是一个外向的人，而我不是。作为一名球员，我也不曾是。我常常让别人说成不主动充当一名领袖，但我认为领袖也是那种以身作则可以影响别人的角色。我在球场上就是类似这样的模范榜样，现在我想在团队内部树立一个榜样。

做一个穿着名牌西服炫耀口才的人并不适合我。我想成为一个领导者，通过成功的工作把每个人都带上船。我善于观察，去发掘我们自身的潜力和我们的缺点。我观察着一切，这也让我产生烦恼，特别是当我看到某些无法达到我们预期标准的事情发生时。如果有任何人，没有做好自己的分内事，而导致某些细节没有按照安排进行，我都不能接受。

那么你们会做什么？

丹尼斯：我们会介入。在赛季结束后，我们对教练员、培训人员、医务人员、负责场地与设备的人员进行总结评价。像评估球员一样评估他们，优秀的人自然会留下。没错，我们很严格。但我们想成为一个顶级俱乐部，而要完成这个目标你不得不做一些残酷的决定。